KB253648

42편의 지혜법문

[佛説四十二章經]

오광익 번역 · 해의

『불설사십이장경(佛說四十二章經)』
연의본(演義本)을 내면서

경전에 보면 "수도(修道)하고 교화(敎化)하는 사람들에게 그물과 총알이 되는 것은 재(財)와 색(色)의 경계이다."는 말씀이 있다.

수도란 자신의 본연(本然)을 밝히고 맑혀서 원초(原初)의 진자기(眞自己)로 돌아가자는 것이다. 곧 진기란 안으로 자신의 불성(佛性)이 회복되고 밖으로 우주의 진리가 깨쳐져서 그 근원에 귀합(歸合)됨을 말한다.

이러한 것이 진정한 자기 모습을 갖추는 길일진대, 자신의 본신(本身)으로 돌아감에 근기(根機)의 승렬(勝劣)과 수련의 심천(深淺)을 따지지 않을 수 없다.

곧 근기가 수승(殊勝)하면 차제(次第)를 거치지 않고 불경(佛境)에 일초직입(一超直入)할 것이요, 하열(下劣)하면 장애(障礙)가 있을 것이며, 수행이 깊으면 계제(階梯)를 거치지 않고 불지(佛地)에 속도(速到)할 것이요, 옅으면 잠령(岑嶺)이나 장애가 많을 것이다.

이런 가운데 잠령이 되고 장애가 되는 한 가지를 든다면 바로 "애욕(愛慾)" 곧 정욕(情慾)과 탐욕(貪慾)이라 하여도 과언이 아닐 것이다.

물론 애욕만 해결되면 해탈(解脫)이 되고 열반적정(涅槃寂靜)에 들며 불조(佛祖)에 오르는 것은 아니지만 수도자의 일생을 통하여 가장 경계를 삼아야 할 제일조로 여겨야 한다고 부처님께서 가르침을 펴셨다. 따라서 공부하는 우리는 소홀하게 생각하거나 쉽게 넘기다가 나중에 후회하지 않도록 첫걸음부터 잘 내디뎌야 할 것이다.

이에 송(頌) 한다.

❶ 愛 欲 根 源 自 性 無　애욕근원자성무
　佛 陀 眞 體 本 心 毋　불타진체본심무
　空 然 作 像 懸 名 字　공연작상현명자
　昧 眼 群 生 不 覓 途　매안군생불멱도

　애욕의 근원은 자성에 없는 것이요,
　부처의 참 바탕도 본심에는 없다네.
　공연히 허상 지어 이름과 글자 매달으니,
　눈 어둔 뭇 생령이 길을 찾지 못하누나.

❷ 衆 雁 飛 空 越 嶺 消　중안비공월령소
　射 光 透 壁 厚 金 銷　사광투벽후금소
　迅 雷 太 擊 三 千 界　신뢰태격삼천계

滿 發 蓮 華 世 闇 昭　만발연화세암소

뭇 기러기 허공 날려 고개 넘어 사라지고,
쏟아진 빛 벽을 뚫어 두터운 쇠를 녹이누나.
빠른 우뢰가 삼천대천세계를 두드려서,
연꽃 가득 피어나니 세상의 어둠이 밝아지네.

❸眼 開 能 見 佛 陀 心　안개능견불타심
口 闢 皆 呑 四 海 淋　구벽개탄사해림
本 體 根 源 無 染 淨　본체근원무염정
非 紅 非 白 亦 非 黔　비홍비백역비검

눈을 열어 능히 부처의 마음을 보고,
입을 열어 사해의 물방울을 다 삼키리.
본체인 근원은 물들거나 깨끗함이 없어서,
붉지도 희지도 또한 검지도 아니하네.

2012년 4월 길일

吳 光 益 謹識

【目次】

〔 解題(해제) 〕

1 **『불설사십이장경(佛說四十二章經)』이란**

『불설사십이장경(佛說四十二章經)』은 부처님께서 말씀하신 "마흔 두 가지"의 단편 법문을 기록하여 놓은 경전이라는 뜻이다. 이 경은 후한의 명제(明帝) 영평년간(永平年間)에 인도에서 건너온 가섭마등(迦攝摩騰)과 축법란(竺法蘭) 두 스님이 번역을 하였다 한다. 인도에서 중국으로 처음 전해진 불경으로 불교의 요지를 42장으로 나누어 간명하게 말씀하신 것으로 부처님의 교훈집(教訓集)이요, 법요집(法要集)이라 할 수 있다.

이 경에는 여러 유행본이 전한다. 여기서는 『만속장경(卍續藏經)』 제59책 수록본(98－103쪽, 『佛說四十二章經』)을 저본으로 하였다. 이는 분장입제(分章立題), 즉 장을 나누고 제목을 세워 봉독하기 편하게 하였다.

그러면 먼저 제목을 중점으로 하여 『불설사십이장경』의 글자를 풀어보자.

1) 불(佛)이란 범어(梵語)로 「Buddha」, 한문으로는 불타야(佛陀耶)

라 한다. 우주의 이치와 자성을 회복한 성인으로, 여기서는 석가
모니(釋迦牟尼)를 주로 말한다.

(1) 곧 부타(Buddha)의 준말. 부도(浮圖・浮屠), 부타(浮・部佗),
    모타(母馱), 몰타(沒馱) 등으로 음역한다.

(2) 부처란 말은 처음에 보리수나무 아래서 깨달은 부처님을 지
    칭하였으나 불교 교리가 발달함에 따라 삼세의 부처가 있게
    되고 시방(十方)의 부처로 발전하여 그 수가 한이 없게 되었
    다. 처음에는 역사적인 인물이 점점 이상화(理想化)되면서 유
    형무형의 온갖 방면으로 원만한 인격적 존재가 되었다.

(3) 각자(覺者) 혹은 지자(智者)라 하는데, 각에는 각찰(覺察)과
    각오(覺悟) 두 뜻이 있다.
    하나는 '번뇌를 깨닫고 살펴서 해가 되지 않으며 세상 사람
    들이 도적을 깨닫고 아는 것과 같으므로 각찰이라 하는데 이
    것을 일체지라 이른다(覺察煩惱 使不爲害 如世人之覺知爲賊
    者 故云覺察 是名一切智).'고 하였다.
    다음으로 '모든 법의 일과 이치를 깨닫고 알아서 똑똑하고
    분명하며 잠자고 꿈꾸다가 깬 것 같으므로 각오라 하는데 이
    것을 일체종지라 이른다(覺知諸法之事理 而了了分明 如睡夢
    之寤 謂之覺悟 是名一切種智).'고 하였다.
    각자나 지자라고 하는 것은 모든 미망(迷妄)을 여의고 진리를
    깨닫고 또한 중생을 교도하여 깨닫게 하는 자각각타(自覺覺
    他)의 원만행(圓滿行)을 성취함을 의미한다.

(4) '자각하고 다시 능히 각타하며 자타의 각행이 원만함을 부처
    라 한다. 자각이란 범부에 해당이 되고, 각타는 이승에 해당
    이 되며, 각행궁만은 특히 보살에 해당이 된다. 왜 그런가. 범
    부로서는 능히 자각하지 못하며 이승은 비록 자각은 할지라

도 각타의 행이 없으며 보살은 자각각타를 하지만 각행이 원만하지 못하기 때문이다(自覺復能覺他 自他之覺行窮滿 名爲佛. 自覺者 簡於凡夫 覺他者 簡於二乘 覺行窮滿 簡異於菩薩. 何則 以凡夫不能自覺 二乘雖自覺而無覺他之行 菩薩自覺覺他 而覺行未爲圓滿故也).'고 하였다.

(5) 또 '지자로써 이미 이지가 구족하여 일체 법을 각지함이 똑똑하고 분명하기 때문이다(又以知者旣具足二智而覺知一切諸法 了了分明故也).'고 하였다.

여러 경전에서 "불(佛)"에 대한 표현을 찾아보자.

① 『지도론(智度論)』 2에 보면 '불타를 진나라 말로 지자라 하는데, 유상이나 무상 등 일체의 모든 법을 보리수 아래서 분명하게 깨달아 알은 것이라, 그러므로 불타라 한다(佛陀秦言知者 有常無常 等一切諸法 菩堤樹下了了覺知 故名佛陀).'고 하였다.

② 『법화문구(法華文句)』 1에 '서축(인도)에서는 불타라 말하는데 이 말은 각자요, 지자이다. 미혹에 대하여 '지' 라 하고 어리석음에 대하여 '각' 이라 한다(西竺言佛陀 此言覺者知者 對迷名知 對愚名覺).'고 하였다.

③ 『후한서(後漢書)』 초왕영전 위부도재계제사주(楚王英傳 爲浮屠 齋戒祭祀注)에 '부처란 한나라 말로 깨달음이라 한다. 장차 뭇 생령을 깨우쳐줄 수 있기 때문이다(佛者 漢言覺也 將以覺悟群生 也).'고 하였다.

④ 『후한서(後漢書)』 서역전(西域傳)에 '서방에 신이 있는데 부처라 한다(西方有神 名曰佛).'고 하였다.

⑤ 『인왕경(仁王經)』 상에 '일체 중생으로 삼계의 번뇌와 과보를 끊어 다한 사람을 부처라 한다(一切衆生 斷三界煩惱果報盡者 名爲佛).'고 하였다.

⑥ 한유(韓愈)는 「논불골표(論佛骨表)」에서 '대범 부처란 본래 오랑
  캐 사람이다(夫佛 本夷狄之人).' 하였고, 또 '부처란 오랑캐의 한
  법일 뿐이다(佛者 夷狄之一法耳).' 고 하였다.

⑦ 『선견율(善見律)』 4에 '불이란 자각과 또한 각타를 이른다. 또
  '지' 라고 말하는데 무엇을 지라 이르는가. 진제(眞諦)를 알기 때
  문이니 그러므로 불이라 한다(佛者 名自覺亦能覺他 又言知 何謂
  爲知 知諦故 故名爲佛).' 고 하였다.

⑧ 『불지론(佛地論)』에 '일체 법에 일체종상을 능히 스스로 열어 깨
  치고 또한 일체 유정을 열고 깨친 것이 잠자다 꿈에서 깨어난 것
  과 같고 연꽃이 피어난 것과 같음이라, 그러므로 불이라 이른다
  (於一切法 一切種相 能自開覺 亦開覺一切有情 如睡夢覺醒 如蓮
  華開 故名佛).' 고 하였다.

⑨ 『지도론(智度論)』 2에 '불타란 진나라 말로 지자인데 유상이나
  무상 등 일체의 모든 법을 보리수 아래에서 분명하게 깨달아 알
  았음으로 불타라 한다(佛陀秦言知者 有相無相等一切諸法 菩提
  樹下了了覺知 故名佛陀).' 고 하였다.

⑩ 『지도론』 17에 '불이란 깨달음인데 일체의 무명에서 잠자는 가운
  데서 최초로 깨어났음으로 각이라 이른다(佛名爲覺 於一切無明
  睡眠中最初覺故 名爲覺).' 고 하였다.

2) 설(說)

(1) 말씀한다. 말한다(言也).

(2) 이른다(道也).

(3) 해석한다(解釋也).

(4) 주해이다. 주소이다(註解也. 注疏也).

(5) 도리이다(道理也).

(6) 서약한다는 말이다(約誓之言也).

(7) 논한다(論也).

(8) 서술한다(敍述也).

(9) 고한다(告也).

(10) 해설한다. 밝게 해설한다(說解也·暸解也).

(11) 가르친다는 것과 같다(猶敎也).

(12) 언론이다(言論也).

(13) 학설이다(學說也).

(14) 문체의 하나로 의리를 해석하거나 자기의 뜻을 기술하는 것이다(文體之一. 解釋義理而以己意述之也).

3) 사십이(四十二)는 어떤 의미를 가진 게 아니라 부처님의 단편적(短篇的)인 법문을 마흔두 가지로 간추려서 모아 놓았다는 의미이다.

4) 장(章)

(1) 문장이나 시가(詩歌)의 한 단락.

(2) 글이라는 의미로 신하가 천자에게 올리는 서류, 즉 뭇 신하가 천자에게 상서함을 말한다(群臣上書於天子日章).

(3) 악장이란 음악 책의 편장을 이른다(樂章 謂樂書之篇章也). 또 악곡의 한 소절로 처음부터 끝에까지 완결함을 일단락이라 한다(樂曲之一節. 首尾完結 一段落也).

(4) 시문의 한 절이다(詩文之一節也).

(5) 문장이다(文章也).

(6) 조목이다(條也).

(7) 의표이다(儀表也).

(8) 법식이다(法式也).

(9) 밝다(明也).

⑩ 나타난다. 분명하다. 드러난다(顯也ㆍ著也ㆍ露也).

⑪ 문리이다(文理也).

⑫ 예문이다(禮文也).

⑬ 인장이다(印章也).

⑭ 문체의 이름으로 주로 상소의 종류이다(文體名. 奏疏類也).

⑮ 시호이다(諡也). 시법(諡法)에 '시호란 행적의 자취요, 호란 공덕의 표증이다(諡者 行之迹也, 號者 功之表也)고 하였다.

5) 경(經)

(1) 범어로 SūtraㆍSutta. 수다라(修多羅). 소달람(素呾纜)이라고 음역한다. 선(線) 또는 연(綖) 또는 계경(契經)이라 번역한다.

(2) 부처님이 설한 교법과 그것을 기록한 불교 성전. 부처님의 설법은 실(絲)로 꽃을 꿰어 화환을 만드는 것같이, 온갖 이치를 꿰었음으로 흩어지지 않는다는 뜻이다.

(3) 장(藏)의 하나. 불교 교단의 규율을 기록한 율장(律藏)과 부처님의 교법과 율문을 조직적으로 설명한 논장(論藏)에 대하여, 부처님이 그 제자와 중생들을 교화하기 위하여 말씀하신 교법을 적은 경장(經藏)을 말한다.

(4) 대장경(大藏經) 또는 일체경(一切經) 또는 속장경(續藏經)이라고 할 때는 경ㆍ률ㆍ론의 삼장(三藏), 곧 불교 성전의 총서를 가리킨다.

경전에 나타난 경에 대한 몇 가지를 간추리면 다음과 같다.

① 『열반경(涅槃經)』 15에 '여시아문으로부터 내지 환희봉행까지, 이와 같은 일체를 수다라라 이른다(從如是我聞乃至歡喜奉行 如是一切 名修多羅).'고 하였다.

② 『유가사지론(瑜伽師地論)』 81에 '계경이란 꿰고 뚫는다는 뜻을

이른다(契經者 謂貫穿義).' 고 하였다.

③ 수다라에는 다섯 가지 뜻이 있다. '첫째는, 출생이니 모든 뜻을 낳기 때문이요, 둘째는, 천용이니 의미가 다함이 없기 때문이며, 셋째는, 현시이니 모든 뜻을 나타내어 보이기 때문이요, 넷째는, 승묵이니 모든 사와 정을 분별하기 때문이며, 다섯째는, 결만이니 모든 법을 관천하기 때문이다. 이와 같은 다섯 가지 뜻이 이에 수다라의 뜻이다(修多羅者有五義 一曰出生 出生諸義故 二曰泉涌 義味無盡故 三曰顯示 顯示諸義故 四曰繩墨 辨諸邪正故 五曰結鬘 貫穿諸法故 如是五義 是修多羅義).' 라고 하였다.

④ 율(律)과 논(論)에 대하여 부처님이 설하신 불법을 말한 것으로 십이부경(十二部經)의 하나이다.

이 『사십이장경』은 부처님께서 설하신 법문을 단편적으로 모아 일반대중도 쉽게 보고 공부할 수 있도록 결집(結集)한 것이다. 경을 해석하는 데는 고래로 3분과(分科)인 서분(序分)·정종분(正宗分)·유통분(流通分)으로 나누어 구별한다. 서분은 설경연기(說經緣起)를 밝히고, 정종분은 경전내용(經典內容)을 밝히며, 유통분은 유통공덕(流通功德)을 밝힌다. 이 경은 흔히 정종분만 유통되는 것이 보통이다. 그런데 「연의본」을 내는 저본(底本)은 3분과를 갖추고 있다. 서분은 세존이 성도를 이루고 녹야원에서 교진녀 등 5비구에게 설법한 사항을 전하고 있다. 이는 대승불전(大乘佛典)의 「내가 이와 같음을 듣사오니 한 때에 부처님께서 사위국 기수급고독원에 계시사 대비구들 1,250인으로 더불어 함께 하시더니」와 같은 6성취(六成就 : 信成就·聞성취·時성취·主성취·處성취·衆성취)가 갖추어지지 않고 있다. 정종분은 42편의 법문으로 이루어져 있고, 유통분은 제42장의 마지막 법구(法句)인 「모든 비구들은 부처님의 설하신 바를 듣고 기쁘고 즐겁게 받들어서 행하였나니라」는 부분이 이에 해당한다.

이 경은 애욕(愛欲), 곧 색애(色愛)와 탐욕(貪慾)을 끊어가는 수행을 통하여 자기불(自己佛)에게로 나아가도록 선제(船梯 : 배와 사다리)의 역할이 충분히 내함(內含)되어 있는 법문이라고 할 수 있다. 또한 무아(無我)니, 무상(無常)이니, 무수(無修)니, 무념(無念)이니, 무위(無爲)니, 무증(無證) 등등 불교 최고의 궁극이 되는 가르침이 분명히 있기 때문에 대승적 수행의 표본으로 삼아도 손색이 없는 최고의 법문이라고 볼 수 있다.

아무튼 사문취의(捨文取意)하면 일취월장(日就月將)의 수행을 이룰 것이요, 사의취문(捨意取文)하면 자기 울타리도 벗어나기 어려울 것이다.

2 『불설사십이장경(佛說四十二章經)』의 진위문제(眞僞問題)

우선 이 『사십이장경』에 대해서 많은 학자들이 진정한 부처님의 경전이 아니라 한대(漢代)나 아니면 양진시대(兩晉時代)에 편집된 위서(僞書)라고 보고 있다. 이 경이 처음 등장한 것은 『무자이혹론(牟子理惑論)』이라는 책에 의해서이다.

이 책에 의하면 '옛날 효명황제가 꿈속에서 신인이 몸에 일광이 있으며 날아서 궁전 앞에 있는 것을 보고 흔연히 기뻐하였다. 다음 날 널리 군신에게 이것이 무슨 신이냐고 물었다. 통인인 부의가 말하기를 "신이 들으니 천축의 도를 얻은 사람이 있는데 부처라고 부릅니다. 허공을 날아다니고 몸에 빛이 있으니 자못 그 신인가 합니다."

하였다.

　이에 명제가 깨닫고 사신으로 장건과 우림낭중 진경과 박사제자 왕준 등 열두 사람을 대월씨국에 보내 불경 사십이장을 베껴오게 하여 난대석실 제14칸에 갊아 두었다. 때에 낙양성 서옹문 밖에 부처님 절을 세우고 그 벽에 천승 만기로 탑을 세 번 두르고, 또 남궁 청량대 및 개양성문 위에 부처님의 모습을 그렸다. 명제가 살았을 때 미리 수릉을 닦아 만들었는데 능을 현절이라 말하고, 또한 그 위에 부처님의 도상을 만들었다(昔孝明皇帝 夢見神人 身有日光 飛在殿前 欣然悅之 明日 博問群臣 此爲何神? 有通人 傅毅曰 "臣聞天竺有得道者 號之曰佛 飛行虛空 身有日光 殆將其神也!" 於是 上悟 遣使者張騫 羽林郎中秦景 博士弟子王遵等十二人 於大月氏寫佛經四十二章 藏在蘭臺石室第十四間 時於洛陽城西雍門外起佛寺 於其壁畫千乘萬騎遶塔三匝 又於南宮淸涼臺 及開陽城門上作佛像 明帝存時 預修造壽陵 陵曰顯節 亦於其上作佛圖像).' 고 하였다.

　그러나 대월씨국에 사신을 다녀온 장건은 전한(前漢) 때 사람이고 꿈을 풀이하였다는 부의가 당시 소년이었다는 점으로 보아 『무자이혹론』의 이야기는 후대에 꾸며진 설이 아닌가 생각된다.

　양계초(梁啓超)는 「사십이장경변위(四十二章經辯僞)」에서 장중본경(藏中本經) 표제(標題)에 '부처님이 말씀하신 42장경은 후한의 가섭마등과 함께 축법란이 번역하였다(佛說四十二章經 後漢迦葉摩騰 同竺法蘭譯).' 고 하였다.

　또 『고승전(高僧傳)』에 '한나라에 현존하는 것은 오직 이것이 처음이 되었다(漢地見存 唯此爲始).' 라 하였다. 이러한 이야기는 2천 년을 내려오면서 모든 불도(佛徒)들에게 공인(公認)이 된 사실이다.

그런데 수 비장방(費長房) 『역대삼보기(歷代三寶記)』의 본경조하(本經條下)에는 '본래 이것은 외국의 경전을 베낀 것으로 원래 대부에서 나왔다. 정요를 뽑고 세속적인 것을 끌어왔는데 이것이 효경 18장과 비슷하다(本是外國經鈔 元出大部 撮要引俗 似此孝經十八章).'고 하였다.

이 고증이 이 경을 규명하는데 가장 명료(明瞭)한 말이다. 대개 범문(梵文)의 원본에 근거하여 대조 번역한 것이 아니라, 여러 경전에서 정요(精要)를 추려다가 당시 한(漢)나라에서 유통하고 있는 『효경(孝經)』이나 『노자(老子 ; 道德經)』를 모방하여 성편(成編)한 것으로 찬본(撰本)이요, 역본(譯本)은 아니라는 것이다.

그렇다면 어떤 사람이 이런 글을 편집하였을까? 세 가지를 들 수 있다고 하였으니 이렇다.

첫째, 대승경전이 수입된 뒤에 그 사람은 자못 대승의 교리에 통달한 사람이다.

둘째, 깊이 노장(老莊)의 학문에 통달한 사람으로 자기 자신이 품었던 생각을 석도(釋道 : 불도)의 사상과 조화를 시킨 사람이다.

셋째, 문학을 아주 아름답게 잘 꾸미는 사람이다.

그러므로 이러한 사람을 한대(漢代)의 번역가 중에서는 구할 수가 없었고, 다만 삼국(三國)이나 양진(兩晉)의 저작가 중에서 구할 수 있었다고 보는 것이다. 이러한 논리로 볼 때 인도에서 경전을 수입하여 번역한 것이 아니라 몇몇 사람의 손을 거쳐서 편성된 위경(僞經)이라고 볼 수밖에 없을 것 같다.

그런데 위경이 무엇인가를 생각해 볼 필요가 있다. 중국 사회에서 중시되는 효(孝) 개념은 인도 사회에서는 그와 같이 형성되지 않았다. 예를 들면, 특히 유교 선비들이 불교에 대하여 효사상이 없음을 공격하자 불교 측에서 『불설부모은중경(佛說父母恩重經)』을 성편하여 불교적 효사상으로 이에 대응하였으니, 대표적인 위경이다. 이처럼 위경은 현지의 요청에 의한 불교사상의 적극적인 대응이라는 성격이 강한데 『불설사십이장경』이 그러하다고 할 수 있다.

다음에 이야기가 되는 설화(說話)는 불교가 중국에 들어오는 과정을 기록한 것으로 이설(異說)이라기보다는 정설(正說)로 받아들여지고 있기 때문에 「감몽구법설(感夢求法說)」의 근간이 된다.

송(宋)나라 사문인 수수(守遂)가 주석하고 고령요동선사(古靈了童禪師)가 덧붙여 풀이를 한 『사십이장경주(四十二章經註)』에는 이런 설화가 소개되고 있다.

후한(後漢) 명제(明帝) 영평(永平) 7년에 황제는 꿈에 몸이 여섯 길이나 되고 이마에 해처럼 밝은 빛을 띤 신인(神人)이 궁전을 돌다가 황제의 자리를 가리키며 가르침을 세우라고 하는 것을 보았다. 이 꿈을 군신에게 이르니, 부의가 말하였다.

"옛날 『주서(周書)』 이기(異記)를 살펴보니, 주(周) 소왕(昭王, 기원전1027, 甲寅) 4월 8일 자시에 오색의 상서로운 광명이 왕궁을 비추므로 왕이 그것을 군신에게 물었습니다. 그때 태사 소유가 부처님이 탄생하신 상서라고 답변하고 천 년 뒤 부처님의 교법이 유포될 것이라고 예언하고 있습니다. 그러므로 꿈에 나타난 이가 반드시 서방의 성인일 것입니다."라고 하였다.

이에 명제가 채음(蔡愔)·진경(秦景)·왕준(王遵) 등 18인을 서역에 보내어 법을 구하게 하였으니, 그들은 월씨국(月氏國)에 이르러 가섭마등(迦葉摩騰)과 축법란(竺法蘭)이라는 두 인도 스님과 만나 두 스님이 모시고 가져온 불상과 『사십이장경』, 『십주단결경(十住斷結經)』 등을 흰말에 싣고 낙양에 들어오니, 영평(永平) 10년(서기 69) 12월 30일이었다.

진경이 궁전에 들어가 금불상을 바치고 황제를 크게 기쁘게 하였다. 황제는 성의 서쪽문 밖에 절을 세우도록 칙령을 내리고 절 이름을 흥려사라 하였다.

이로 인하여 다섯 산의 도사(道士)인 저신·신비·숙재 등이 이렇게 진언하였다.

"폐하는 중국 성인의 말씀을 믿지 않고 노리어 오랑캐의 말을 믿고 계십니다. 신 등이 그들과 함께 경을 태워 참됨과 거짓됨을 증명해 보이겠습니다. 신 등이 이기면 오랑캐들을 내쫓으시고 만약 저들이 이기면 저희들은 목이 잘리어도 좋습니다." 하였다.

이에 왕은 그들의 진언을 따라 경을 태우는 단을 설치하여 그들의 신통을 증험해 보이라 하였다. 저신 등이 신통변화로 풀로 된 용을 타고 날아오르고 허공에 오락가락 하였지만, 단 밑에서 경을 태울 때는 도사들의 경[道經]은 타서 재가 되어 버렸다. 윤희(尹喜)가 불속에서 노자가 지은 도·덕의 두 경만 겨우 끄집어내고 그 나머지는 타 버렸다. 그러하니 저신 등 도사들은 하늘에 날아오르거나 허공에 오고 갈 수 있는 신통력이 사라져 버렸다.

그러나 불경과 불상은 불을 붙여 태우자, 그 불이 연꽃으로 변해 허공 가운데 솟구쳐 털끝만큼도 손상되지 아니 하였다. 도사들이 이미 패하자 혹 어떤 이는 달아나기도 하고, 머리털이 떨어진 자, 우물 속으로 달려간 자들이 있었으며, 저신 등 우두머리들은 모두 목이 잘

리었다.

　황제가 드디어 칙지를 내려 홍려사를 백마사(白馬寺)로 고치게 하고 불상을 모시도록 하였다. 축법란·가섭마등이 그 절에 머물면서 여러 경을 번역하였다.

　위에서 말한 설화는 외래사상인 불교가 중국 민중에게 공인(公認)되는 시점에서 기성 사상들과 충돌하는 상황을 반영하고 있다고 보아도 과언은 아니다. 즉 중국 민중에게 외래사상이 수용될 때 결코 쉬울 수는 없었다. 아무리 황제가 밀고 나간다고 할지라도 오랑캐의 사상에 불과하다고 평가한 부류들에게 그렇게 쉽게 수용될 수는 없었던 것이다.

　하여튼 불교사상이 여러 사상과 충돌을 하고 때로는 타협하면서 차차 민중에게 유포되었다. 또한 경전을 수입하여 축법란과 가섭마등이 번역을 하고 가르침을 통하여 일반 대중이나 지식계급에서 서서히 수용을 하게 되었다.

　더욱이 사상의 투쟁은 도교와 많이 하였다. 위의 설화에서 보더라도 도사들이 불교의 배척을 황제가 있는 앞에서 자신 있게 목숨을 걸고 감행하였다. 그러다가 결국 도가의 무위사상(無爲思想)은 불교의 공사상(空思想)과 본의가 다르지 않다고 이해됨으로써 도가사상이 이미 자리를 한 위에다 불교 사상이 뿌리를 내리고 다시 기성 사상들이 흡입되거나 변화를 가져오게 되었던 것이다.

　사실 불자들이란 어디에서든 「부처 불(佛)」자만 보아도 좋아하고 공경하며 흠모한다. 이러한 입장에서 볼 때 『사십이장경』이 누구에 의하여 중국에 들어왔느냐? 또 누가 편집하였느냐? 또 진위(眞僞)가 어떠하냐? 또 내용이 어떻게 꾸며졌는가 등등의 상황에 대해서는 불교를 연구하는 학자나 또는 역사가에게 미루고 우리 불자들은 그 내용만을 취하여 공부하는 준칙(準則)으로 삼아야 한다. 그런다면 미미하고 세세한 것은 따지지 않아도 될 것이다.

그래서 사문취의(捨文取意)하자고 권한다. 즉 '글은 놓아두고 뜻만 취하자.'는 의미이다. 자칫 글자에 걸리거나 어떤 의지(意旨)의 해석에 걸리거나 법만을 고수하는 법박(法縛)이 된다면 참으로 부처님의 본의는 파악이 안 되고 변두리만 맴돌게 되는 수가 얼마든지 있기 때문이다. 문자는 과감히 버리고 진의(眞意)를 깨닫고 증득하여 영겁의 전감(前鑑)을 삼는다면 길이 크게 열려 가리라고 본다.

이 세상 어느 것이 부처님의 가르침보다 더 수승하며, 이 세상 어떤 것이 부처님의 제도(濟度)보다 더 훌륭하겠는가? 부처님을 만나고 불도를 익히며 그 가르침대로 살아가려는 우리는 다행 중에 천만다행임을 알고 일생뿐만 아니라 영생을 잘 살아가야 할 것이다.

불 설 사 십 이 장 경
佛説四十二章經

1 원문해역(原文解譯)

후 한 사 무 가 섭 마 등   축 법 난   동 역
後漢 沙門 迦葉摩騰[1] 竺法蘭[2] 同譯

2 단어(單語) 및 숙어(熟語) 풀이

1) 迦葉摩騰(가섭마등)

후한(서기 23−220)시대에 중국에 온 중인도 출신의 승려. 서인도에서 『금광명경(金光明經)』을 강설하여 이름을 펼쳤는데, 후한 명제의 명으로 67년 불상과 경문을 백마에 싣고 낙양에 이르러 백마사(白馬寺)를 짓고 살았다고 한다.

2) 竺法蘭(축법난)

후한 때 처음으로 중국에 불교를 전한 인도 대월씨국(大月氏國)의 승려이자 역경가이다. 서기 67년 가섭마등과 함께 낙양에 와서 백마사에 머물며 포교에 힘썼다. 『사십이장경』과 함께 『불본행집경(佛本行集經)』 등 5부의 경전을 한역했다고 한다.

서분으로 법문을 설하게 된 연기를 밝혔다.

1　원문해역(原文解譯)

世尊¹⁾成道²⁾已하시고 作是思惟하대 欲離寂靜³⁾이 是最爲勝
이라 하시고 住大禪定⁴⁾하야 降諸魔道⁵⁾하시고 於鹿野苑⁶⁾中에
轉四諦⁷⁾法輪하사 度憍陳如⁸⁾等五人하야 而證道果⁹⁾케 하시다
復有比丘¹⁰⁾所說諸疑하야 求佛進止로 世尊敎勅¹¹⁾하사 一一
開悟¹²⁾케 하니 合掌敬諾하고 而順尊勅하니라.

　세존께서 도 이룸을 마치시고 이렇게 생각하셨으니 '욕심을 여의
어 평온하고 고요함이 가장 수승함이 된다.' 하시고, 큰 선정에 머물
러 모든 악마의 도를 항복 받으시고 녹야원에서 네 가지 진리[四諦·
四聖諦：苦·集·滅·道]의 법 바퀴를 굴리사, 교진여 등 다섯 사람
을 제도하여 도의 열매를 증득하게 하시니라, 다시 비구들이 (부처님
의) 말씀하신 바에 여러 의심이 있어서 부처님에게 나아가고 그침을

구하므로 세존께서 가르치고 타일러 낱낱이 열리고 깨닫게 하시니 합장하고 공경하고 조아리며 세존의 타이름을 따랐나니라.

2 단어(單語) 및 숙어(熟語) 풀이

1) 世尊(세존)

(1) 석가모니(釋迦牟尼) 부처님을 말한다.

(2) 부처님의 십호(十號) 중 하나.

(3) 세상에서 가장 높은 어른. 만덕(萬德), 만지(萬智)를 구비한 성자.

(4) 불교의 창시자.

2) 成道(성도)

부처님께서 납월(臘月 : 12월) 8일 새벽에 보리수(菩提樹)나무 아래서 별을 보시고 도를 깨우쳐서 부처를 이루셨다.

3) 寂靜(적정)

(1) 번뇌 망상을 여의고 일체의 괴로움이 없는 해탈 열반의 경지.

(2) 마음에 일체의 번뇌가 끊어지고, 몸에는 모든 고통이 사라져 아주 편안한 것.

(3) 청정(淸淨)한 상태. 작위(作爲)가 끊어진 경계.

4) 禪定(선정)

(1) 육바라밀(六波羅密)의 하나로 불교 수행의 기본이다.

(2) 선은 선나(禪那)의 준말이요, 정은 한문이다. 즉 범어(梵語)와

한문을 함께 쓴 말이다.

⑶ 산란(散亂)한 마음을 고요하게 통일하여 본래 마음을 찾는
것.

⑷ 일체의 사량 분별이나 번뇌 망상을 여의고 삼매(三昧)에 들어
있는 상태.

⑸ 사유수(思惟修). 정려(靜慮). 정(定). 기악(棄惡).

⑹ 식망현진 수승화강(息妄顯眞 水昇火降), 즉 망념을 쉬고 진성
을 나타내며, 물 기운을 올리고 불기운을 내리는 수행.

5) 魔道(마도)

마란, 마군(魔軍)으로 마왕(魔王)인 파순(波旬)의 무리를 말하
고, 도란, 외도(外道)로 부처님의 가르침 외에 모든 도를 말한다.

6) 鹿野苑(녹야원)

지금의 인도 베나레스시의 북쪽 사르나트에 있는 불교의 유적
지. 중부 인도 바라나국(波羅奈國) 북쪽 성 밖에 있던 동산으로
부처님이 성도한 후 최초로 설법한 성지. 교진여(憍陳如) 등 다
섯 비구를 제도하였다.

7) 四諦(사제)

⑴ 사제란, 고(苦) · 집(集) · 멸(滅) · 도(道)를 말한다. 이는 인생
의 모든 문제와 그 해결 방법을 말한 것이다.

⑵ 고(苦)는 세간(世間)의 결과요, 집(集)은 세간의 원인이며 멸
(滅)은 출세간(出世間)의 결과요, 도(道)는 출세간의 원인이다.

⑶ 이 사제 중에서 고제와 집제를 유전(流轉)하는 인과, 멸제를
깨달을 목표 곧 이상, 도제를 열반에 이르는 방법 곧 실천의
수단을 말하는 것이다.

사제를 대략적으로 살펴보면 다음과 같다.

① 고제(苦諦) : 범부중생의 현실 세계가 모두 괴로움이라는 의미이다. 다시 말하면, 낳고 늙고 병들고 죽는(生 · 老 · 病 · 死) 기본적인 네 가지 괴로움 즉 사고(四苦)에다

사랑하는 사람과 헤어지는 괴로움(愛別離苦),

미워하는 사람과 만나는 괴로움(怨憎會苦),

구하여도 얻지 못하는 괴로움(求不得苦),

오음(五陰 : 色受想行識)이 치성하는 괴로움(五陰盛苦)의 네 가지를 합하여 팔고(八苦)라 한다.

② 집제(集諦) : 현실 세계 모든 괴로움의 원인을 설명한 것으로, 갈애(渴愛) · 무명(無明) · 번뇌(煩惱)의 애욕(愛慾)이나 집착(執着) 때문에 십이인연(十二因緣)으로 한없이 전생(轉生)하게 된다는 것이다. 여기에서 괴로움의 원인을 바깥에 있다고 보지 않고 내 마음 안에 있다고 보는 것이 불교의 특색이라 할 수 있다.

③ 멸제(滅諦) : 온갖 괴로움을 멸하고, 무명 · 번뇌를 멸하는 것으로, 이것이 바로 열반(涅槃)이요 해탈(解脫)이다. 열반과 해탈의 세계가 불교에서 추구하는 이상(理想)의 세계이다.

④ 도제(道諦) : 괴로움과 무명 · 번뇌를 멸하고, 열반 · 해탈을 얻어 십이인연을 자유자재하는 방법을 말한다.

이러한 방법을 팔정도(八正道) 또는 팔성도(八聖道)라 하는데, 곧 정견(正見)이니 이는 올바른 견해(見解)로서 있는 그대로 보는 것이요,

정사유(正思惟)니 올바른 생각이며,

정어(正語)는 올바른 말이요,

정업(正業)은 올바른 행동이며,

정명(正命)은 올바른 생활이요,

정정진(正精進)은 올바른 수행의 정진이며,

정념(正念)은 올바른 마음을 통일하는 것이요,

정정(正定)은 올바른 선정(禪定)이다.

8) 憍陳如等五人(교진여등오인)

(1) 교진여 등 오인은 부처님이 성도(成道)를 하고 처음으로 제도
한 사람들이요, 또한 최초의 제자들이다.

(2) 오인은 마승(馬勝)·소현(小賢)·마하남(摩訶男)·교진여(憍
陳如)·십력가섭(十力迦葉)을 말한다. 이 다섯은 부처님이 수
행하는데 보필을 하라고 가빌라성의 정반왕이 파견한 사람들
인데 부처님이 기진맥진(氣盡脈盡)하였을 때 목양녀(牧羊女)
에게서 죽(粥)을 받아 먹는 광경을 보고 수도에 뜻이 없다 하
여 녹야원으로 옮겨와서 수행한 사람들이다. 이들은 모두가
부처님의 친척으로 마승·소현·마하남은 부처님 부친의 친
척이요, 교진여·십력가섭은 부처님 어머니의 친척이다.

9) 而證道果(이증도과)

이 말은 부처님이 교진여 등 오인에게 성불(成佛)을 시켜 주었
다는 뜻이다. 다시 말하면, 교진여는 부처님이 인욕선인(忍辱仙
人)으로 있을 때에 가리왕(歌利王)에게 사지(四肢)를 할절(割切)
당하였지만 조금의 진한(瞋恨)이 없이 "내가 성불하면 제일 먼저
구제하리라"는 인연에 의하여 첫 번째 성불이 된 사람이니 그때
인욕선인은 부처님이요, 가리왕은 교진여(憍陳如)이다.

다음으로 부처님은 지계(持戒), 보시(布施), 생천(生天)의 법문
을 통하여 마승(馬勝)과 소현(小賢)을 성불시켰고, 다음으로 종
종법문(種種法門)을 설하여 마하남(摩訶男)과 십력가섭(十力迦
葉)을 성불시켰다.

10) 比丘(비구)

⑴ 출가하여 구족계를 받은 남자 스님을 말한다.

⑵ 걸사(乞士), 즉 '음식을 빌어서 먹는다.'는 뜻을 가지고 있다.

⑶ 길장의 『법화소(法華疏)』1에 '비구를 걸사라 한다. 위로는
여래로부터 법을 빌어 정신(마음 · 본성)을 단련하고, 아래로
속인에게 음식을 빌어 몸을 자양하므로 걸사라 한다. 세상의
걸인은 다만 옷과 음식을 빌고 법을 빌지 않으므로 비구라 하
지 않는다(比丘名爲乞士 上從如來乞法以練神 下就俗人乞食
以資身 故名乞士. 世之乞人 但乞衣食 不乞於法 不名比丘).'
고 하였다.

11) 世尊敎勅(세존교칙)

세존은 부처님을 말한다. 교칙이란 교화(敎化) 또는 칙령(勅
슈)으로 부처님께서 중생을 교화하는 칙령을 말한다.

12) 一一開悟(일일개오)

한 사람 한 사람을 깨닫게 하였다는 뜻이다. 다시 말하면, 한
사람 한 사람을 대하여 교화의 만능을 베풀어 모두 성불을 시켜
주었다는 의미이다.

▣ 3 　해의(解義)

서분(序分)이다. 부처님께서 도를 이룬 뒤의 심경(心境)과 법문, 그
리고 최초의 제자를 제도하고 앞으로 가르침을 펴서 무량 중생을 제
도할 수 있는 교칙(敎勅)을 열어 보인 것이다.

가령 한 척의 배가 망망대해(茫茫大海)에서 풍랑을 만나 어딘 줄도 모를 뿐만 아니라 방향도 알 수 없으며 불빛을 발산하거나 소리도 지를 수 없이 되었다면 배에 탄 모든 사람은 죽는 수밖에 다른 방법이 없을 것이다.

이는 다른 말이 아니라 인생의 삶이 이와 같음을 의미한다. 사실 인생의 삶이란 망망대해에서 방향을 잃은 배와 같아서 언제 어느 때 어떤 어려움이나 봉변을 당할 지도 모르면서 한없이 떠밀려가고 있다.

다시 말하면, 길을 잃고, 또 목적지를 벗어나 멋대로 이곳에 부딪치고 저곳을 기웃거리는 초라한 신세가 되어 있다는 말이다.

이러한 때 누가 나서서 방향을 알려주고 고장난 배를 수리하여 거친 파도를 헤치고 나아갈 수 있도록 이끌어 준다면 어려움이 없이 목적지에 도달할 수 있다.

그래서 성자가 요구된다. 또 이런 일 때문에 성자는 이 세상에 우리와 함께 태어나고 원력을 세우며 고행(苦行)을 거쳐 깨달음을 얻어 부처님이 되는 것이다.

그러므로 인생이 당연히 나아가야 할 길을 잃고 헤매일 때 우리들을 향하여 구원의 손길을 내밀고 바른 길을 알려주며 삶의 의미를 부여하는 깨달은 자, 곧 선각자(先覺者)가 있어야 한다.

사실 방향과 목적지를 잃은 중생의 삶이란 어디로 튈지 모르는 공과 같아서 죄악의 구덩이에 빠지고 업(業)에 눌리며 생사(生死)에 매이고 무지(無知)에 끌려 헤매게 되니, 이렇게 되면 그 인생의 장래는 어떠할 것인지 불을 보는 것처럼, 앞에 고해(苦海)가 전개될 것이 분명하다.

여기에서 우리들은 멈춤이 필요하다. 인생의 정지(停止)가 필요하다. 내달려 무엇을 얻고 뛰어 구하려는게 과연 무엇인가? 이보다는 정관(靜觀)의 내고(內顧)가 있어야 한다. 즉 내면(內面)의 조고(照顧)가 있어야 한다. 안으로 자신을 돌아보아 추스르고 정화(淨化)하는 시간이 있어야 한다. 그래야 자신의 생이 맑아지고 밝아질 수 있다. 검은 흙탕물에 구르면서 맑고 밝아지기를 바랄 수는 없다. 조금의 샘물이 솟아나는 곳에서 굴러야 시간이 지나면 조금씩이나마 세정(洗淨)된다.

따라서 우리의 역정도 맑은 샘을 찾아서 여행하는 여객(旅客)이 되어 목표를 정하고 한 걸음을 걷듯 영겁을 두고 이 한 생의 출발을 잘 다져가야 한다. 만일 첫 단추를 잘못 채우면 전체가 어긋나는 것처럼 수행자가 되었든 일반 사람이 되었든 부처님의 자비를 힘입어 정당한 길을 가고 더 나아가 부처님의 가르침을 통하여 참된 자신을 갈고 닦는 계기로 삼는다면 우리의 홍복(洪福)이니 범연하게 생각하지 말자.

즉 우리는 부처님의 가르침을 봉수(奉受)하고 지시(指示)함을 따라서 각자의 인생을 개오(開悟)로 수놓고 또 법문(法門)에 들어서 인생 존재의 참 가치를 한층 높이고 세상에 평화를 실현하고 낙원을 건설하여 부처님의 나라로 만들어 가야 한다.

4 종미일송(終尾一頌)

燈 火 堅 持 漆 夜 安 등화견지칠야안

不 知 隨 敎 進 程 看　부지수교진정간
人 前 險 棘 相 纏 積　인전험극상전적
時 聖 更 生 直 路 攤　시성갱생직로탄

등불을 굳게 가지면 칠흑의 밤이라도 편안하고
앎이 없어도 가르침 따르면 나가는 길이 보이리
사람 앞에 험한 가시가 서로 얽혀 쌓였을지라도
때로 성자가 다시 나와서 곧은 길을 열어 주누나.

제 **1** 장

出家證果 출가증과

출가한 스님은 최소한 아라한과(阿羅漢果)
를 증득하여야 한다.

佛[1]言－辭親出家[2]爲道[3]인댄 識心達本[4]하고 解無爲法[5]이
名曰沙門[6]이라 常行二百五十戒[7]하고 進止淸淨[8]하야 爲四眞
道行[9]하면 成阿羅漢[10]하리라 阿羅漢者는 能飛行變化[11]하며
曠劫壽命[12]하야 住動天地[13]니라 次爲阿那含[14]이니 阿那含者
는 壽終魂靈上十九天[15]하야 證阿羅漢이니라 次爲斯陀含[16]이
니 斯陀含者는 一上一還[17]하야 卽得阿羅漢이니라 次爲須陀
洹[18]이니 須陀洹者는 七死七生[19]하야 便得阿羅漢이니라 愛欲
斷者는 譬如四肢斷[20]이니 不復用之니라.

부처님이 말씀하셨다.

어버이를 하직하고 집을 나와 도를 배울진댄, 마음을 알아 근본을
요달하고 함이 없는 법을 알아가는 것을 사문이라 하나니, 항상 이백
오십 계율을 지켜 행하고, 나아가고 그침에 청정하며 네 가지 참된
도를 행하면 아라한을 이루리라.

아라한이란 날아 행할 수 있는 변화를 부리며 긴긴 세월 수명을 누
려서 하늘과 땅에 머물기도 하고 움직이기도 하나니라.

다음은 아나함이니, 아나함이란 목숨을 마치면 혼령이 십구 천에
올라가야 아라한을 증득하나니라.

다음은 사다함이니, 사다함은 한 번 올라갔다가 한 번 돌아와야만 곧 아라한을 얻느니라.

다음은 수다원이니, 수다원이란 일곱 번 죽고 일곱 번 태어나야 문득 아라한을 얻느니라.

애욕을 끊는다는 것은 비유하자면, 사지를 끊어서 다시 쓰지 못하는 것과 같이 하여야 하나니라.

2 단어(單語) 및 숙어(熟語) 풀이

1) 佛(불) : "해제(解題)"를 참조.

2) 辭親出家(사친출가)

(1) 부모의 허락을 얻어 스님이 되기 위하여 집을 나온다는 뜻이다. 옛날 인도나 중국의 불교의 제도에는 반드시 스님이 되기 위해서는 부모의 허락이 있어야 출가를 할 수 있었다. 지금 서구 사회에서는 18세만 되면 부모의 허락이 없어도 자유스럽게 삶을 엮어갈 수 있지만 스님이 되어 삼보(三寶 : 佛 · 法 · 僧)를 받들기 위해서는 절대적으로 부모의 허락이 있어야만 가능하였다.

(2) 출가

① 세속적인 집을 나온다는 뜻이다. 다시 말하면, 가정을 불고하고 보다 넓은 세계에 살며, 진리를 추구하기 위하여 세간에서 이루어지는 모든 쾌락과 고통을 벗어버리고 부처님의 제자가 된다는 의미이다.

② 출세간생활을 말한다. 즉 세속을 버리고 불도수행을 하며 사는

삶이다.

③ 세간생활에 대하여 출가생활·승려생활을 말함.

④ 세간의 삼독 오욕의 생활을 벗어난 무위안락(無爲安樂)한 출가생활.

⑤ 일신의 부귀영화를 버리고 일체중생을 위해 헌신 봉공하는 삶.

⑥ 일체의 생사법(生死法)을 세간이라 하고 열반(涅槃)을 출세간이라 하며, 고·집이제(苦集二諦)를 세간이라 하고 멸·도이제(滅道二諦)를 출세간이라 한다.

3) 道(도)

(1) 우주의 대기(大機)가 자동적으로 운행하는 것을 말한다.

(2) 인간으로서 당연히 실행해야 할 규범(規範), 즉 삼강(三綱)이나 오륜(五倫) 같은 것.

(3) 우주의 본체. 우주 만물의 근원. 형이상학적으로 형상도 없고 이름도 없어서 감각이나 사유(思惟)로 파악할 수 없는 절대자.

(4) 진리. 공(空). 법. 진여(眞如) 등을 말한다.

(5) 능통(能通)의 의미. 여기에는 세 가지 뜻이 있다.

① 유루(有漏)의 도 : 선업은 사람으로 하여금 지선처(至善處)에 이르게 하고, 악업은 사람으로 하여금 악처(惡處)에 이르도록 하는 것. 즉 선악이업(善惡二業)을 말한다.

② 무루(無漏)의 도 : 사람으로 하여금 열반(涅槃)에 이르도록 하는 길, 또는 그 자체가 허융무애(虛融無礙)하게 통해 있음을 말한다. 『삼론현의(三論玄義)』에 '지극히 묘하여 텅 비어 통함을 지목하여 도라 한다(至妙虛通 目之爲道).'고 하였다.

③ 열반(涅槃)의 체(體) : 일체 장애를 배제하여 걸림이 없이 자제함을 말한다.

『열반무명론(涅槃無名論)』에 '열반을 도라 한다. 고요하고 텅 비어 형상이나 이름을 얻을 수 없고 미묘하여 상이 없어서 가히 마음을 가지고 알지 못한다(夫涅槃之名道也 寂寥虛曠 不可以形名得 微妙無相 不可以有心知).' 고 하였다.

4) 識心達本(식심달본)

식심이란, 자기의 본래 마음을 확실하게 안다는 뜻이다. 즉 '마음이 나오면 온갖 법이 나오고 마음이 소멸하면 모든 법도 소멸(心生種種法生 心滅種種法滅)' 하는 것을 아는 것이다.

다시 말하면, '마음 밖에 법이 없고 법 밖에 마음도 없어서 마음과 법이 하나(心外無法 法外無心 心法一如)' 임을 아는 것을 말한다.

달본이란, 우리들의 마음이나 본성은 본래 실체(實體)가 없고 형상(形相)도 없다는 사실을 확연히 알고 깨닫는 것을 말한다.

5) 無爲法(무위법)

(1) 진여법(眞如法)을 명확하게 아는 것이다. 즉 진여와 일체법이 본래 하나임을 아는 것이다. 그러나 이것이 하나도 아니요, 다르지도 않다는 사실을 명백히 아는 것을 말한다.

(2) 도란 원래 생멸이 없고 변함이 없는 무인무과(無因無果)의 참된 법이다.

6) 沙門(사문)

(1) 사문이란, 범어(梵語)로 Shramane, 번역하여 근식(勤息)이라고 한다. 근이란 '부지런히 계·정·혜를 닦는다(勤修戒定慧)' 는 뜻이고, 식이란 '탐·진·치를 쉬고 소멸시킨다(息滅貪瞋癡)' 는 뜻이다.

(2) 출가한 수행인의 총칭으로 삭발하고 나쁜 일을 저지르지 않

으며 선행을 쌓고 신심을 가다듬어 깨달음을 얻기 위하여 노
력하는 수행승을 말한다.

7) 二百五十戒(이백오십계)

(1) 계란 소극적으로 '그름을 막고 악을 그친다(防非止惡)'는 뜻
이요, 적극적으로는 '수선(修善)'의 의미이다.

(2) 사문, 즉 출가한 사람은 항상 계율에 비추어 자신의 수행을
점검하며 계를 범하지 않아야 한다.

(3) 죄를 미연(未然)에 방지하고 경계하는 것.

(4) 계를 스승으로 삼는 것(以戒爲師).

(5) 주로 남자 스님, 곧 비구(比丘)에게 주어진 계율이 250계이
고, 여자 스님, 곧 비구니(比丘尼)에게 주어진 계율은 384계
이다.

8) 淸淨(청정)

(1) 오염(汚染)되어 있지 않다는 의미이다. 다시 말하면, 삼독(三
毒)이나 오욕(五慾)이나 번뇌(煩惱)나 죄업(罪業)에 더럽힘이
없이 본래의 깨끗함을 유지하고 있다.

(2) 계행(戒行)이 맑음을 말한다.

(3) 자성(自性)이 맑음을 말한다.

(4) 매여 끌리고 더럽혀 지저분하지 않음을 말한다.

9) 四眞道行(사진도행)

네 가지 참 도를 행한다는 의미이다. 즉 고(苦)·집(集)·멸
(滅)·도(道)의 네 가지, 곧 사제(四諦)를 잘 닦아 나아간다는 의
미이다.

10) 阿羅漢(아라한)

(1) 소승(小乘)의 교법을 수행하여 얻은 최고의 경지. 즉 성문사

과(聲聞四果)의 최고 경지로 일체의 번뇌를 끊고 사제(四諦)
의 이치를 밝혀 더 배우고 닦을 것이 없는 경지.
(2) 여기에는 세 가지 의미가 있다.
① 살적(殺賊)이니, 살이란 죽인다는 의미이다. 외적으로 해물(害物)
한다는 의미가 아니라 내면적으로 번뇌(煩惱)를 죽이고 탐(貪)·
진(瞋)·치(癡)를 죽인다는 뜻이다.
② 응공(應供)이니 인천(人天)의 공양을 받는다는 의미이다. 개오(開
悟)한 성인의 위치로서 인간이나 천상에서 주어지는 공양을 받아
도 빚이 되지 않는다.
③ 무생(無生). 불생(不生)이니, 이미 생사를 요달하였기 때문에 열
반에 들어서 다시는 생사의 과보에 얽매어 거래하는 쩨쩨한 근기
가 아니다.

11) 飛行變化(비행변화)

(1) 아라한 이상의 불보살들은 18가지의 변화를 부릴 수 있는 능
력이 있다고 한다. 다시 말하면, 그만큼 능력을 부릴 수 있는
실력을 내면에 간직하고 있다는 이야기이며 그만큼 공부를
많이 하였다는 의미이기도 하다.
(2) 보통 우리가 하늘을 날 때는 비행기를 타야 하지만 불보살들
은 마음이 가는 곳에 몸이 갈 수 있는 힘을 가지고 있다. 이러
한 능력이 없는 보통 사람이 볼 때는 신통(神通), 혹은 묘술
(妙術) 등으로 보일 수도 있지만 능력이 있으면 절대 어려운
것이 아니다.
(3) 마음, 곧 정신(精神)으로 오고 갈 수도 있다.

12) 曠劫壽命(광겁수명)

광겁이란 긴긴 세월을 말한다. 다시 말하면, 무량(無量)한 시
간을 말하는 것이다. 보통 사람들은 백 년 미만에 정신과 육신이

분리를 이룬다. 즉 죽는다는 이야기이다. 그러나 사과(四果)를 증득한 아라한은 생사(生死)에 자유를 얻었기 때문에 육체를 바꾸는 것이 마치 헌옷을 버리고 새 옷을 입는 것과 같이 자재를 하므로 죽음이 없이 영원히 살 수 있는 것이다.

13) 住動天地(주동천지)

아라한이 머무는 곳은 인간은 물론이지만 천신지지(天神地祇)까지 감동이 되고 모두 교화가 되어짐을 이르는 말이다. 다시 말하면, 어느 곳이든지 아라한이 머물면 광풍(狂風)이나 폭우나 지진이나 산붕(山崩) 등의 재난이 자연 없어지고 선신(善神)들이 보호하여 길상(吉祥)이 나타나서 전적으로 천지의 간섭을 받게 된다는 말이다.

14) 阿那含(아나함)

성문사과(聲聞四果) 중에 3번째이다. 불환(不還)·불래(不來)라고 한다. 욕계(欲界)의 번뇌를 모두 끊어버린 성자를 말한다. 여기에 이른 성자는 미래에 색계(色界)나 무색계(無色界)에는 태어날지언정 욕계에는 다시 태어나지 않으므로 불환(不還)이라고 하는 것이다.

『대승의장(大乘義章)』 11에 보면 '아나함이란 여기에 돌아오지 않는다고 하는데 소승의 법 가운데 다시 욕계로 몸을 받아 돌아오지 않으므로 아나함이라고 이른다(阿那含者 此名不還 小乘法中 更不還欲界受身 名阿那含).'고 하였다.

15) 上十九天(상십구천)

십구천이란 무상천(無想天)을 말한다. 이는 색계 사선천(四禪天)의 제4선천에 8천이 있는데, 그 중 제3 광과천(廣果天) 가운데 있는 하늘을 말한다. 이 하늘에 태어나면 모든 생각이 없으므로 이와 같이 말을 한 것이다.

16) 斯陀含(사다함)

성문사과(聲聞四果) 중에 2번째이다. 일래(一來)라고 한다. 욕계 구지(九地)의 사혹(思惑 : 修惑)에서 앞의 육품(六品)을 끊으면 오히려 뒤의 삼품(三品)이 남는데, 이 삼품이 바로 사혹이다. 그래서 욕계의 인간과 천계(天界 : 六欲天)에 한번 생을 받는 것을 말하여 일래라고 한다. 즉 일래란 '한번 왕래한다' 는 의미이다.

17) 一上一還(일상일환)

한 번 온다는 의미로 사다함과를 이루어 천상에서 인간으로 한 번 오는 것을 말한다.

18) 須陀洹(수다원)

성문사과(聲聞四果) 중에 첫 번째이다. 입류(入流)·역류(逆流)·입류예류(入流預流)라고도 하는데 동일한 의미이다. 다시 말하면, '범부가 처음으로 성도(聖道)의 법류(法流)에 들었다' 는 뜻이다. 즉 생사(生死)의 폭류(暴流)를 거슬러 성위(聖位)에 들었다는 의미로써 삼계의 견혹(見惑)을 끊어 다한 경지이다.

19) 七死七生(칠사칠생)

일곱 번 죽고 일곱 번 낳는다는 의미로 수다원이 일곱 번의 생사를 마쳐야 겨우 아라한과(阿羅漢果)를 증득할 수 있다는 말이다. 이 일곱 번의 생사설은 욕계의 상상품(上上品)에 탐(貪)·진(瞋)·치(癡)·만(慢)을 임의로 끊는 데에 2번의 생사를 마치고, 욕계 상중품(上中品)에 있으면서 한 번의 생사를 마치며, 욕계 상하품(上下品)에 있으면서 한 번의 생사를 마치고, 욕계 중상품(中上品)에 있으면서 한 번의 생사를 마치며, 욕계 중중품(中中

品)·중하품(中下品)에 있으면서 한 번의 생사를 마치고, 욕계
하상품(下上品)·하중품(下中品)·하하품(下下品)에 있으면서
한 번의 생사를 마치는 것을 말한다.

20) 愛欲斷者─四肢斷(애욕단자 사지단)

사지란 두 팔과 두 다리를 말한다. 즉 사체(四體)를 말하는 데,
이 사체가 끊어지면 사람으로서의 행동을 할 수가 없는 것이다.

이와 같이 애욕을 끊는데 '사지를 절단하여 사람 구실 못하는
것처럼 모질게 끊어버리라' 는 뜻이다.

3 | 해의(解義)

사람이 떠난다는 것, 또 떠날 수 있다는 것은 자기를 재발견하고 재
충전하는 아주 좋은 계기가 마련되는 것임을 알 수 있다. 또한 반대
로 걸리고 매여 인생의 나아가는 길에 집착(執着)이 된다면 결코 바
람직한 자기 인생의 역사를 아름답게 엮고 써가기는 어려운 것이다.

사람들은 근본적으로 움직이기를 좋아한다. 다시 말하면, 외형(外
形)이나 외경(外景)을 쫓아 이곳저곳으로 이동하려는 마음을 누구나
가지고 있다고 보아야 한다. 이것이 곧 보통 사람들의 보편화된 삶의
방식인지도 모른다.

그러나 인간에 대한 깊은 성찰을 하고 우주라는 무한의 위력(威力)
에 대한 회의(懷疑)를 가진 사람은 현상의 구경거리를 찾아 떠나는
범주를 벗어나서 근원적으로 질문을 던지고 그 질문에 대한 해답을

얻기 위하여 고민하고 고초(苦楚)하다가 세속적인 삶을 뒤로 하고 떠나는 것이 바로 거룩하고 멋진 출가(出家)이다.

이 출가라는 것은 자기로부터의 해방을 위한 탈출구를 찾는 것이요, 구속 없는 자유를 넘어선 자재해탈(自在解脫)의 쇄락(灑落)을 얻자는 것이며, 인생의 근원을 뚫어나가는 혈로(穴路)로 삼아 통구(通衢)를 이루자는 것이요, 온갖 욕망(欲望)에 대한 자제력(自制力)을 갖는 그 한계 상황을 넘어서는 저편에다 아라한(阿羅漢) 내지 불보살(佛菩薩)의 성위(聖位)를 두고 공부하여 도달하고자 길을 열어가는 것이니 이것이 곧 출가인 것이다.

즉 부처님의 제자가 되어 부처님께서 색신여래(色身如來)를 가지고 다 이룩하지 못한 목표를 후래 출가한 사람들이 대신하여 이루어야 한다는 지상(至上)의 사명(使命)이 두 어깨에 짊어지어 있는 것으로, 이를 위하여 자신의 한몸을 불태울 수 있는 적극성을 가지고 세상에 뛰어 들라는 것도 곧 출가자의 책무에 들어 있는 것이다.

다시 말하면, 모든 수행을 하는 사람이라면 금생의 정점(頂点)을 살적(殺賊), 응공(應供), 무생(無生)을 갖춘 아라한 정도는 되어야 인생의 지금 삶이나 다음 삶에 내적 고수(苦愁)가 되었든 외적 인견(引牽)이 되었든간에 흔들리거나 매이지 않고 자기의 원 자리에 설 수 있다는 사실을 확실하게 알아야 한다. 다음으로 수다원을 입류(入流)라고 한다. 이 말은 진리의 문을 두드려 열고 발을 들여 놓았다는 의미이다. 즉 내적으로 헤아릴 수 없는 고뇌(苦惱)와 갈등(葛藤)을 거치고 외형적인 경계에 회의를 거쳐서 이를 극복하고 자신을 알고 진리를 볼 줄 아는 정도를 말한다.

다음으로 사다함은 일래(一來)라고 한다. 이 말은 한 번 천상의 세계에서 고통이 난무한 세계에 갔다가 온 뒤에 자기로부터의 해박(解

縛)을 얻었다는 의미이다. 즉 갖가지로 일어나는 마음의 동요가 사라져서 자신하고 수행에 매진하여 확실한 성과를 이루고자 하는 경지에 있음을 말한다.

다음으로 아나함은 불환(不還)·불래(不來)라고 한다. 이는 욕계(欲界)의 번뇌를 모두 끊어버린 성자를 말한다. 여기에 이른 성자는 미래에 색계(色界)나 무색계(無色界)에는 태어날지언정 욕계에는 다시 태어나지 않으므로 불환(不還)·불래(不來)라고 하는 것이다.

사실 인간은 끊임없이 생(生)·주(住)·이(異)·멸(滅)을 일으키는 마음을 가지고 있다. 이것을 내형(內形)의 번뇌(煩惱)라고 할 수 있다. 이러한 기멸(起滅)은 마음을 가지고 있는 한 잠재울 수 없는 영원한 숙제이다.

그래서 깨달음이라는 일경(一境)을 설정한 것이다. 즉 번뇌를 가라앉혀 잠재우는 방법으로 깨달음을 세워 수행자로 하여금 내면의 진정(眞靜)에 들고 본기(本己)로 돌아가도록 한 것이다. 사실 깨달음이라 하는 것도 결국은 방편(方便)에 지나지 않는 것으로 깨쳐도 그 마음을 쓰고 못 깨쳐도 그 마음을 쓸 수밖에 없는 것이다.

그러나 같은 마음을 쓸지라도 깨침의 과정을 겪은 사람은 넓고 깊으며, 두루하고 모나지 않으며, 어둡고 가림이 없는 밝음 등등, 이러한 것들이 주체가 되어 용심(用心)을 하는 이것이 다르다고 한다면 다른 것이다.

여기에 네 단계를 두어 사과(四果)를 증득하도록 하였으니, 이 수다원·사다함·아나함·아라한의 경지를 넘어 불보살을 이루자는데 궁극의 목적이 있으므로 아름답게 출가를 하고 용기 있게 출가를 하는 것이다.

4 종미일송(終尾一頌)

越 山 平 地 跨 山 橫　월산평지과산횡
渡 水 潺 流 涉 水 泓　도수잔류섭수홍
翡 鳥 脫 籠 何 處 到　비조탈롱하처도
霜 風 颯 後 肇 春 盈　상풍삽후조춘영

산을 넘어 평평한 땅이려니 넘을 산이 비꼈고,
물을 건너 잔잔히 흐름이려니 건널 물 깊어라.
비취 새가 우리를 벗어나 어느 곳에 이르리요,
서리 바람 분 뒤에야 비로소 봄이 가득 차누나.

제**2**장

斷欲絶求 단욕절구

먼저 욕심을 끊고 구하고 찾으려는 것마저
도 끊어라.

1 원문해역(原文解譯)

佛言－出家沙門者는 斷欲去愛[1]하고 識自心源하며 達佛深理[2]하야 悟無爲法이니 內無所得[3]하고 外無所求[4]하며 心不繫道[5]하고 亦不結業[6]하야 無念無作[7]하고 無修無證[8]하야 不歷諸位[9]하고 而自崇最[10]를 名之爲道니라.

부처님이 말씀하셨다.

출가하여 사문이 된 사람은, 욕심을 끊으며 애착을 버리고 자기 마음의 근원을 알며, 부처님의 깊은 이치를 요달하여 함이 없는 법을 깨달을지니, 안으로 얻은 바가 없고 밖으로 구하는 바도 없으며 마음이 도에도 매이지 아니하고, 또한 업에도 매이지 않아서 생각할 것도 없고 일으킬 것도 없으며, 닦을 것도 없고 증득할 것도 없어서 모든 위를 지내지 아니하고 스스로 높고 최상임을 일러서 도라 하나니라.

2 단어(單語) 및 숙어(熟語) 풀이

1) 斷欲去愛(단욕거애)

(1) 욕심을 끊고 애착을 버리라는 말이다. 다시 말하면, 욕애(欲愛)를 끊어 버리라는 것이다. 마치 사지(四肢)를 끊어버리듯이 끊어야지 그렇지 않으면 다시 발생한다.

(2) 불보살들이 바른 법을 좋아하는 것을 법애(法愛)라고 하는 것
처럼 범부들이 오욕(五慾)을 탐애(貪愛)하는 것을 욕애라 한
다. 즉 욕계의 탐애요, 색애(色愛)를 말한다.

(3) 『능엄경(楞嚴經)』1에 '아난이 부처님께 사뢰기를, 제가 여래
의 삼십이상이 승묘하고 수승하여 형체가 끊어지고 밝게 비
추는 것이 유리와 같은지라, 항상 스스로 생각하되 이 모습은
욕애로 낳는 바가 아니라 어찌하여 그런가 하면 욕심의 기운
이란 거칠고 흐리고 비려 교구하여 만난 것이라, 고름과 피가
섞여 어지러워서 능히 승정묘명한 자금광취를 발생하지 못
하기 때문이다(阿難白佛 我見如來三十二相勝妙殊絶形體 映
徹猶如琉璃 常自思惟 此相非是欲愛所生 何以故 欲氣麤濁腥
臊交遘 膿血雜亂 不能發生勝淨妙明紫禁光聚).' 라 하였다.

2) 達佛深理(달불심리)

(1) 부처님이 깨치신 깊은 진리를 통달하자는 것이다.

(2) 부처님이 이 세상에 오신 뜻,
다시 말하면, 중생을 제도하기 위하여 내놓은 깊은 말씀이나
교리를 통달하자는 것이다.

(3) 부처님의 언전소식(言前消息), 행전소식(行前消息), 전전소식
(傳前消息), 심전소식(心前消息)까지도 통달하자는 것이다.

3) 內無所得(내무소득)

(1) 안으로 얻은 바가 없다. 즉 얻을 것이 없다.

(2) 다 갖추어 있는데 무엇을 얻을 것인가.

(3) 무지역무득(無智亦無得)이다. 본래 지혜도 없고 또한 지혜를
얻을 것도 없다.

(4) 본래 무위법(無爲法)이기 때문에 얻을게 없다.

4) 外無所求(외무소구)

(1) 밖으로 구할 바가 없다. 즉 구할 것이 없다.

(2) 다 갖추어 있는데 무엇을 구할 것인가.

(3) 본래 무위법(無爲法)이기 때문에 구할 것이 없다.

5) 心不繫道(심불계도)

(1) 도에 얽매이지 않는다. 법박(法縛), 즉 도박(道縛)이 되지 않는다.

(2) 마음으로 도를 깨쳐 얻었지만 깨쳐 얻은 도가 없고, 깨쳐 얻었다는 마음이 없다.

6) 不結業(불결업)

(1) 과거에 지은 업장에 대하여 해탈을 얻어 자유로운 것을 말한다.

(2) 원래 일체의 악업(惡業)을 지음이 없다.

(3) 원래 선악(善惡)이 없는 근원처를 여의지 않고 살아가므로 업이 만들어지지 않는다.

7) 無念無作(무념무작)

(1) 망념(妄念)이 없다. 망작(妄作)이 없다.

(2) 정념(正念)으로 정행(正行)을 하기 때문이다.

(3) 무념이기 때문에 허망한 행위가 없고, 무위(無爲)이기 때문에 무작(無作)이 된다.

8) 無修無證(무수무증)

(1) 닦을 것도 없고 증득할 것도 없다.

(2) 닦음을 세워 대치하면 중생이요, 법을 세워 깨우치면 참 증득이 아니다.

(3) 원래 맑은 자리이기 때문에 따로 닦음의 공력을 쓸 필요가 없고, 원래 밝은 자리이기 때문에 따로 깨침을 열 필요가 없다.

(4) 우리의 자성 본체는 망상이 없기 때문에 닦을 것이 없고, 어둡지 않기 때문에 증명할 필요가 없다.

(5) 무위한인(無爲閑人). 무위진인(無位眞人). 무사인(無事人).

9) 不歷諸位(불력제위)

(1) 위란 십신(十信), 십주(十住), 십행(十行), 십회향(十回向), 십지(十地)를 말하는데, 이러한 단계적 의미가 있는 위치를 지내지 않고 바로 불지(佛地)나 성위(聖位)에 오르는 것을 말한다.

(2) 한 번 뛰어 불지에 오르는 것(一超直入如來地)을 말한다.

10) 而自崇最(이자숭최)

(1) 자기가 오른 과위(果位)가 가장 숭고한 자리이다.

(2) 남의 과위를 아무리 숭앙하여도 나에게는 조금의 소득이 없다.

(3) 득도(得道)한 만큼 위는 오르고, 자성(自醒)한 만큼 법은 깊어진다.

3 해의(解義)

우리들 보통 사람들은 식(食)과 색(色)이 삶의 전부라고 하여도 과언이 아니다. 이 식·색을 구하기 위하여 아침부터 저녁까지 노력을 한다. 즉 식이 있는 사람은 색을 찾기에 노력하고, 색이 있는 사람은 식을 찾아 헤맨다.

이것이 바로 탐욕과 애욕이다. 부처님은 이것을 버리라고 가르침을 펴셨다. 이 탐애(貪愛)가 있으면 앞길이 평탄하지 않을 뿐만 아니라 어둡고 나락에 빠져들어 나올 기약이 막막할 수 있기 때문이다.

그런데 부처님께서 탐욕을 끊고 애착을 버리라는 이유는 현실은 물론이지만 마음속에서 일어나고 있는 탐애를 점진적으로 소멸하라는 의미보다는 마음의 세계나 실상(實相)의 세계가 둘이 아님을 알아서 애욕이 일어날 것도 없고, 또 얻을 것도 없으며 실현할 것도 없음을 간파(看破)하라는 의미가 더 강하게 주어진 것이라고 볼 수 있는 것이다.

사람에게 제일 중요한 것은 자존(自存)과 자존(自尊)이다. 자존(自存)이란 자기의 존재를 확실하게 안다는 것이요, 자존(自尊)이란 자신의 가치(價値)를 존중할 줄 안다는 것이다.

다시 말하면, 내가 나를 어떻게 굴리느냐에 따라 나라는 존재는 귀할 수도 있고 천할 수도 있다. 내가 나의 생명을 가지고 이 세상뿐만 아니라 영생을 거래하면서 어떻게 나를 운용하였느냐에 따라 나는 제왕(帝王)도 되고 천민(賤民)도 되었으며, 중생도 되고 부처도 되었으며, 죄업도 짊어지고 복락도 누렸으며, 무지(無知)하기도 하고 지혜롭기도 하였으며, 욕심도 부리고 애착도 가졌으며, 얻음도 있고 잃음도 있었다. 이러한 상황이 나의 운용에 의하여 이루어진 것이요, 남이 아닌 나이기에 내가 내 존재에 대하여 확신을 가져야 한다.

또한 자기 자신을 존중한다는 것도 나의 내면에는 우주를 담을 수 있고, 만물을 화육(化育)할 수 있으며, 부처님의 묘리(妙理)와 묘도(妙道)를 체현(體現)하고 무위법(無爲法)을 체득(體得)할 수 있는 마음, 곧 무한의 능력을 가진 영성(靈性)과 자은(慈恩)이 담겨 있다.

특히 이 영성은 우리 곧 인간에게만 주어진 특권이라 하여도 과언이 아니니, 이 세상 아니 이 우주에서 이 보다 더 귀하고 숭고하고 가치 있는 모습을 가진 게 어디에 또 있겠는가. 곧 내가 나를 존중하지 않고 누구더러 존중하여 달라고 할 수가 있겠는가?

다시 말하면, 도를 얻은 사람은 스스로 높이려 아니하여도 저절로 높아지는 것이다. 즉 제위(諸位)나 계급(階級)을 거치지 않고도 도를 이루면 자연 높은 경지에 오르게 된다. 여기서 제위를 거치지 않는다는 것은 십신〔十信 : 보살(菩薩)이 수행(修行)하는 단계(段階)로서 오십이위(五十二位) 가운데 처음의 10위〕이나 십주〔十住 : 보살이 수행하는 단계로서 52위 가운데 11위에서 20위〕나 십행〔十行 : 보살이 수행하는 단계로서 52위 가운데 21위에서 30위〕이나 십회향〔十廻向 : 보살의 수도 52계위 중 제 31위로부터 제 40위까지를 일컫는다. 십신, 십주를 거쳐 10행의 위(位)에서 닦은 자리이타의 행을 모든 중생들에 되돌려 주는 공덕으로 불과(佛果)를 향해 나가는 지위이다〕이나 십지〔十地 : 보살이 수행하는 단계로서 오십이위 가운데 41위에서 50위〕를 거치지 않는다는 것이요, 계급에 떨어지지 않는다는 것은 어떤 차제(次第)를 거치지 않는다는 의미이다.

여기에 좋은 예가 있다. 즉 육조대사(六祖大師)와 행사선사(行思禪師)의 문답이다.

행사선사는 성이 유씨(劉氏)로 길주(吉州) 안성(安城) 사람이다. 조계(曹溪)의 법석(法席)이 왕성하다는 말을 듣고 찾아와 물었다.

'마땅히 무엇에 힘써야 계급에 떨어지지 않습니까?(當何所務 卽不落階級)'

대사가 '너는 일찍이 무엇을 하였느냐?(汝曾作甚麼來)'

'성제도 오히려 하지 않았는데 무슨 계급이 있겠습니까?(聖諦尚不

爲 何階級之有)'

　이러한 두 선사의 문답에서 볼 때 계급이나 차제에 떨어지지 않고 바로 도를 얻을 수 있는 길이 있음을 여실히 보여주고 있다. 즉 성제 마저도 없는 구경처(究竟處)에 무슨 차제나 계급이 있다는 말인가? 또 무엇으로 인하여 떨어진다는 말인가?

　이렇게 볼 때 이 존재는 원래 갖추어져 있어서 얻을 것도 없고 구할 것도 없으며, 닦을 것도 없고 증명할 것도 없으며, 도라 할 것도 없고 업이라 할 것도 없는 진체를 간직하고 있다. 이를 스스로 인지(認知)하고 그 영성을 존숭(尊崇)하여 생을 얻음을 천만다행이라 생각하여 영생을 사람으로 살 수 있는 터전을 마련하자는 것이다.

4　종미일송(終尾一頌)

有 我 自 存 兼 自 尊　유아자존겸자존
亦 充 靈 性 與 慈 恩　역충영성여자은
乾 坤 第 一 余 心 體　건곤제일여심체
善 養 善 修 遊 理 源　선양선수유리원

나에게는 자존과 겸하여 자존이 있고,
또한 영성과 자비와 은혜가 꽉 찼네.
하늘과 땅에 제일인 나의 마음과 몸,
잘 기르고 잘 닦아 진리 근원에 놀리.

제3장

割愛去欲 할애거욕

애착을 끊고 욕심을 버리자

佛言－剃除鬚髮하고 而爲沙門하야 受道法[1]者는 去世資
財[2]하고 乞求取足[3]하야 日中一食[4]하고 樹下一宿[5]하야 愼勿
再矣어다 使人愚蔽[6]者는 愛與欲也니라.

부처님이 말씀하셨다.

수염과 머리털을 깎고 제거하여 사문이 되어 도와 법을 받은 사람
은 세상의 재물을 버리고 빌고 구하는데 만족을 취하여 하루에 한 끼
니만 먹고 나무 밑에서 잠깐 잠을 자되 삼가 되풀이하지 말지어다.
사람으로 하여금 어리석고 가리는 것은 애착과 욕심이니라.

2 　단어(單語) 및 숙어(熟語) 풀이

1) 道法(도법)

(1) 도와 법.

(2) 수도(修道)와 수법(受法). 즉 도를 닦는 것과 법을 받는 것. 다
시 말하면, 도인 진리는 끊임없이 닦아야 깨달음을 얻게 되
고, 법은 자기 마음의 열림이나 진리를 깨달음에 대하여 스승
의 인증을 받아야 참으로 줄 맞은 정법(正法)이 된다.

(3) 열반정도(涅槃正道)에 이르는 법을 말한다.

(4) 『유마경(維摩經)』 방편품(方便品)에 '도법을 놓지 아니하고 범부의 하는 일을 나투어야 한다(不捨道法而現凡夫事).'고 하였다.

2) 去世資財(거세자재)

(1) 세상에서 제일 좋아하는 이익과 재물을 버리자.

(2) 출가한 사람으로 금은(金銀)을 갖는 것은 업장을 더할 뿐 별무이익(別無利益)이다.

(3) 이왕 출가하여 스님이 되었으면 세상 사람이 제일 좋아하는 이익이나 재물은 의식적으로 버려야 한다.

(4) 국가의 전쟁이나 가정의 다툼이나 개인의 싸움도 알고 보면 이재(利財)를 벗어날 수가 없는 것이니 출가인은 버리고 놓아야 한다.

3) 乞求取足(걸구취족)

(1) 출가한 사람으로서 빌어먹는다는 것은 배부름을 줄이고 탐심을 줄이는 최선의 방법이다.

(2) 배부름이 줄어들면 게으름이 없기에 공부에 열심하고, 탐심이 없으면 적은 얻음이라도 만족할 줄 알아서 자제심(自制心)이 길러진다.

(3) 빌어먹는다는 것은 생령으로 하여금 복을 지을 기회와 인연을 맺을 기회와 부처님에게 인도할 기회가 제공되는 것이다.

4) 日中一食(일중일식)

(1) 하루에 한 번 빌어오고 하루에 한 끼만 먹는다.

(2) 일식(一食)은 비구(比丘)의 십이두타(十二頭陀) 가운데 하나. 일좌식(一坐食)이라고도 한다. 오전에 한 번 앉아서 먹는 밥을 말한다. 비록 음식이 만족하지 않더라도 더 이상 먹지 않는다.

5) 樹下一宿(수하일숙)

⑴ 한 나무 밑에서 하룻밤만 잔다. 혹 더 자더라도 삼숙(三宿)을
넘어서는 안 된다.

⑵ 한 곳에 오래 있으면 "내 것"이 생기고 "주착(住着)"이 생겨
소소한 걸림이 되기 쉽다.

⑶ 따라서 운수납자(雲水衲子)의 기본인 자유와 자재를 누릴 수
가 없다.

6) 愚蔽(우폐)

⑴ 우치(愚癡)와 몽폐(蒙蔽)를 말한다.

⑵ 우치, 즉 어리석다는 것은 숙맥불분(菽麥不分), 곧 콩과 보리
도 구분하지 못한다는 것으로, 일의 시비이해(是非利害)와 이
치의 대소유무(大小有無)를 몰라서 자행자지함을 말한다.

⑶ 몽폐, 즉 가린다는 것은 구름이 태양을 가리듯이 업장(業障)
이 영성(靈性)을 가리고 무명(無明)이 지혜(智慧)를 가리는 것
을 말한다.

3　해의(解義)

청(淸)나라 오숙공(吳肅公, 1626~1699 : 자 雨若. 호 晴巖. 일호 逸
鴻. 별호 街南. 安徽 宣城人)이 찬술(撰述)한 『명어림(明語林)』이라는
책이 있다.

이 책에 보면 복견심(復見心)이라는 사람이 있었다. 이 사람은 원
래 원(元)나라에서 학사(學士)의 벼슬을 지낸 사람으로 원나라가 망
하자 머리를 깎고 스님이 되었다.

명나라 고제(高帝)가 원나라의 여러 사람들을 탐문하는 가운데 복견심을 발견하고 사람됨이 학문도 깊고 덕망도 있어서 여러모로 괜찮은지라 벼슬을 주기 위하여 그를 불러들였다. 그런데 스님이 되었으면서도 수염을 기르고 있는지라 괴이하게 여겨 그 연유를 물었다.

복견심은 대답을 한다.

'머리를 깎음은 번뇌를 제거하고자 함이요, 수염을 머물러둠은 대장부를 표함이라(削髮除煩惱 留鬚表丈夫).'고 하였다.

수행하는 사람이 머리를 깎고 안 깎음과 수염을 기르고 안 기름에 상관이 있으리오마는 머리나 수염을 깎고 스님이 되어 불도(佛道)를 지키고 불법(佛法)을 배우는 사람은 제일 먼저 세간과 관련이 되는 모든 것을 놓고 버려야 한다. 만일에 세간에 대한 애착이나 욕심이나 이익이나 선망(羨望)을 가지고 수도를 한다면 번뇌만 치성하고 근심만 더하면 더했지 보탬이 될 것은 극히 적을 것이다.

그러므로 머리를 깎고 수염을 깎음은 외면의 치장(治裝)이 되고 인업(引業)이 될 수 있는 요소를 제거하여 내면의 번뇌를 소멸하고 외연(外緣)을 없애자는데 목적이 있다고 하여도 과언이 아니다. 물론 도나 진리를 깨친다는 것이 수염과 머리털과는 사실 상관은 없다.

다시 말하면, 도나 법이란 마음의 문제요, 외형의 문제가 아니기 때문이다.

그러나 수도하는 사람은 의식이나 거처에 대하여 간소하고 검박할 필요가 있다. 만일 의식을 소중히 여기고 거처를 중요시한다면 애착과 욕심이 생겨 우폐(愚蔽)가 되기 때문이다. 즉 우폐란 곧 우치(愚癡)와 몽폐(蒙蔽)를 말하는 것으로, 우치란 어리석어 일의 시비이해(是非利害)와 이치의 대소유무(大小有無)를 모르는 것이요, 몽폐란 가려 어둠으로 구름이 태양을 가리는 것처럼 업장이 영성(靈性)을 가

리고 무명이 지혜를 가려서 결국은 무지몽매(無知蒙昧)하게 되는 것
이다.

　사실 등잔불이 자기의 그림자에 가려 가장 가까운 아래를 비치지
못하는 것처럼 자신이 자신에 가려 자신을 비추지 못하는 수가 있다.
자신을 맑고 밝게 가져 투명하여야 자신의 그림자에 자신이 가려서
어둡지 않게 될 것이다.

4　종미일송(終尾一頌)

食 衣 撙 節 外 牽 躅　식의준절외견견
鬚 髮 剃 除 煩 惱 捐　수발체제번뇌연
修 道 心 中 盈 愛 欲　수도심중영애욕
尙 加 愚 蔽 慧 明 纏　상가우폐혜명전

먹고 입음을 준절히 하여 밖으로 끌림을 덜고,
수염과 머리를 깎아서 번뇌를 버려야 한다네.
도를 닦는 마음속에 애착과 욕심을 채운다면,
오히려 어리석고 가림 더해 지혜 밝음 얽히리라.

제4장

善惡竝明 선악병명

선과 악을 아울러 밝혀야 한다.

1 원문해역(原文解譯)

佛言－衆生[1]은 以十事로 爲善[2]하고 亦以十事로 爲惡[3]하나니 何等爲十고 身三口四意三이라 身三者는 殺[4]盜[5]婬[6]이요 口四者는 兩舌[7]惡口[8]妄言[9]綺語[10]요 意三者는 貪[11]恚[12]癡[13]니 如是十事로 不順聖道[14]를 名十惡行[15]이요 是惡若止하면 名十善行[16]이니라.

부처님이 말씀하셨다.

중생은 열 가지 일로써 선을 삼고 또한 열 가지 일로써 악을 삼나니 무엇을 열 가지라 하는고. 몸으로 셋이요, 입으로 넷이요, 뜻으로 셋이라. 몸으로 셋이란 살생과 도적과 음탕함이요, 입으로 넷이란 양설과 악구와 망언과 기어요, 뜻으로 셋이란 탐심과 진에와 우치이니, 이와 같은 열 가지 일로 성인의 도에 순응하지 않음을 열 가지 악한 행이라 하고 이 악을 만일 그치면 열 가지 선을 행함이 되나니라.

2 단어(單語) 및 숙어(熟語) 풀이

1) 衆生(중생)

(1) 생명이 있는 모든 것들. 지(地)·수(水)·화(火)·풍(風) 사대

로 이루어진 육체를 가진 모든 물건의 총칭. 유정(有情)이라
고도 한다.

(2) 불보살의 구제의 대상이 되는 인간. 아직 불보살이 되지 못한
범부.

(3) 여러 생을 윤회한다. 여럿이 함께 산다. 많은 연(緣)이 화합하
여 비로소 생한다는 뜻이다.

(4) 불교에서 구역(舊譯)은 중생이라 하고, 신역(新譯)은 유정(有
情)이라고 한다. 또 음역(音譯)하여 살타(薩陀)라고도 한다.
비정(非情 : 草·木·土·石과 같이 情識이 없는 것)에 대하
여 정식(情識)이 있는 것. 생명이 있는 것을 총칭하는 말이며,
인간뿐만 아니라 기타의 의식감정(意識感情)을 가진 모든 생
물도 포함하여 말한다.

(5) 범어(梵語)의 살타(薩埵 ; sattva)라 하는데 신역(新譯)으로 유
정(有情)이라 하고, 구역(舊譯)으로 중생(衆生)이라 한다.

(6) 『대승의장(大乘義章)』 7에 '많은 생을 이어감으로 중생이라
한다(多生相續 名曰衆生).'고 하였다.

2) 善(선)

(1) 착하고 올바름.
(2) 착하고 도리에 맞는 것.
(3) 윤리학에서, 도덕적 생활의 최고 이상(理想).
(4) 소승(小乘)에서는 결과로 보아서 편안하고 즐거운 낙보(樂報)
를 받을 만한 것을 말하고, 대승(大乘)에서는 현재와 미래에
걸쳐 자기와 남을 순익(順益)하는 것을 말한다.

3) 惡(악)

(1) 선(善)의 반대로 현세나 내세에 자기가 남에게 대하여 좋지
아니할 결과를 가져올 성질을 가진 바탕.

(2) 인간에게 해(害)로운 여러 가지 결과를 가져오는 원인.

(3) 인간의 양심을 따르지 않고 윤리·도덕을 어기는 일.

(4) 철학적 가치 관념에 있어서 적극적 가치에 대해 소극적 의미.
유용(有用)에 대한 유해(有害), 쾌락에 대한 불쾌, 건강에 대
한 병, 정의에 대한 불의, 평화에 대한 전쟁, 지(知)에 대한 무
지(無知), 미(美)에 대한 추(醜), 깨끗한 것에 대한 더러운 것
등.

(5) 인간의 자주적 요구에 어긋나는 못되고 나쁜 것. 대중이 받아
들일 수 없는 나쁜 사물현상을 도덕적으로 표현하는 윤리학
의 기본 범주이다.

● 善惡(선악) : 선악에 대한 불교 경전의 견해는 다양하다. 다음
몇 개를 들어보면,

① 『보살영락경(菩薩瓔珞經)』에서는 '이치에 따름을 선이라 하고,
이치에 위배됨을 악이라(以順理爲善 違理爲惡).' 하였다.

② 『대승의장(大乘義章)』7에 '순응함을 선이라 하고, 어김을 악이
라 한다(順名爲善 違名爲惡).' 고 하였다.

③ 『대승의장(大乘義章)』12에 '이치에 순응함을 선이라 하고, 이
치에 위배됨을 악이라 한다(順理名善 違理名惡).' 고 하였다.

④ 『대승의장(大乘義章)』12에 '천태에서는 여섯 종류를 세웠는데
(天台立六種)'
첫째, '인천의 선이다. 오계와 십선의 사항을 선이라 한다. 그러
나 인천의 과보가 다하면 도리어 삼악도에 떨어지므로 또한 악
이라(一人天之善 五戒十善之事善也 然人天之果報盡 則還墮於
三途 故亦爲惡).' 고 하였다.
둘째, '이승의 선이다. 이승은 능히 삼계의 고를 여의었으므로
선이라 한다. 그러나 다만 능히 자기는 제도하였으나 능히 다른

사람은 제도하지 못하였으므로 또한 악이라(二二乘之善 二乘能
離三界之苦故名善 然但能自度 不能度他 故亦爲惡).’고 하였다.

⑤ 『법계차제(法界次第)』상에서는 ‘선이란 이치에 순응한다는 뜻
이니 전도(顚倒)를 쉬고 참에 돌아감이라, 그러므로 이치에 순응
함이라 한다. 악은 이치에 어그러진다는 뜻이다(善順理爲義 息
倒歸眞 故云順理 惡以乖理爲義).’ 등등 많은 글들이 있다.

4) 殺(살)

(1) 살생(殺生)을 말한다. 즉 산 목숨을 죽이는 일. 인간이나 축생
따위의 목숨을 죽이는 것으로 살생하지 말라는 계문을 범하
는 것. 살생은 가장 큰 죄악이 되기 때문에 종교·윤리·도덕
뿐만 아니라 정치에서도 살생을 엄격히 금하고 있다.

(2) 사람이나 동물 따위의 산 것을 죽임.

(3) 인축(人畜)의 명(命)을 끊음을 경계한 것. 스스로 하수(下手)
하여 죽이는 것이나 남을 시켜서 죽이는 것이나 죄가 같다.
오계(五戒)·팔계(八戒)·십계(十戒)에 다 각각 살생계가 있
다.

(4) 이는 사람과 축생을 분별하지 않으나 비구(比丘)의 구족계(具
足戒)는 살인계(殺人戒)와 살축생계(殺畜生戒)의 2종으로 분
별하였다.
살인계를 대살생계라 하여 사바라이죄(四波羅夷罪)의 하나가
되며, 살축생계는 소살생계가 되어 구십단타죄(九十單墮罪)
의 하나가 된다. 죄가 경중(輕重)으로 나누인 것.

(5) 사람이나 축생 등 일체 유정의 생명을 죽이거나 해함이다.

(6) 중생을 살해함을 말한다.
『대장법수(大藏法數)』에 ‘살생이란 자살이나 또한 사람으로
하여금 죽게 하는 것을 말한다. 일체 중생의 물명을 끊음을

말한다(殺生者 謂自殺 亦敎人殺, 斷言一切衆生之物命也).'고
하였다.

5) 盜(도)

(1) 투도(偸盜)를 말한다. 불여취(不與取)라고도 한다. 즉 '주지
    않는 것을 취한다.'는 의미이다. 다시 말하면, '다른 사람이
    주지 않는 것을 스스로 취하는 것이다.'

(2) 『법계차제(法界次第)』상에서 '도적이란 다른 재물을 취하는
    것이다. 그러므로 투도라 말한다(盜取他財物 故名爲偸盜).'고
    하였다.

(3) 남의 것을 훔치거나 빼앗는 나쁜 짓.

6) 婬(음)

(1) 음탕한 욕심. 호색(好色)하는 마음.

(2) 색욕(色欲). 육욕(肉慾)을 말한다. 『원각경(圓覺經)』에 '모든
    세계의 일체 종성은 난생, 태생, 습생, 화생이다. 다 음욕으로
    인하여 성명을 정하게 된다(諸世界一切種性 卵生胎生濕生化
    生 皆因婬欲而正性命).'고 하였다.

(3) 『행사초(行事鈔)』중에 '지론에 이르기를 "음욕이 비록 중생
    을 번뇌스럽게 않지만 마음 마음이 얽혔으므로 큰 죄가 된다.
    그러므로 계율 가운데 음욕이 처음이 된다(智論云 "婬欲雖不
    惱衆生 心心繫縛 故爲大罪 故律中婬欲爲初")."'고 하였다.

(4) 음욕(婬欲)이란 수행하는데 큰 방해가 되므로 계율을 두어 엄
    격하게 관리하였다. 그래서 음계(婬戒)가 있다. 곧 십중금계
    (十重禁戒)의 하나이다.
    계율에는 칠중(七衆)의 구별이 있다.
    재가(在家)의 우바새 · 우바이는 부부 이외의 사람과 관계하
    는 것을 경계한 것이다.

또 부부간이라도 비시(非時)·비처(非處)·비량(非量)·비지(非支)에 행함을 금지하고, 출가한 이는 온갖 음행을 금지하였다.

오중(五衆)의 사미·사미니·식차마나 중에게 음행이 있으면 멸빈악작죄(滅擯惡作罪)라 하여 가사를 빼앗고, 절에서 빈출(擯出). 비구·비구니가 범하면 바라이죄가 된다. 그 계상(戒相)은 사람·화인(化人)·축생(畜生)의 항문·입은 물론이고 꿈에서라도 애락(愛樂)하는 뜻이 있으면 바라이죄가 된다.

7) 兩舌(양설)

(1) 두말하는 것. 양쪽 사람에 대하여 번갈아 서로 틀리는 말을 함. 그리하여 양쪽 사람의 사이를 이간하여 불화(不和)하게 하는 것.

(2) 이간어(離間語).

(3) 언어(言語)를 반복하고 시비(是非)를 희롱하는 것.

(4) 『대승의장(大乘義章)』 7에 '말이 피차에 어그러지는 것을 둘이라 이르며, 두 친구의 말이 혀에 의하므로 양설이라 한다(言乖彼此 謂之爲兩 兩朋之言依於舌 故曰兩舌).'고 하였다.

8) 惡口(악구)

(1) 남을 성내게 할 만한 나쁜 말.

(2) 추악어(麤惡語).

(3) 법계차제상지상(法界次第上之上)에서 '악한 말을 상대에게 가하면 그로 하여금 고뇌를 받게 하므로 악구라 한다(惡言加彼 令他受惱 名爲惡口).'

(4) 『법화경(法華經)』 불경품(不輕品)에 '만일 악구로 꾸짖고 욕하고 비방하면 큰 죄의 과보를 얻는다(若有惡口罵詈誹謗 獲大罪報).'고 하였다.

(5) 『대승의장(大乘義章)』 7에 '말이 거칠고 야비한 것을 지목하
　　여 악이라 하는데 악은 입으로 쫓아 나오므로 악구라고 한다
　　(言辭麤野 目之爲惡 惡從口生 故名惡口).'고 하였다.

9) 妄言(망언)

(1) 진실하지 못한 허망한 말을 하는 것. 거짓말.

(2) 남을 속이는 말. 실답지 못한 말.

(3) 『지도론(智度論)』 14에 '망어란 조촐하지 못한 마음으로 남을
　　속이고 진실을 덮고 숨기며 이상한 말을 내어 구업을 만드는
　　것을 망어라 한다(妄語者 不淨心欲誑他 覆隱實 出異語 生口
　　業 是名妄語).'고 하였다.

(4) 『대승의장(大乘義章)』 7에 '말이 진실하지 아니함을 망령되
　　다 이르고 망령되게 말을 하므로 망어라 한다(語不當實 故稱
　　爲妄 妄有所談 故名妄語).'고 하였다.

(5) 『열반경(涅槃經)』 38에 '모든 악한 일이란 허망을 근본으로
　　삼는다(一切惡事 虛妄爲本).'고 하였다.

(6) 망어십죄(妄語十罪)라 하였다. 즉 허탄(虛誕)하고 기만(欺瞞)
　　하는 말에서 나오는 열 가지 죄업을 말한다.
　　『지도론(智度論)』에서 부처님이 말씀하신 죄가 열 가지가 있
　　다 하였으니 무엇을 열 가지라 하는가?
　　① 입에서 냄새가 나는 것이요,
　　② 선신은 멀어지고 비인이 편리를 얻음이요,
　　③ 비록 진실한 말일지라도 사람들이 믿고 받지 않음이요,
　　④ 지혜 있는 사람들의 모의에 항상 참예하지 못함이요,
　　⑤ 항상 비방을 입으며 추악한 소리가 두루 세상에 들림이요,
　　⑥ 사람들이 공경하지 아니하며 비록 가르치고 경계함이 있을지
　　　라도 사람들이 받아 활용하지 않음이요,

⑦ 항상 근심과 걱정이 많음이요,

⑧ 갖가지 비방하는 업의 인연을 심음이요,

⑨ 몸이 무너지고 명이 마치면 당연히 지옥에 떨어짐이요,

⑩ 만일 사람이 되어 나올지라도 항상 비방을 입음이니라.

（如佛說妄語有十罪 何等爲十 一口氣臭 二善神遠之 非人得便 三雖有實語 人不信受 四智人謀議 常不參預 五常被誹謗 醜惡之 聲 周聞天下 六人所不敬 雖有敎勅 人不承用 七常多憂愁 八種 誹謗業因緣 九身壞命終 當墮地獄 十若出爲人 常被誹謗）

10) 綺語(기어)

(1) 도리에 어긋나며 교묘하게 꾸미는 말.

(2) 잡예어(雜穢語). 무의어(無義語).

(3) 일체의 음의(婬意)가 들어 있는 바르지 못한 말.

(4) 『구사론(俱舍論)』 16에 '일체의 물이 든 마음에서 발현하는 모든 말은 잡예어이다(一切染心所發諸語 名雜穢語).'라 하였 다.

(5) 『성실론(成實論)』에 '말이 비록 진실한 말이지만 때에 맞지 않으면 곧 기어이다(語誰實語 以非時故 卽名綺語).'라 하였 다.

11) 貪(탐)

(1) 심소(心所)의 이름. 곧 삼독(三毒) 중의 하나. 근본 번뇌의 하 나.

(2) 자기의 뜻에 잘 맞는 사물에 대하여 마음으로 애착케 하는 정 신작용. 곧 탐욕(貪慾), 탐심(貪心), 탐착(貪着), 탐애(貪愛) 등.

(3) 오욕(五慾)의 경계에 염착(染着)하여 떠나지 못하는 것.

(4) 『구사론(俱舍論)』 16에 '다른 재물에 악착같이 욕심을 부리는 것을 탐이라 한다(於此財物惡欲爲貪).'고 하였다.

(5) 『유가론기(瑜伽論記)』7에 '탐과 애는 이름은 다르지만 몸은 하나이다(貪之與愛 名別體同).'

(6) 『대승의장(大乘義章)』2에 '애염을 탐이라 한다(愛染名貪).' 동(同) 5에 '밖으로 오욕에 염애하는 것은 탐이라 한다(於外 五慾染愛名貪).'고 하였다.

12) 恚(에)

(1) 진에(瞋恚). 곧 삼독(三毒) 중의 하나. 근본 번뇌의 하나.

(2) 자기 마음에 맞지 않는 경계에 대하여 미워하고 분하게 여겨, 몸과 마음을 편안치 못하게 하는 심리작용.

(3) 에노(恚怒). 곧 진에분노(瞋恚忿怒)의 의미.
『유마경』 방편품에 '인으로써 모든 에노를 조섭한다(以忍調 攝諸恚怒).'
『무량수경』 하에 '혹시 마음에 다툼이 일면 에노가 있음이다 (或時心諍 有所恚怒).'

(4) 에결(恚結)이라는 말. 이 말은 모든 중생이 진에(瞋恚)를 내어 불선(不善)을 행함으로 말미암아 미래에 생사(生死)의 결과를 부르게 됨을 말한다. 그리하여 삼계에 유전(流轉)하여 벗어날 수 없게 된다.

13) 癡(치)

(1) 근본 번뇌의 하나. 곧 삼독(三毒) 중의 하나. 또는 무명(無明).

(2) 현상〔事〕과 도리〔理〕에 대하여 마음이 어두운 것.

(3) 불교에서는 인생의 고통 받는 근원과 모든 번뇌의 근본을 치 라 하며, 사물의 진상을 밝게 알지 못하므로 미혹(迷惑)이라 한다. 이 치에 대한 고찰은 지혜의 해석과 함께 혹은 논리적 으로 혹은 인식론적으로, 혹은 철학적으로 학파(學派)에 따라

설명이 각각 다르다. 그러나 치로부터 지로 발전하는 노력은
전 불교사(全佛敎史)를 통하는 기본 사조(思潮)이다.

(4) 『구사론(俱舍論)』 4에 '치란 우치를 말하는데 곧 무명이다(癡
者 所謂愚癡 卽是無明).' 라 하였다.

(5) 『대승의장(大乘義章)』 5에 '암혹을 치라 한다(闇惑爲癡).' 라
하였다.

(6) 『유식론(唯識論)』 6에 '모든 번뇌가 생김은 반드시 치로 말미
암는다(諸煩惱生 必由癡故).' 라 하였다.

14) 聖道(성도)

(1) 부처님의 교법. 즉 성자가 밝힌 구세도중(救世度衆)의 도.

(2) 성인이 가는 길. 즉 성인이 되어 가는 수행의 길.

(3) 번뇌의 더러움이 없는 무루(無漏)의 지혜.

(4) 아미타불의 본원력(本願力)에 의하여 왕생(往生)을 말하는 정
토교(淨土敎)에 대하여, 사바세계에서 수행하여 증득하려는
자력교(自力敎)를 말함.

15) 惡行(악행)

(1) 착하지 않은 행동, 바르지 않은 행동, 조촐하지 않은 행동(不
善之行 不正之行 不淨之行).

(2) 『구사론(俱舍論)』 16에 '일체 착하지 아니한 몸과 말과 마음
의 업이요, 이어서 몸과 말과 마음으로 악을 행함이다(一切不
善身語意業 如次名身語意惡行).' 라 하였다.

(3) 『십지론의기(十地論義記)』 4에 '현재 악행을 익히면 당연히
큰 고통을 받는다(現習惡行 當受大苦).' 고 하였다.

16) 善行(선행)

(1) 좋은 행동, 바른 행동, 조촐한 행동(好行, 正行, 淨行).

(2)『예기(禮記)』 곡례(曲禮) 상에 '몸을 닦고 말을 실천하는 것을
　　선행이라 한다(修身踐言 謂之善行).'고 하였다.
(3)『맹자(孟子)』 진심(盡心) 상에 '한 착한 말을 듣고 한 착한 행
　　동을 본다(聞一善言 見一善行).'고 하였다.
(4)『초서(楚書)』에 '초나라는 보배 삼을 게 없는데 오직 선을 보
　　배로 삼는다(楚國 無以爲寶 惟善 以爲寶).'고 하였다.
(5)『유무삼매경(惟無三昧經)』에 '하루 낮 하룻밤에 팔억 사천만
　　의 생각이 있는데 생각 생각을 쉬지 아니하면 선악의 과보를
　　받는다(一日一宿有八億四千萬念 念念不息 得善惡報).'고 하
　　였다.

3 해의(解義)

　인간의 구조는 대체적으로 몸과 마음으로 되어 있다. 복잡하게 얽
혀 있는 신체의 조직이나 마음의 기멸(起滅)을 생각한다면 말이나 글
로 다 표현할 수가 없다.

　그러나 대략적으로 몸과 마음이 합하여 움직일 때에 사람의 행동
이 되어지는 것이지만, 둘 가운데서 하나가 없다면 이는 시체가 아니
면 귀신이라고 보아야 한다.

　다시 말하면, 눈과 귀와 코와 입과 몸과 뜻(眼耳鼻舌身意)의 여섯
가지가 들어서 동정(動靜)이나 거래(去來)를 주관한다. 이 가운데서
도 몸의 움직임과 입의 조잘거림과 마음의 일고 꺼짐(生滅), 이 세 가
지 움직임의 결과를 규정하여 잘 되었으면 선행(善行)이라고 하고,
잘못되었으면 악행(惡行)이라고 하여 사람의 삶을 이 틀에 맞추어 규

격화(規格化)하려고 짜놓은 것이라고 할 수 있다.

즉 인간의 살아감에 있어서 혼자가 되었든 상대를 하던 상관이 없이 몸을 움직일 때는 생명에 대한 경외(敬畏)를 가져서 풀 한 포기 나무 한 그루까지도 조심하여 다룰지언정 함부로 하지 않는 정신을 가지자는 것이 살생(殺生)을 해서는 안 된다는 의미이다.

받기보다는 베풀어야 하고 취하기보다는 주어야 하는 것이 공화동생(共和同生)의 의미라고 할 때 어찌 내 것이 아닌데, 주지 않는데, 어떻게 가져 오며, 속여서 취할 수 있겠는가?

현실을 기준하여 생각하여 볼 때 하늘과 땅은 양성(兩性)이요 동성(同性)이 아니며, 음(陰)과 양(陽)도 양성이요 동성이 아니다. 이와 같이 우주 만물의 모든 구조가 양성이지 동성은 아니다. 그래서 양성이 조화(造化)와 조화(調和)를 이룸으로 생성(生成)이 되고 발전(發展)이 있게 되는 것이다.

그런데 하늘의 성(性)이 땅의 성(性)을 침범하고 또한 그 반대로 되며, 양의 성이 음의 성을 침노하고 또한 그 반대로 돌아간다면 만유는 혼란에 빠져 말살(抹殺)을 면하지 못할 것이니, 인간 양성(兩性)의 삶도 마찬가지이다.

입이라는 뾰쪽이도 그대로 두면 사마불급(駟馬不及)이 되기 때문에 적당한 규제(規制)를 두어서 관리를 하자는 것이니 그 가운데 적어도 이 네 가지는 조심하면서 살자는 것이다. 즉 한 입인데 어찌 두 혀를 놀리며, 본디 깨끗한데 더러운 말을 하며, 진실한데 실없는 소리를 하며, 사실 그대로면 좋으련만 왜 꾸며서 말을 하는가. 이처럼 입으로 이 네 가지만 잘 조절한다면 입으로 인한 재앙은 없게 될 것이다.

뜻, 곧 마음의 내고 드림도 규제를 하지 않으면 제멋대로 들고 나기 때문에 몸이라는 포대에 잘 담아 놓았다가 꺼내쓸 때에 다음의 세 가지를 조절하자는 것이다.

즉 탐하는 마음을 버리자는 것으로 허심(虛心), 공심(空心)을 갖자는 것이니 과도(過度)한 취물(取物)은 안 된다. 다시 말하면, 삼라만상(森羅萬象)의 자연에서 취하는 것도 과도해서는 안 되고 사람에게서 취하는 것은 더욱 과도하지 말아야 한다.

다음으로 온전하게, 평화롭게, 맑게, 밝게 살아간다면 성낼 일이 없을 것이다. 아무리 계란으로 바위를 쳐도 바위는 끄덕도 하지 않고 계란만 깨지는 것처럼 깊은 수양을 통해 마음의 무게를 늘린다면 마음이 쉽게 떠올랐다가 쉽게 가라앉는 경망(輕妄)의 반복은 하지 않을 것이다.

또 어리석다는 것은 첫째 배울 줄 모른다는 뜻이다. 다시 말하면, 얇은 지식이나 상식으로 지자(知者)를 상대하고 지자(智者)를 대면하려고만 하지 말고 진정으로 배워야 할 것에 대해서는 그에게 고개를 숙여 받아들이려 하지 않기 때문에 어리석음을 면하지 못한다.

다음으로 내면의 고심(苦心)이 없는 결과이다. 모르면 모른 만큼 내적으로 고민을 하면 알 수도 있는데 내연(內研)의 탁마(琢磨)가 없기 때문에 사리(事理) 간에 무지(無知)가 노출되어 무명(無明)이 덮인 어리석은 사람이라는 지적을 받게 된다.

그리하여 선악(善惡)의 기준도 위의 열 가지에 말려들지 않고 정신을 차려 성도(聖道)를 실현하면 선이요, 말려들어 정신이 없이 성도에 어긋나면 악이라고 보게 되는 것이다.

 종미일송(終尾一頌)

身 三 殺 盜 戲 婬 除　신삼살도희음제
口 四 綺 妄 兩 惡 祛　구사기망양악거
意 滅 貪 瞋 癡 毒 菌　의멸탐진치독균
順 從 聖 訓 善 行 舒　순종성훈선행서

몸의 셋인 살생 도둑과 희음을 제거하고,
입의 넷인 기어, 망언, 양설, 악구를 없애며,
뜻에 탐, 진, 치, 독소의 균을 소멸하고,
성인의 가르침에 순종하여 선행을 펼치라.

제5장

轉重令輕 전중영경

무거움을 굴려 가볍게 하리라.

1 원문해역(原文解譯)

佛言-人有衆過¹⁾호대 而不自悔²⁾하야 頓息其心하면 罪來赴身³⁾이 猶水歸海⁴⁾하야 漸成深廣矣라 若人有過어든 自解知非⁵⁾하고 改惡行善⁶⁾하면 罪自消滅⁷⁾하야 如病得汗⁸⁾하야 漸有痊損耳니라.

부처님이 말씀하셨다.

사람이 뭇 허물이 있지만 스스로 뉘우쳐서 단번에 그 마음을 그치지 아니하면, 죄가 와서 몸에 다다름이 물이 바다로 돌아감과 같아서 점점 깊고 넓음을 이루리라. 만일 사람이 허물이 있으면 스스로 그른 줄을 알고 악을 고쳐서 선을 행하면 죄가 저절로 소멸됨이 병듦에 땀을 얻음(땀이 난다)과 같아서 점점 나아지고 덜어짐이 있게 되나니라.

2 단어(單語) 및 숙어(熟語) 풀이

1) 衆過(중과)

(1) 뭇 허물. 다시 말하면, 모든 죄과(罪過).

(2) 훗날 고통을 불러오는 모든 업장을 통칭하여 과실(過失)이라 함.

2) 而不自悔(이부자회)

(1) 스스로 뉘우치지 않는다.

(2) 알든 모르든 진정으로 허물, 곧 죄과가 있음을 알고 참회를 하지 않는다.

3) 罪來赴身(죄래부신)

(1) 죄가 몸에 와서 붙는다.

(2) 좌석에 쇠가 붙듯이 죄업은 틀림없이 지은 사람만 찾아가고 따라다닌다.

4) 猶水歸海(유수귀해)

(1) 모든 물은 흘러서 바다로 돌아간다.

(2) 작은 물이든 큰물이든 모두 바다에 모인다.

5) 自解知非(자해지비)

(1) 스스로 그름을 안다.

(2) 잘못이 나에게서 비롯되었음을 뼈저리게 알아차린다.

(3) 내가 지금까지 "살아옴이 잘못"이라는 사실을 알면 깨우침이요, 깨우치면 전진(前進)한다.

6) 改惡行善(개악행선)

(1) 악을 범하지 않음이 선이다.

(2) 악을 고침이 선을 행함이다.

(3) 악을 고침이 선이라면 더 나아가 선을 행함이 참으로 선이다.

7) 罪自消滅(죄자소멸)

(1) 죄가 저절로 소멸된다.

(2) 깊은 참회와 깊은 수행을 통하여 죄업이 저절로 녹아진다.

8) 如病得汗(여병득한)

(1) 병에 땀이 흐름과 같다.
(2) 병이 들었을 때 땀을 흘림으로써 열이 내리고 노폐물이 빠져
　　나와 병이 자연 낫게 된다.

3 해의(解義)

옛말에 '인수무과(人誰無過)요, 개지위선(改之爲善)이라.' 하였다.
이 말은 '사람이라면 누군들 허물이 없으리요, 고치면 선이 되나니
라.' 는 뜻이다.

사람이 이 세상에 태어나서 죽을 때까지의 기간이 지금은 상당히
수가 늘어서 대략 8-90년 사이라고 볼 수 있다. 이렇게 살아가는 동
안에 나는 절대로 죄를 지은 바가 없고 남에게 잘못을 저지른 바도
없다고 단언을 할 수는 없을 것이다. 어쩌면 태어난 그 자체부터 남
에 의하여 이루어지고 남에 의하여 양육되며 남에 의하여 살아가는
일이 되기 때문에 남에 의지하는 그 자체가 바로 죄업이 쌓이는 것이
고 빚이 되는 것이다.

이렇게 허물을 뒤집어쓰고 사는 인생이 어찌 죄업(罪業)이 없고 과
실(過失)이 없다고 단언하여 하늘을 보나 땅을 보나 사람을 보나 만물
을 보나 떳떳할 수가 있겠는가. 또 떳떳하게 살아갈 수가 있겠는가?

다시 말하면, 돌을 들어 다른 사람에게 던질 자는 세상에 아무도
없다. 절대로 그렇게 못한다.

그럴 수가 없는 상황에서 그렇게 할 수 있도록 길을 열어준 분이

바로 성인(聖人)들이다. 그렇다면 성인들은 어떤 방법을 통해서 그럴 수 있도록 하였는가? 그 방법이 바로 '뉘우침' '회개(悔改)' '참회(懺悔)'이다. 이렇게 진정으로 뉘우치고 진심으로 회개하며 깊은 속에서 울어나는 참회를 통하여 큰 죄업은 작은 죄업으로 줄이고 작은 죄업은 소멸(消滅)시켜 가자는 것이다.

경전에 보면 참회란 '옛 생활을 버리고 새 생활을 개척(開拓)하는 초보(初步)이며, 악도(惡道)를 놓고 선도(善道)에 들어오는 초문(初門)이라'고 하였다.

다시 말하면, 사람이 과거의 잘못을 참회하여 날로 선도를 행하면 옛날, 즉 전생의 업(業)은 점점 사라지고 새로운 업은 다시 짓지 않게 됨으로 선도는 날로 가까워지고 악도는 스스로 멀어지게 되는 것이다.

이러한 현상은 사람이 병이 들어 있을 때 땀을 많이 흘림으로써 열이 식어지고 또한 노폐물이나 병균이 밖으로 배출되어 자연히 병이 호전되어 병 없는 사람이 되는 것과 같이, 아무리 중한 죄업이 몸에 달라붙어 있다고 할지라도 진정으로 참회를 하면 햇빛에 얼음이 녹듯이 조금씩 녹아서 결국 소멸되게 되는 것이다.

또한 명(明)나라 홍자성(洪自誠)이 쓴 『채근담(菜根譚)』에도 '하늘에 가득 찬 죄과라도 응당 하나의 "뉘우칠 회"자를 능가하지 못한다(彌天罪過 當不得一個悔字).'고 하였으니, 아무튼 죄업을 짓지 않음이 최선이나 그렇게 되는 것이란 불가능하고 이미 지은 작은 죄업이라도 녹여내기 위해서는 뉘우침, 곧 참회의 길로 나아가야지 이 길을 놓고는 다른 방도가 없음을 알아야 할 것이다.

  종미일송(終尾一頌)

人受斯生作衆愆　인수사생작중건
罪來付體實難蠲　죄래부체실난견
惟存一法誠眞懺　유존일법성진참
如水洗塵都業湔　여수세진도업전

사람이 이 생을 받으면서 뭇 허물을 지었기에,
죄가 와서 몸에 붙어 사실 덜어내기 어렵네.
오직 한 방법이 있으니 정성스럽고 참되게 참회함이라,
물이 티끌을 씻음과 같아 모든 업장이 씻겨지리.

제6장

四等慈濟 사등자제

네 가지 평등으로 사람을 건지리라.

佛言－人愚－以吾爲不善이어든 吾以四等慈[1]로 護濟之[2]하리라 重以惡來者라도 吾重以善往하면 福德之氣[3]는 常在此也하고 害氣重殃[4]은 反在于彼니라.

부처님이 말씀하셨다.

사람이 어리석어서 나에게 착하게 아니할지라도 나는 사등자로써 보호하고 건져주리라. 거듭 악으로써 올지라도 나는 거듭 선으로써 간다면 복덕의 기운은 항상 이편에 있고, 해로운 기운과 무거운 재앙은 도리어 저편에 있게 되나니라.

1) 四等慈(사등자)

곧 사무량심(四無量心)을 말한다. 한이 없는 중생을 어여삐 여겨 구원하려는 부처님의 네 가지 마음을 말한다.

(1) 자무량심(慈無量心)이니, 무진(無瞋)을 체(體)로 하고 한량없는 중생에게 즐거움을 주려는 마음. 처음은 자기가 받는 낙(樂)을 남도 받게 하기로 뜻을 두고, 먼저 친한 이부터 시작하여 널리 일체 중생에게까지 미쳐가는 것을 말한다.

(2) 비무량심(悲無量心)이니, 무진을 체로 하여 남의 고통을 벗겨
    주려는 마음. 처음은 친한 이의 고통을 벗겨주기로 하고, 점
    차로 확대하여 다른 이에게까지 미쳐가는 것을 말한다.

(3) 희무량심(喜無量心)이니, 희수(喜受)를 체로 하여 다른 이로
    하여금 고통을 여의고, 낙을 얻어 희열(喜悅)케 하려는 마음.
    처음은 친한 이부터 시작하여 점점 다른 이에게 미쳐가는 것
    을 말한다.

(4) 사무량심(捨無量心)이니, 무탐(無貪)을 체로 하여 중생을 평
    등하게 보아 원(怨)과 친(親)의 구별을 두지 않으려는 마음.
    처음은 자기에게 아무런 관계가 없는 이에 대하여 일으키고,
    점차로 친한 이와 미운 이에게 평등한 마음을 일으키는 것을
    말한다.

(5) 무량이란 것은 무량한 중생을 상대로 하며, 또 무량한 복과
    (福果)를 얻음으로 이렇게 말을 한다.

(6) 사범행(四梵行)이라고도 하는데 십이문선(十二門禪) 가운데
    사선을 말한다.

  ① 자무량심(慈無量心)이니 '능히 즐거움을 주려는 마음이다(能與
     樂之心也).'

  ② 비무량심(悲無量心)이니 '능히 고통을 뽑아주려는 마음이다(能
     拔苦之心也).'

  ③ 희무량심(喜無量心)이니 '사람들이 고통을 여의고 즐거움을 얻
     음을 보고 경사롭고 기뻐하는 마음을 냄이다(見人離苦得樂 生慶
     悅之心也).'

  ④ 사무량심(捨無量心)이니 '위의 세 가지 마음도 놓아 버리고 마음
     에 집착을 갖지 않음이다(如上三心捨之 而心不存着也).'

(7) 『지도론(智度論)』 12에 '사무량심(四無量心)이란 자(慈)·비
    (悲)·희(喜)·사(捨)이다.' 라고 하였다.

(8) 『인왕경(仁王經)』하에 '네 가지 무량을 닦을지니 자무량심이
요 비무량심이며, 희무량심이요 사무량심이다(修四無量 慈無
量心 悲無量心 喜無量心 捨無量心).'고 하였다.

2) 護濟之(호제지)

(1) 보호하고 구제한다.

(2) 중생이 고통 받는 것을 보면 무슨 방편을 써서라도 그 고통에
서 벗어나도록 건져준다.

3) 福德之氣(복덕지기)

(1) 복과 덕의 기운.

(2) 모두가 남을 위해 베풂으로써 얻어지는 온화하고 넉넉한 기
운.

4) 害氣重殃(해기중앙)

(1) 해로운 기운과 무거운 재앙.

(2) 남에게 해를 끼치는 싸늘한 기운과 견디기 어렵게 받아지는
재앙.

3　해의(解義)

부처님이란 부처님의 가치(價值)를 지니고 있다. 누구나 부처님처
럼 하고 싶지만 부처님의 마음을 지니지 않으면 부처님의 행위가 나
오지 않는다.

부처님의 행위가 나오기 위해서는 그만큼의 원력(願力)이 있어야
하고, 깨달음이 있어야 하고, 고통(苦痛)을 겪어야 하고, 수행이 있어

야 하고, 시여(施與)가 있어야 한다.

이렇게 볼 때 누구나 부처님의 하는 일을 할 것 같지만 조건(條件)을 갖추지 않으면 흉내를 내는 것에 불과하고, 자랑에 지나지 않으며, 대가(代價)를 바라고, 상(相)에 잡힐 수가 있다.

그러므로 부처님의 여러 마음 가운데 네 가지 한량없는 마음을 들어 오직 중생을 위하여 자(慈)와 비(悲)를 베풀고 희(喜)와 사(捨)를 그대로 주는 것이라 하였다. 이러한 것이 부처님의 원래 마음과 제도의 원심(願心)에 뿌리하여 밖으로 나오는 자연적인 발로(發露)이지, 억지로 지어서 또는 꿰맞추어서 이루어지는 일은 절대로 아니다.

유가(儒家)의 맹자〔孟子, B.C. 372-289. 중국 전국시대의 유교 사상가, 철학자. 공자의 도통을 이은 아성(亞聖)으로 추앙받음〕가 이야기한 예화를 통해서 이러한 상황을 한번 알아보자.

맹자는 사람에게 원초적(原初的)으로 '차마 못하는 마음(人皆有不忍人之心者)'이 있다고 하였다.

맹자는 말하기를, '지금 사람이 잠깐 사이 어린아이가 우물 속으로 들어가려는 것을 보면 모두 슬프고 안쓰러운 마음이 있어서 (구원하는 것이니) 이는 어린이의 부모와 잘 사귀려는 것도 아니요, 동네 사람이나 친구들에게 잘했다는 소리를 들으려는 것도 아니며, (그것도 못하였느냐)는 소리를 듣기 싫어서도 아니다(今人乍見孺子將入於井, 皆有怵惕惻隱之心. 非所以內交於孺子之父母也, 非所以要譽於鄉黨朋友也, 非惡其聲而然也).'고 하였다. 비록 도둑이요, 포악한 사람이라고 할지라도 앞뒤를 생각하지 아니하고 구출하게 되어 있다.

이것이 바로 '차마 못하는 마음'의 발현이요, 은혜(恩惠)와 자비(慈悲)와 사랑과 인(仁)의 마음인 것이다. 이러한 마음은 누구나 가지

고 있는 보편타당성의 마음이다. 누구에게 더하고 누구에게 못하는
것이 아니라 똑같이 있지만 성자들은 이 마음을 부려 쓸 줄을 알고
범인들은 가지고 있으면서도 쓰지 못할 따름이다.

　부금걸식(負金乞食)이라는 말이 있다. 이 말은 '금을 짊어지고 밥
을 빌어먹는다.' 는 뜻이다. 즉 자기 자신에게 금이 있는 줄을 알면
그 금을 팔아서 집도 사고 밥도 사먹으면 되련만, 금이 있다는 사실
을 모르기 때문에 사방으로 돌아다니면서 빌어먹고 살아가고 있는
것이다.
　이것은 마치 호주머니에 돈은 가지고 있으면서도 배가 고파서 허
덕이는 것과 다름이 없는 것이다.

4　종미일송(終尾一頌)

慈 悲 喜 捨 佛 持 琛　자비희사불지침
害 氣 厚 殃 凡 者 臨　해기후앙범자림
人 韞 原 初 仁 惠 愛　인온원초인혜애
必 成 天 下 德 和 愔　필성천하덕화음

자와 비와 희와 사는 부처님이 가지신 보배요,
해로운 기운 두터운 재앙은 보통 사람에게 다가서네.
사람은 원초에 인과 은혜와 사랑을 갚았으니,
반드시 하늘과 땅 위에 덕화로 화음을 이루리라.

제 7 장

還惡本身 환악본신

악이란 본래 자신에게로 돌아온다.

佛言－有人聞吾守道[1]하고 行大仁慈[2]라 하야 故致罵佛[3]이 어늘 佛默不對라 罵止에 問曰 "子以禮從人호대 其人不納[4]하면 禮歸子乎아" 對曰 "歸矣니다" 佛言하시되 "今子罵我나 我今不納하면 子自持禍－歸子身矣리니 猶響應聲[5]하며 影之隨形[6]하야 終無免離[7]리니 愼勿爲惡이니라."

부처님이 말씀하셨다.

어떤 사람이 내가 도를 지키며 크게 인애(仁愛)와 자비(慈悲)를 행한다 함을 듣고 고의적으로 이르러 부처님에게 욕을 하거늘, 부처님께서 묵묵하여 대답하지 않는지라 (그가) 욕함을 그침에 물으셨다.

"자네가 예물로써 사람에게 나아갔지만 그 사람이 거두지 않는다면 예물은 자네에게 돌아가지 않겠는가?"

대답하였다.

"돌아가겠습니다."

부처님이 말씀하셨다.

"이제 네가 나를 욕하였지만 내가 지금 거두지 않는다면 네가 스스로 재앙을 가지는 것이라, 네 몸에 돌아가리니 메아리가 소리에 호응하고 그림자가 형상을 따르는 것과 같아서 마침내 면하거나 여의지 못하리니 삼가 악을 짓지 말지니라."

 단어(單語) 및 숙어(熟語) 풀이

1) 守道(수도)

(1) 도를 지키는 것. 즉 도덕을 지켜 행동을 올바르게 하는 것.

(2) 인륜의 상도(常道)를 지키는 것.

2) 仁慈(인자)

(1) 인후(仁厚)하고 자애(慈愛)로움. 또는 어질고 자비(慈悲)로움.

(2) 친애(親愛)하는 것.

3) 罵佛(매불)

(1) 부처님에게 욕하고 꾸짖는 것.

(2) 잘못된 눈을 가지고, 잘못된 기준을 가지고 남을 보아 눈과 기준에 맞지 않으면 포악(暴惡)을 퍼부어대는 것.

4) 不納(불납)

(1) 거두지 않는 것.

(2) 받아들이지 않는 것.

5) 猶響應聲(유향응성)

(1) 소리를 따라 메아리가 울리는 것.

(2) 소리의 강약이나 거리의 원근에 따라 울림의 강도(强度)도 다르다.

6) 影之隨形(영지수형)

(1) 그림자가 형상을 따르는 것.

(2) 형상의 고저(高低)나 장단(長短)을 따라 그림자도 함께 한다.

7) 終無免離(종무면리)

(1) 절대로 면하거나 여읠 수 없다.

(2) 스스로 받거나 행할 뿐 고의적으로 면하고 떠날 수 없는 것.

3 해의(解義)

업(業)이란 크든 작든 자기에게로 돌아온다. 자기의 몸과 마음을 통하여 합작으로 만들고 지은 결과에 의하여 이루어진 업장은 다른 곳으로 가지 않고 자기에게로 돌아온다. 다시 말하면, 사람이 혹 권리는 나눌 수 있고 돈도 나눌 수 있으며 재물도 나눌 수 있지만 자기가 지은 업은 절대로 나눌 수가 없다.

부처님께서 예화를 들어 준 바와 같이 남에게 예의를 갖추어 선물을 하였을 경우 그 사람이 받아 거두어주지 않으면 도로 가져올 수밖에 다른 방도는 없다.

이처럼 우리가 알든 모르든, 의식적이든 무의식적이든, 직접적이든 간접적이든 간에 만든 업이란 다른 데로 갈 곳이 없고 어디로 보낼 곳도 없다.

오직 자기만을 졸졸 따라 다닌다. 마치 형상으로 나타난 물체에 그림자가 따르는 것과 같고 소리의 고저(高低)를 따라 메아리치는 것과 같다. 형상이 크면 그림자도 크고 형상이 작으면 그림자도 작으며, 소리가 크면 되돌아오는 메아리도 크고 소리가 작으면 되돌아오는 메아리 또한 작은 것처럼 내가 지은 악업(惡業)이나 선업(善業)의 결과를 따라서 받아지는 강도는 다를 수밖에 없다.

또 하나는 억지로 면하고 여일 수 없다는 사실이다.

다시 말하면, 나에게 와지는 일체의 고통(苦痛)이 이제는 그만 왔으면 하지만 그래도 계속되어 그치지 않고, 즐거움 또한 영원하였으면 하지만 때에 이르러 그침은 아직도 그 악업이나 선업이 수수(授受)를 다하지 아니한 결과이다. 즉 아직은 주어야 할 업이 있고 받아야 할 업장이 있어서 상쇄(相殺)가 되지 않고 남아 있는 것으로 업이란 상호간에 다 주어야 그치고 다 받아야 쉬어지는 것이다.

또 하나는 업은 자기가 책임을 져야 한다.

옛날에 도둑으로 생계를 삼는 사람이 있었다. 그는 오직 가족을 위하여 도둑질을 할 뿐 남을 위하거나 자기를 위하여 도둑질은 하지 않았다. 그러던 어느 날 우연히 현자(賢者)를 만나 도둑질이 나쁘다는 사실을 알고 아내나 부모에게 도둑질한 결과에 대하여 함께 책임을 지자고 하였다.

그러나 아내나 부모는 모두 거절을 하였다. 자식의 입장이요, 남편으로서 가정을 꾸리는데 무슨 일을 한다는 것은 당연한 일인데 그 결과에 대해서까지 책임을 질 수 없다는 것이다.

다시 말하면, 가장으로서 지은 업은 가장이 책임을 져야지 나누어질 수는 없다는 것이다.

그러므로 우리가 육근(六根)을 통하여 지은 업은 내 것이 되어 남에게 줄 수 없고 여일 수 없어서 결국 내가 책임을 질 수 밖에 없는 것이니, 지을 때 잘 지어야 받을 때 안심하고 즐겁게 받아들일 수 있음을 알아야 한다.

4 종미일송(終尾一頌)

隨形黑影短長從　수형흑영단장종
澗水入瀛高下溶　간수입영고하용
自業自收人不諉　자업자수인불위
仁慈善造別無忪　인자선조별무종

형상을 따라 검은 그림자 짧고 길게 따르고,
계곡의 물 바다에 들면 높고 낮게 출렁이네.
자기 업 자기가 거두고 남에게 미루지 못하니,
인자하게 잘 지으면 별로 두근거릴 게 없으리라.

제8장

塵唾自汚 진타자오

티끌이나 침은 자신을 오염시킨다.

佛言－惡人害賢者는 猶仰天而唾[1]라 唾不至天하고 還從己墮하며 逆風揚塵[2]이라 塵不至彼하고 還坌己身[3]하나니 賢不可毀요 禍必滅己[4]니라.

부처님이 말씀하셨다.

악한 사람이 어진 사람을 해롭게 하는 것은 하늘을 우러러 침 뱉음과 같음이라, 침이 하늘에 이르지 못하고 도리어 자기를 따라 떨어지며, 바람을 거슬려 티끌을 날림이라 티끌이 저편에 이르지 아니하고 도리어 먼지가 자기 몸에 붙나니, 어진 이는 가히 훼방하지 못하는 것이요, 재앙은 반드시 자기를 소멸시키게 되나니라.

1) 仰天而唾(앙천이타)

하늘이란 형상이 없는 허공이다. 아무리 침을 머금어 하늘에 뿜어도 하늘에 머물거나 닿지 않는다.

2) 逆風揚塵(역풍양진)

바람을 거슬려서 티끌, 즉 먼지를 날린다면 먼지가 저쪽으로 가지 않고 결국은 날린 사람에게 고스란히 돌아온다.

3) 還盆己身(환분기신)

먼지가 바로 자기 몸이 된다는 의미이다. 즉 먼지에 궁굴면 몸이 바로 먼지가 되어 사람 몸은 어디로 가고 먼지만 남게 된다.

4) 禍必滅己(화필멸기)

재앙이란 크든 작든 자신을 파멸시키는 도구와 같다. 즉 촛불이 공간을 비추어 밝게 할지라도 타고 있는 자신은 얼마나 슬프랴!

3　해의(解義)

근본적으로 보면 세상에 악한 사람은 없다. 즉 근본적으로 악을 만들기 위하여 세상에 태어난 사람은 없다. 어쩌다 마음을 잘못 사용하고 환경이 맞아지지 않으며 자기를 비하(卑下)하고 전세의 업력에 의하여 자신도 모르는 사이에 악을 짓게 되는 것이다.

옛날에 어머니와 아들이 있었다. 아들이 초등학교에 들어가서 학교를 다니게 되니 자연 공책이나 연필이 필요하였다. 그리하여 상점에 들어가 연필이나 공책을 사는데 어쩌다가 연필 한 자루를 몰래 가져오게 되었다. 이를 어머니에게 보여 드리니 어머니가 참으로 잘 하였다고 칭찬을 하였다. 어머니의 말씀을 들은 아들도 기분이 좋아서 다음에는 공책을 가져오고 지우개를 가져오니 어머니가 역시 좋아하였다. 결국 아들은 이것이 습관이 되어서 자라, 어른이 되어서는 더 크고 많은 물건을 훔치는 큰 도둑이 되었는데 끝내는 잡혀서 사형을 당하는 처지에 이르렀다.

이에 사형을 집행하는 사람이 마지막 소원이 무엇이냐고 물었을 때 그는 어머니를 한 번만 보았으면 좋겠다고 하였다. 그리하여 어머니가 가까이 이르자 아들은 귀에 대고 할 말이 있다고 하면서 입을 어머니의 귀에다 대더니 어머니의 귀를 물어뜯으면서 소리를 질렀다.

'내가 어렸을 때 연필 가져오는 것을 꾸짖고 말렸더라면 오늘날 이렇게 되지는 않았을 터인데 어머니가 좋아하기에 하다 보니 이렇게 되었다'고 하는 이야기가 있다.

우리 속담에 '바늘 도둑이 소 도둑 된다.'고 하였다. 하잘것없는 바늘 하나 훔치는 것이지만 습관이 되면 큰 도둑으로 발전을 하게 된다.

이렇게 어려서 연필 한 자루를 도둑질한 것이 기연이 되어 결국 가패신망(家敗身亡)이 되고, 바늘 하나 도둑질하다가 소까지 훔치는 지경에 이르게 된다.

그러므로 우리들은 선악을 넘어선 어진 성자를 함부로 대하고 해를 입히면 그 성자가 어떠한 보복을 되보내지는 않지만, 대중이나 소소영령(昭昭靈靈)한 진리가 있어서 그에 상응한 죄벌을 내리게 되는 것이니 어진 사람을 함부로 대하고 헐뜯어서는 절대로 안 되는 것이다.

4 종미일송(終尾一頌)

賢人似嶽實難昇   현인사악실난승

聖者如天確匪登　성자여천확비등
雨降無遮衣自濕　우강무차의자습
若遺誹毀後隨懲　약유비훼후수징

어진 사람은 뫼와 같아 사실 오르기 어렵고,
성자는 하늘과 같아서 정말로 오르지 못하네.
비가 내림에 가림 없으면 옷이 저절로 젖듯,
만일 비방하고 헐면 뒤에 응징이 따른다네.

제 9 장

返本會道 반본회도

근본으로 돌아가야 도를 알게 된다.

1 **원문해역(原文解譯)**

佛言－博聞愛道[1]하면 道必難會요 守志奉道[2]하면 其道甚大나라.

부처님이 말씀하셨다.

들기를 널리 함으로 도를 사랑하면 도를 반드시 알기가 어려울 것이요, 뜻을 지켜서 도를 받들면 그 도가 매우 크게 되나니라.

2 **단어(單語) 및 숙어(熟語) 풀이**

1) 博聞愛道(박문애도)

(1) 귀를 통해 받아들임을 넓게 하는 것으로 도를 좋아하고 사랑하는 것.

(2) 지식이나 상식으로 도를 아는 것.

2) 守志奉道(수지봉도)

(1) 자신의 뜻, 즉 마음을 잘 지키는 것으로 도를 봉대하는 것.

(2) 도의 근원을 마음으로 체득하는 것.

법은 실천에서 그 위력(威力)이 나오고 또한 법력(法力)이 나오는 것이다. 실천이 없이 듣기만 하고 보기만 하고 외우기만 하고 생각만 하는 것은 별스런 힘이 없다. 하나라도 듣고, 하나라도 보면 바로 실천을 하여야 힘이 쌓이고 능력이 솟는다.

『논어(論語)』 공야장(公冶長)에 이러한 이야기가 있다.

'자로는 들음이 있으면 아직 능히 행하지 못하고, 오직 들음이 있을까 저어하였다(子路有聞 未之能行 唯恐有聞).'

이 말은 공자의 제자인 자로(子路)라는 사람됨은 용맹이 뛰어나고 과단성(果斷性)이 있는 사람이다. 스승에게서 좋은 말씀 한마디만 들어도 그것을 기어이 실행을 해야 직성이 풀리는 성격을 가졌다. 그런데 앞서 들은 말씀을 흡족하게 다 실천하지 못하고 또다시 스승님의 말씀을 듣게 될까봐 두려워하여 실천을 잘 하기로 용맹을 떨쳤다.

또 『논어(論語)』 안연(顏淵)에 자로에 대한 이야기가 나온다.

공자께서 '반 마디 말로 가히 절옥〔訟事, 즉 獄事를 처결하는 것〕하는 사람은 유(由 : 子路)뿐이다. 자로는 숙락(宿諾 : 승락만 하고 실행하지 아니하는 것)이 없구나(子曰 "片言可以折獄者 其由也與? 子路無宿諾")' 하여 자로의 실행이 장함을 칭찬하였다.

다시 말하면, 공자님의 제자로 위에서 말한 것처럼 스승의 한마디 말씀을 듣고 내일로 미루거나 보류함이 없이 바로 실천을 하는 진취력을 가졌기 때문에 공자께서 칭찬을 아끼지 않은 것이다.

이렇게 한마디가 되었든 반 마디가 되었든 듣는 즉시 실천을 하여야 마음과 마음이 통하고 뜻과 뜻이 연결되어 쉽게 힘을 탈 수가 있는 것이요, 다문박식(多聞博識)이나 박문강기(博聞强記)를 도가 있고 도가 깊은 것으로 여겨서는 안 된다.

물론 도라는 게 문자나 언설을 여의고 따로 있는 것은 아니지만 듣고 보는 것으로 능사를 삼는다면 듣는 사람의 입장에서는 귀에 좋을지 몰라도 말을 하는 사람은 결국 속빈 강정이 되고 말 것이다.

즉 뜻에 채우지 않고 마음에 갈무리지 않으면 참 도가 익어지지 않고, 참 도가 익어지지 않으면 도력(道力 : 法力) 또한 증진되지 아니하여 허생(虛生)할 수도 있는 것이니 실천을 통해 실력을 배양하여 삶의 질을 향상시켜가야 한다.

『오등회원(五燈會元)』에 실려 있는 이야기에 조과(鳥窠) 도림선사(道林禪師)와 백거이(白居易) 시랑(侍郎)의 대화가 있다.

하루는 백거이가 도림선사를 찾아가니 선사가 나무 위에서 선을 하고 있었다. 이를 보고 백거이가 선사의 앉은 자리가 위험하다고 하니까 선사는 그 말을 듣고 오히려 백거이의 태수(太守)자리가 언제 파면될지 모르고 또한 좌우에서 시시각각으로 노리고 있으니 더 위험다고 말을 하였다.

이에 백거이가 물었다.

'무엇이 불법의 대의입니까?(如何是佛法大意)'

선사가 대답을 한다.

'모든 악을 짓지 말고, 뭇 선을 받들어 행하라. 스스로 그 마음을 맑히면 이것이 모든 부처님의 가르침이다(諸惡莫作 衆善奉行 自淨其意 是諸佛敎).'

백거이가 다시 말한다.

'세 살 먹은 아이도 이런 것쯤은 압니다(三歲孩兒也解恁麼道).'

도림선사도 다시 대답한다.

‘세 살 먹은 아이도 비록 알겠지만 팔십 먹은 노인도 실행하지 못
한다(三歲亥兒雖道得 八十老人行不得).’

백거이는 아무 말이 없이 예를 드리고 물러나왔다.

아는 것이 실천으로 이어진다는 것은 그렇게 말처럼 생각처럼 쉬
운 일은 결코 아니다.

문사수삼혜(聞思修三慧)라는 말이 있다. 즉 ‘듣고, 사유하고, 실행
하는 것이 세 가지 지혜이다.’는 의미이다.

다시 말하면, 가르침을 잘 듣고, 그 가르침을 사유하며, 그 가르침
대로 실천을 함으로써 이 세 가지에서 바로 지혜가 솟아나게 되고,
이 지혜를 통하여 자신을 반조하고 세상을 돌아봄으로써 보다 값진
생활을 꾸려갈 수 있게 되는 것이다.

4 종미일송(終尾一頌)

多記多知電腦機　다기다지전뇌기
博聞博話鳥鸚鵡　박문박화조앵위
法行得力心囊滿　법행득력심낭만
大道增長宇宙輝　대도증장우주휘

많이 기억하고 많이 앎은 컴퓨터 기계요,
널리 듣고 널리 말함은 앵무새의 문이네.
법을 실행하여 힘 얻어 마음 주머니 채우면,
큰 도가 증장되어 우주에 빛이 나리라.

제10장

喜施獲福 희시획복

기쁘게 베풀어야 복을 얻는다.

佛言－覩人施道하고 助之歡喜[1]하면 得福[2]甚大니라 沙門

問曰 "此福盡乎이까" 佛言 "譬如一炬之火[3]하야 數千百人

이 各以炬來分取하야 熟食除冥[4]이라도 此炬如故니 福亦如

之니라."

부처님이 말씀하셨다.

사람이 도를 베푸는 것을 보고 도와서 기뻐한다면 복을 얻음이 매우 클 것이다.

사문이 물었다.

"이 복이 다합니까?"

부처님이 말씀하셨다.

"비유하자면, 하나의 횃불과 같아서 수천 백사람이 각각 횃불을 가지고 와서 나누어 가져가 음식을 익혀 먹고 어둠을 제거할지라도 이 횃불은 예전과 같나니 복도 또한 그와 같나니라."

1) 歡喜(환희)

　(1) 내 뜻에 알맞은 경계를 당하여 몸과 마음이 즐거움.

(2) 환은 몸의 즐거움, 희는 마음의 기쁨.

(3) 죽어서 극락세계에 왕생할 것을 미리 기뻐함.

(4) 불법을 듣고 신심이 생겨나 마음이 항상 기쁨.

(5) 환희봉대(歡喜奉戴) 또는 환희용약(歡喜踊躍).

2) 福(복)

(1) 길사(吉事), 재앙의 반대.

(2) 부(富)·귀(貴)·수(壽)·고(考)를 모두 복이라 한다.

(3) 주역(周易) 겸괘(謙卦)에 '귀신은 가득한 것을 해치며 겸손한
것을 복 준다(鬼神害盈而福謙).'

(4) 행복.

3) 一炬之火(일거지화)

한 횃불의 불.

4) 熟食除冥(숙식제명)

(1) 밥을 짓고 어둠을 밝힌다는 뜻.

(2) 음식을 만들어 익혀 먹고 불을 밝혀서 어둠을 제거한다는
의미.

3　해의(解義)

여기에서 가장 주목하여야 할 대목은 바로 '시도(施道)'라는 문구
이다. '도를 베푼다.'는 뜻이다. '도에 맞게 베푼다.'는 의미가 아니
라, 바로 도를 베푼다는 뜻이다. 즉 도(진리)를 베풀어 부처를 이루게
하고, 법을 베풀어 중생을 건지며, 자비를 베풀어 생령을 어여삐 여

기고, 부처의 가르침을 베풀어 어리석은 마음을 깨우치는 등등 모두가 열린 마음, 깨달은 도에 바탕하여 베풀자는 것이다.

『금강경(金剛經)』에는 복덕(福德)과 복덕성(福德性)에 대하여 이야기 하고 있다. 복덕이란 칠보보시(七寶布施)를 하는 것이요, 복덕성이란 사구게(四句偈)를 깨우쳐 남을 위하여 연설하는 것이라 하였다. 즉 칠보는 유한(有限)하지만 진리를 깨달음만은 영원하기 때문이다.

복덕이란 곧 칠보보시요, 복덕성이란 진리를 깨달음이다. 또 칠보조시는 유한복(有限福)을 초래(招來)하고 깨달음은 무한복(無限福)을 초래하며, 또 복덕은 가두어 놓은 물과 같고 복덕성은 솟아나는 물과 같다. 가두어 놓은 물은 퍼 쓰면 결국 없어지지만 솟아나는 물은 아무리 써도 다함이 없는 것이다.

부처님은 이를 횃불에 비유하셨다. 하나의 횃불에 수천만 개의 횃불이 불을 붙여 간다고 할지라도 원래의 횃불은 조금도 불이 덜어지지 않는다. 이처럼 무상무위(無相無爲)의 복덕도 마찬가지인 것이다.

『화엄경(華嚴經)』에 보현원행품(普賢願行品)이 있다. 여기에 보현보살의 열 가지 행원(行願)을 기록하여 놓았는데 그 가운데 하나가 '수희공덕원(隨喜功德願)' 이다. 이는 '남이 공덕을 짓는 것을 보고 찬탄하고 기뻐하면 나도 따라서 그만한 복덕을 받게 된다.' 는 의미이다.

과연 우리가 이러한 마음을 낼 수가 있을까? 내가 내 것을 베풀기도 어려운데 과연 남이 하는 모습을 보고 따라서 좋아해 질 수가 있을까? 돈이 안 들고 손해 볼게 없으니까 한다고도 할 것이다.

그러나 여기서 말하는 기쁨이란 직접 베푸는 사람이 되자는 것이다. 있다고 다 베푸는 것은 절대 아니다. 쉽게 부를 누린 사람은 절대 베풀지 않는다. 오직 어렵게 한 푼 두 푼 모아 이룬 사람이라야 기쁘게 베풀어 준다.

이름 밝히기를 꺼려한 어느 여자 분이 일생을 헐벗고 굶주려가며 행상으로 모은 재산을 장학금으로 써달라고 학교에 기증을 하였다. 이러한 상황을 보고 그가 돈을 모으기까지의 과정을 생각하면서 찬탄(讚嘆)을 한다면 바로 수희공덕이 되는 것이지만 별스럽지 않게 생각한다면 심업(心業)만 짓게 되는 것이다.

보시에는 세 가지가 있다. 하나는 재시(財施)로 생활상에 있어서 경제의 어려움을 덜어주는 것이며, 둘은 법시(法施)로 진정한 인간의 나아갈 길을 제시하여 주는 것이고, 셋은 무외시(無畏施)로 삶의 두려움은 물론이지만 죽음 길 내지 영생까지도 근본적인 공포를 제거하여 주는 것을 말한다.

4 종미일송(終尾一頌)

湧 源 不 渴 萬 田 澆　　용원불갈만전요
福 德 性 泉 無 漏 窯　　복덕성천무루요
莫 顯 錢 財 爲 世 賚　　막현전재위세뢰
道 施 第 一 衆 生 饒　　도시제일중생요

근원에서 솟으면 마르지 않아 온 밭에 물 대고,
복덕성의 샘은 새지 않는 그릇이라네.
돈과 재물 세상을 위해 주었다 드러내지 말고,
도를 베풂이 제일이라 뭇 생령 넉넉하리라.

제 **11** 장

施飯轉勝 시반전승

밥은 점점 수승한 사람에게 베풀어야 한
다.

佛言─飯惡人百이 不如飯一善人이요 飯善人千이 不如飯
一持五戒[1]者며 飯五戒者萬이 不如飯一須陀洹이요 飯百萬
須陀洹이 不如飯一斯陀含이며 飯千萬斯陀含이 不如飯一
阿那含이요 飯一億阿那含이 不如飯一阿羅漢이며 飯十億阿
羅漢이 不如飯一辟支佛이요 飯百億辟支佛[2]이 不如飯一三
世諸佛이며 飯千億三世諸佛이 不如飯一無念[3]無住[4]無修[5]
無證[6]之者니라.

부처님이 말씀하셨다.

악한 사람 백을 공양함이 한 착한 사람을 공양함만 같지 못한 것이요, 착한 사람 천을 공양함이 한 오계를 가진 사람을 공양함만 같지 못한 것이며, 오계를 가진 사람 만을 공양함이 한 수다원을 공양함만 같지 못한 것이요, 백만 수다원을 공양함이 한 사다함을 공양함만 같지 못한 것이며, 천만 사다함을 공양함이 한 아나함을 공양함만 같지 못한 것이요, 일억 아나함을 공양함이 한 아라한을 공양함만 같지 못한 것이며, 십억 아라한을 공양함이 한 벽지불을 공양함만 같지 못한 것이요, 백억 벽지불을 공양함이 한 삼세의 모든 부처님을 공양함만 같지 못한 것이며, 천억 삼세제불을 공양함이 한 생각도 없고 머묾도 없으며, 닦음도 없고 증득할 것도 없는 사람을 공양함만 같지 못하나니라.

1) 五戒(오계)

(1) 오계 : ① 살생하지 말라(勿殺生), ② 도둑질하지 말라(勿偸盜), ③ 음행하지 말라(勿邪淫), ④ 망령된 말하지 말라(勿妄語), ⑤ 술 마시지 말라(勿飲酒).

(2) 이 다섯 계문은 불교의 비구 250계와 비구니의 384계의 가장 기본이 되는 계율로써 재가·출가에게 모두 공통되는 중계(重戒)이다.

2) 辟支佛(벽지불)

(1) 연각(緣覺)·독각(獨覺)이라는 의미이다.

(2) 스승의 지도가 없이 혼자서 깨달음을 얻은 이.

(3) 꽃피고 잎 지는 등의 외연(外緣)에 의하여 스승이 없이 혼자 깨달은 사람.

(4) 벽지불지(辟支佛地) : 통교(通教) 10지의 제8위. 지불지(支佛地)라 약칭한다. 연각(緣覺)의 위이다. 이 지위는 진무루(眞無漏)의 지혜를 내어 삼계(三界)의 견혹(見惑)·사혹(思惑)을 끊고, 다시 그 2혹의 습기를 없애어 공관(空觀)에 들어간다.

3) 無念(무념)

(1) 망념(妄念)이 없는 것, 곧 정념(正念)의 다른 이름.

(2) 『종경록(宗鏡錄)』 8에 '정념이란 생각이 없이 아는 것이니, 만일 다 알지 못한다면 어떻게 정념을 이루리요(正念者 無念而知 若總無知 何成正念).'라 하였다.

(3) 『출요경(出曜經)』 7에 '무념 및 방일이란 또한 닦을 바를 익히지 못하는 것이니, 잠잘 때는 깨달음을 구할 수 없듯이 이

를 일러 깊은 못으로 들어간다고 하는 것이다(無念及放逸 亦
不習所修 睡眠不求悟 是謂入深淵).'고 하였다.

(4) 무아(無我)의 경지에 이르러 아무런 생각이 없는 것. 곧 무념
무상(無念無想)의 경지. 경계도 잊고 자신도 잊어 물심일여
(物心一如)·주객일체(主客一體)의 경지가 된 것.

(5) 번뇌망상(煩惱妄想)·사심잡념(邪心雜念)·사량계교심(思量
計較心)이 없는 것.

(6) 보통 실책(失策) 또는 실수(失手)를 무념이라 한다.

4) 無住(무주)

(1) 자성을 가지지 않고 아무것에도 주착하지 아니하며, 연(緣)을
따라 일어남.

(2) 무주는 만유의 근본이다.

(3) '법이란 자성이 없다. 자성이 없으므로 주착도 없으며 인연
을 따라 일어남으로 무주라 한다. 무주라는 것은 만유의 근
본이다(法無自性 無自性 故無所住着 隨緣而起 故云無住 故
無住者 萬法之本也).'

(4) 『유마경(維摩經)』 관중생품(觀衆生品)에 '무주의 근본을 쫓아
일체 법을 세웠다(從無住本 立一切法).'고 하였다.

(5) 『종경록(宗鏡錄)』 8에 '문수사리가 이르기를 "무주의 근본을
쫓아 일체 법을 세웠다" 하였는데, 예공이 해석하여 이르기
를 "무주는 곧 실상의 다른 이름이요, 실상은 곧 성공의 이명
이다(文殊舍利云 "從無住本 立一切法" 叡公釋云 "無住卽實相
異名 實相卽性空異名").'라 하였다.

5) 無修(무수)

닦을 것도 없다. 우리의 자성 자리는 원래 뚜렷하게 이루어진
본연의 진성(眞性)이기 때문에 새로 닦을 것이 없다. 다시 말하

면 견성성불의 공을 다 이루었기에 수행이 필요가 없는 것이다.

6) 無證(무증)

증득할 것도 없다. 원래 견성성불이 이루어졌고 해탈이 되어 있기 때문에 새로 증득할 상황이 없는 것이다.

3 해의(解義)

복전(福田)에는 승렬(勝劣)이 분명하게 있다. 공양(供養)에도 승렬이 있으며 보시(布施)에도 승렬이 있다.

즉 복을 짓는 입장에서 보면 상대가 분명 수승(殊勝)한 대상과 하열(下劣)한 대상이 있다.

또 공양을 드리는 입장에서 보더라도 대접을 잘하여야 할 대상과 조금 낮추어도 될 대상이 분명히 있다.

또한 보시에 있어서도 크게 보시를 할 대상이 있고 적게 보시를 할 대상이 분명히 다른 것이다.

이것은 차별을 두고 차등을 두어 그렇게 하자는 것이 아니라, 대상을 따라 그렇게 할 수밖에 없는 것이다. 예를 들면, 악인(惡人)이나 열인(劣人)에게 크게 공양을 하고 보시를 하면, 그 공양이나 보시를 감당하고 요리할 힘이나 법력(法力)이 없기 때문에 도리어 그 사람에게 빚을 더 안겨주고 죄업을 더 무겁게 얹혀주는 결과를 낳게 되어 오히려 진급할 수 있는 길을 막는 결과가 올 수도 있는 것이다.

그래서 악인 백 사람보다는 선인 한 사람이 나은 것이고, 선한 천 사람보다 오계(五戒)를 가진 한 사람이 오히려 낫다고 한 것이다.

이와 같이 수위를 높여서 결국 벽지불(辟支佛)보다는 삼세제불(三世諸佛)이 낫고 삼세제불보다는 '무념(無念)·무주(無住)·무수(無修)·무증(無證)'한 그 자리를 스스로 깨달은 사람이 제일이라는 것이다.

왜 그럴까?

사람이 무엇을 베푼다는 것은 득복(得福)을 위한 것이다. 장차 영원한 세상을 통하여 복이 족족한 사람이 되기 위해서는 남에게 베풀어서 상대로 하여금 언제 어디서나 나를 도와주고 복을 줄 수 있는 대상을 미리 심어 놓자는 것이다. 지금 당장 그에게서 어떠한 이득은 나타나지 않는다고 할지라도 영원한 세상을 거래하면서 언젠가는 만나게 되는 인연이 될 것은 틀림이 없기 때문에 만나서 싸늘한 관계보다는 친밀감이 있는 관계가 되고, 멀리하려는 관계보다는 그리워하는 관계가 되며, 손해를 끼치는 관계보다는 이익을 주는 관계가 되고, 미워하는 관계보다는 사랑하는 관계가 되어진다면 나에게 많은 행복을 가져다주게 될 것이다.

무념(無念)·무주(無住)·무수(無修)·무증(無證)한 사람이 첫째라 하였다. 왜 그럴까?

무념이란 생각이 일어나지 않는다는 뜻이며, 무주란 외형(外形)에 주착(住着)할 것 없다는 뜻이며, 무수란 본래 청정 자심(自心)이기 때문에 닦을 게 없다는 뜻이며, 무증이란 우주의 진리를 깨달을 게 없다는 뜻이다.

다시 말하면, '없다. 없다. 없고 없다.' 가질 것도 없고 버릴 것도 없다. 얻을 것도 없고 잃을 것도 없다. 청정(清淨)도 없고 오탁(汚濁)도 없다. 부처도 없고 중생도 없다. 닦아야 할 마음도 없고 깨쳐야 할 진리도 없는 등등. 이렇게 없음이 바탕이 되어 '완성된 사람으로서의 불보살'이 된다면, 어찌 저 상대가 설사 불보살이라고 할지라도 공양을 한 것에 비교가 되겠는가?

그래서 공양이 능사는 아니다. 보시도 능사가 아니다. 내 안에 원존(元存)하고 있는 자성을 회복하여 부처가 되는 것이 제일이요, 해내야 할 공부이다.

금강경에서는 보시를 상당히 강조하였다. 금은 등 칠보로 무루중생에게 보시하면 그 공덕이 대단히 많다고 하였다. 그렇지만 사구게(四句偈)를 알아서 남에게 설파한 공덕이 더 크다고 한다. 결국 칠보의 보시는 배부른 돼지를 양산은 할지언정 자득(自得)한 불보살은 만들어내지 못하기 때문이다.

그러므로 내가 불보살이 되는 것이 보시공덕을 쌓는 것보다 훨씬 값진 것임을 알아야 한다.

4 종미일송(終尾一頌)

器飡纔免腹中饑　　기손재면복중기
盃水才濡渴口圍　　배수재유갈구위
供養無量千萬佛　　공양무량천만불
不如絶證自心歸　　불여절증자심귀

한 공기 밥은 겨우 뱃속의 주림을 면하고,
한 잔 물은 겨우 목마른 입 둘레를 적시네.
한량이 없는 수만의 부처님께 공양할지라도,
증득 끊긴 자기 맘에 돌아옴만 같지 못하리.

제 12 장

擧難勸修 거난권수

어려움을 들어서 수행을 권장한다.

佛言-人有二十難하니 貧窮布施難[1]이요 豪貴學道難[2]이며
棄命必死難[3]이요 得觀佛經難[4]이며 生値佛世難[5]이요 忍色
忍欲難[6]이며 見好不求難[7]이요 被辱不瞋難[8]이며 有勢不臨
難[9]이요 觸事無心難[10]이며 廣學博求難[11]이요 除滅我慢難[12]이
며 不輕未學難[13]이요 心行平等難[14]이며 不說是非難[15]이요 會
善知識難[16]이며 見性學道難[17]이요 隨化度人難[18]이며 觀境不
動難[19]이요 善解方便難[20]이니라.

부처님이 말씀하셨다.

사람에게는 스무 가지 어려움이 있으니

가난하고 궁핍하면 보시하기 어려운 것이요,

호화롭고 귀하면 도를 배우기 어려운 것이며,

목숨을 버려 반드시 죽기 어려운 것이요,

부처님의 경전을 얻어 보기 어려운 것이며,

살아서 부처님 세상을 만나기 어려운 것이요,

색심을 참고 욕망을 참기가 어려운 것이며,

좋은 것을 보고 구하지 않기가 어려운 것이요,

욕됨을 당하여 성내지 않기가 어려운 것이며,

세력이 있는데 다가서지 않기가 어려운 것이요,

일에 다다라 무심하기가 어려운 것이며,

널리 배우고 널리 구하기가 어려운 것이요,

아만을 제거하고 소멸하기가 어려운 것이며,

배움이 없는 사람을 가벼이 여기지 않기가 어려운 것이요,

마음에 평등을 행하기가 어려운 것이며,

옳고 그름을 말하지 않기가 어려운 것이요,

선지식을 만나기가 어려운 것이며,

자성을 보고 도를 배우기가 어려운 것이요,

변화를 따라 사람을 제도하기가 어려운 것이며,

경계를 보고 움직이지 않기가 어려운 것이요,

방편을 잘 알아보기가 어려운 것이니라.

2 해의(解義)

1) 貧窮布施難(빈궁보시난)

정말 보시하기 어려운 상황에서 능히 보시를 하라는 것이다
(在難布施而能布施). 즉 정신·육신·물질·시간을 내어 어려운
가운데 힘이 미치는 대로 보시를 하자는 의미이다. 사람이 보시
를 하는 것은 있어야만 하는 것은 결코 아니다. 없어도 할 수 있
다. 즉 보시가 물질에 있지 않고 마음에 있다고 할 때 작은 것이
라도 마음을 내고 정성을 다하며 공경을 다하여 베푼다면 이것
이 참 보시라고 할 수 있다.

즉 우리는 보통 베풀 수 있는 것은 물질에 있다고 하지만(凡施
在物), 참으로 베푸는 것은 마음에 있는 것(布施在心)임을 알아

서 베푼다면 작음 베풂에서 큰 복이 오는 것이 쌀을 튀밥기계에 넣고 튀기는 것과 같은 것이다.

2) 豪貴學道難(호귀학도난)

호란 부호(富豪)하여 집안에 재전(財錢)이 많은 것이요, 귀는 존귀(尊貴)하여 벼슬의 지위와 세력이 있는 것이다. 이렇게 되면 생활이 유족하여 가치를 돈이나 물질에 두기 때문에 자연 부처님의 법, 곧 도를 배우고 닦을 마음이 나오기 어려운 것이다.

옛말에 "飢寒發道心(기한발도심)"이라 하였다. 즉 '사람이 배고프고 차가우면 도에 대한 마음이 일어난다.' 는 의미이다. 이를 반대로 "豪貴滅道心(호귀멸도심)"이다. 즉 '잘 살고 귀하면 도에 대한 마음이 소멸하여진다.' 는 의미이다. 이렇게 볼 때 부자요, 귀한 사람은 전세에 불연을 크게 짓지 않으면 도를 배우기가 대단히 어려운 것이다.

3) 棄命必死難(기명필사난)

죽을 자리에 죽기 어렵다는 말이다. 꼭 죽어야 할 처지에 목숨이 아까워 죽지 않는다면 비난을 받고 자기 인생의 역정에 자칫 오점을 남길 수도 있다.

신라의 이차돈(異次頓)은 법흥왕(法興王) 때 스님이다. 법흥왕이 불교를 국교화(國敎化)하려 하지만 여러 반대 세력에 부딪쳐 실행을 못할 때 이차돈의 희생으로 인하여 불교가 신라에 크게 뿌리를 내렸으니, 스님은 생사를 홍모(鴻毛)보다 더 가볍게 내어 던졌다. 즉 위법사신(爲法捨身)이요, 기명여혜(棄命如鞋)한 성사(聖事)이다.

4) 得覩佛經難(득도불경난)

부처님 경전을 얻어 보기가 어렵다는 말씀이다. 이는 재미가 있는 소설이 아니기 때문에 무량한 세월을 통하여 선근(善根)의 종자를 심은 근기가 아니면 한번 보고 신심을 내어 깊게 체득하기가 어려운 것이다. 즉 경이란 부처님의 깨달음이 입을 통해 설하여졌고 그 설한 게 문자라는 기호를 빌려서 정리된 것이다. 그래서 부처님과 경은 둘이 아니요 하나다. 여기에는 진리가 실려 있고 공덕이 실려 있으며, 열반의 길이 실려 있고 성불의 길이 실려 있다. 이러한 경전을 쉽게 얻어 보고 봉대한다는 것은 눈이 어둔 사람이 개안한 것(如開盲眼)과 다름이 없다.

5) 生値佛世難(생치불세난)

세상에 나오면서 주세성자와 함께 나오기가 어렵다는 것이요, 또한 설사 나왔다고 할지라도 그의 법을 받들기가 어려운 것이며 설사 받든다고 할지라도 그 사상을 깨닫기가 어려운 것이다.

사실 죽어서 극락을 가고 천당을 가는 것이 대단한 것이 아니다. 즉 죽어서 천당이나 극락을 가서 무엇을 하자는 것인가. 차라리 살아서 불법을 알고 받들어 공부하는 것이 훨씬 가치가 있는 것이다. 더욱 부처님을 친견(親見)하고 친학(親學)한다는 것은 아무런 도구가 없이 허공을 오르기보다 더 어려운 것이다.

6) 忍色忍欲難(인색인욕난)

색이란, 남녀 간의 정애(情愛)를 말하는 것으로 나이가 들면 자연 발생적인 상황이 되어 자제하기가 어렵다.

욕이란, 상도(常道)를 벗어나서 과하게 취하는 것으로 한계가 없기 때문에 역시 자제하기가 어려운 것이다.

결국 욕심은 식(食)에서 기인(起因)이 되고 색은 이성(異姓)에서 시작이 되는 것이니, 식을 조절하면 욕심이 적어지고 색을 조절하면 눈이 밝아진다.

사실 식색(食色)을 삶의 전부라 하여도 과언이 아니다. 즉 잘 먹고 즐기려는 것이 보통 사람들의 생활하는 모습이다. 그런데 여기에는 죄악이 동반되어지기 쉽다는 사실을 알아서 조심을 하여야 한다.

7) 見好不求難(견호불구난)

재색명리(財色名利)나 금은보배(金銀寶貝)를 누구나 좋아하기 때문에 그것을 구하기 위하여 무단히 노력을 한다. 즉 정당하게 구하는 것이라면 문제가 되지 않겠지만 부정당하게 구한다면 문제가 되는 것이다.

그러므로 수도를 하던 안 하든 간에 재색명리나 금은보배로 인하여 마음에 욕심이 생기고 요동이 쳐진다면 차라리 놓아버리고 맑고 밝게 사는 것이 좋은 일이 아닐까?

8) 被辱不瞋難(피욕부진난)

욕을 먹을 만한 일이나 입장에서 당하는 것은 성을 내지 않고 참을 수가 있다. 그러나 연고도 없고 이유도 없으며 관계도 없는데 욕을 먹는다면 성을 내지 않기가 대단히 어려운 것이다.

그러나 한편으로 생각해보면, 인과(因果)란 금생의 이유와 까닭만 적용이 되는 것이 아니기 때문에 전세(前世)에 그럴만한 업을 지었다고 생각하고 또 돌려서 성을 내고 싶어도 참아야 한다.

9) 有勢不臨難(유세불임난)

고관(高官)의 자리에 있고, 유세(有勢)한 처지에 있으면서 세력을 부리지 않기가 어려운 것이다. 즉 능임능면(能任能免)의 권력을 쥐고 있으면서 뭇 사람의 위에 군림하지 않기가 어려운 것이다. 이럴 경우에는 인성(人性)의 평등과 행법(行法)의 평등을 알아서 자기에게 주어진 권리나 능력을 다른 사람을 위해서 활용하는 방향으로 나간다면 그 권세가 훨씬 아름다운 빛을 발하게 될 것이다.

10) 觸事無心難(촉사무심난)

일이란 육근을 작용하면서 자연히 부딪쳐지는 모든 경계를 말하는데 경계로 대두되는 일마다 무심으로 대하기가 어렵고, 더욱이 무심으로 일을 처리하여 나아가기가 어려운 것이다. 이러한 경우에는 평소에 항상 없는 마음(無心), 텅 빈 마음(空心)을 기르고 잘 길들여놓아야 수시로 달려오는 일들을 무심으로 대처할 수가 있는 것이다.

특히 일이란 시비이해(是非利害)로 짜여 있기 때문에 자칫 시와 이만 취하고 비와 해를 버린다면, 이게 바로 시비가 되어 얽히고 맺혀서 풀기 어려운 지경에 이르고 말 것이다.

11) 廣學博求難(광학박구난)

광학이란 광범위한 학습을 말하고, 박구란 많은 연구에 결과를 도출하는 것을 말한다. 즉 도학이나 과학, 지식이나 지혜, 일이나 이치 등을 많이 배우고 연구하여 완전한 실력을 갖추기가 어려운 것이다.

사실 학문이란 끝이 없다. 널리 구할 것도 한량이 없다. 평생의 정력을 다하여도 소기의 목적을 이루기란 여간 어려운 것이 아니니, 나 혼자 모두를 다 하려 말고 각자가 한 분야씩 맡아 연구하고 개발하여 모으면 하나의 완전한 학체(學體)가 되는 것이니 박구(博求)의 의미를 이렇게 사용하여도 좋을 것이다.

12) 除滅我慢難(제멸아만난)

아만이란 자기를 세우는 것이다. 어떤 사단이나 상황에 자기를 너무 내세우고 강조하면 사람들의 비난을 받게 된다.

그러므로 일을 잘하는 사람은 자기는 숨고 남으로 하여금 자기 일을 하도록 하되 그 일이 다른 사람에 의하여 이루어진 것이 아니라, 직접 그 일을 하고 있는 자기가 한 것으로 알도록 하는 것이 정말로 나라는 것을 세우지 않고 일을 하는 숙인(熟人)의 모습인 것이다. 이게 어찌 하나의 일 뿐이겠는가. 세상살이 모두를 이렇게 처리하여간다면 싸울 일이 없게 되었을 것이다.

13) 不輕未學難(불경미학난)

미학(未學)이란 아직 배움이 부족함을 말한다. 더 나아가 도문에 일찍이 들어왔으나 아직 도를 이루지 못함을 말한다. 많이 배우고 깨달음이 있는 사람으로서 배움이 부족하고 깨침이 부족한 사람을 대하여 경만(輕慢)하지 않기가 어려운 것이다.

따라서 배움이 있는 사람은 자기의 앎을 알지 못하는 사람에게 베풀어 자기처럼 되어지도록 끌어 올리는 작업을 하여야 정말 자기의 앎이 충실해지려 질뿐만 아니라 선각자(先覺者)로서 추앙을 받게 될 것이다.

참고로, 불가에서는 네 가지 소홀할 수 없는 것이 있다고 한다.

하나는, 불이 비록 작으나 소홀히 할 수가 없다(火雖小不可疏忽). 작은 불씨를 잘못 다루다가는 산야(山野)나 대하(大廈)를 다 태울 수가 있기 때문이다.

둘은, 용이 비록 작으나 소홀히 할 수가 없다(龍雖小不可疏忽). 용의 새끼는 비록 작아 보잘 것 없지만, 자라면 신통변화를 부리는 영물(靈物)이 되기 때문이다.

셋은, 왕자가 비록 작으나 소홀히 할 수가 없다(王雖小不可疏忽). 태자로 있을 때는 세력이 없지만 황제가 되면 어마어마한 권력을 부릴 수 있기 때문이다.

넷은, 사문은 비록 작으나 소홀히 할 수가 없다(沙門雖小不可疏忽). 사미로 있을 때는 미미하지만 능히 부처를 이루고 조사를 이룰 수가 있기 때문이다.

14) 心行平等難(심행평등난)

평등이란 인권이나 법 앞에서의 균등을 이야기하기도 하지만, 여기에서는 부처님의 덕목(德目)인 자비(慈悲)를 베풀 때에 상하나 고저(高低)나 존비(尊卑)나 빈부(貧富)나 친소(親疎)나 세열(勢劣)이나 노소나 남녀 등을 막론하고 똑같이 베풀어주는 마음과 행위를 말한다고 할 수 있다. 즉 자무차등(慈無差等)하고 비무분별(悲無分別)을 말하는 것이라고 할 수 있다.

15) 不說是非難(불설시비난)

자기에게 맞고 이익이 되면 비(非)보다는 시(是)를 우선하고, 자기에게 맞지 않고 이익이 없으면 시보다는 비를 내세우게 된다.

그러나 참으로 현명한 사람은 시비가 없는데 근원하여 시비를 보고 시비를 가리므로 남의 시비가 따르지 않고, 또한 남의 시비도 함부로 말하여 공연한 시비 속에 섞이지 않는 것이다.

16) 會善知識難(회선지식난)

선지식이란 나를 인도하는 동지요, 악지식(惡知識)이란 나의 앞길을 막는 장벽과 같은 것이다.

세상에는 맺어지는 관계가 많이 있다. 술로써 맺어질 수도 있고, 학연(學緣)으로 맺어질 수도 있으며, 동호(同好)로 맺어질 수도 있고, 이익(利益)으로 맺어지는 등, 아무튼 관계와 관계 속에서 형성이 되어 부딪치면서 살아가는데 결과가 선(善)이 될 수도 있고 악(惡)이 될 수도 있음을 알아야 한다.

그러나 우리가 세상을 살면서 정말로 나를 이끌어줄 선지식을 만나기란 어렵고 더욱 나에게 도를 얻고 깨칠 수 있도록 도와주는 도가의 스승은 더 만나기 어려운 것이다.

17) 見性學道難(견성학도난)

견성이란 자신의 본래처(本來處)를 견득(見得)하는 것이요, 우주의 생성리(生成理)를 체인(體認)하는 것이다. 즉 확실한 견성이 되어야 큰 진리에 눈을 뜰 수가 있다. 큰 진리란 바로 초개(初開)의 광명이요 우주의 실상이며, 자성의 바탕으로 이러한 자리를 확실하게 알자는 것이다. 따라서 이러한 상황에 바탕하여 도를 배워야 그 도가 우주의 진도(眞道)가 되는 것이다.

18) 隨化度人難(수화도인난)

부처님의 교화는 친소(親疎)나 원근(遠近)이나 족인(族人) 등을 떠나 고루 이루어지고 미쳐간다.

그러나 능력을 갖추지 못한 사람은 친근(親近)을 따르고 소원(疏遠)을 구분하며 족친(族親)과 타인을 구별하여 두루 교화하기가 어려운 것이다. 따라서 교화라는 게 부처님의 도법(道法)에 연원을 지어 주는 것이 능사가 아니라, 피교화자(被敎化者)로 하여금 진리를 깨치고 자성으로 돌아가도록 살펴주는 것이 진정한 교화가 된다는 사실을 알아야 한다.

19) 觀境不動難(도경부동난)

경계는 경계요, 나는 나로 보아야 한다. 그래야 경계에 의하여 내가 동요가 없다. 즉 경계에 의하여 내가 움직이는 것이 아니라, 경계를 내가 움직일 수 있는 힘을 갖추어야 실력 있는 도인이 되는 것이다.

그러나 보통의 실력을 가지고는 경계를 운용하기가 어렵다.

보이지 않는 수행을 통해서 심력(心力)을 쌓아야 정말로 힘을 갖춘 불보살이 되는 것이다.

20) 善解方便難(선해방편난)

방편이란 불보살들이 중생을 교화하기 위하여 편리하게 사용하는 수단과 방법을 말한다. 불보살들은 중생을 교화하기 위하여 방편을 쓸 때에 전연 눈치채지 못하도록 이끌어 간다. 즉 쓰여지는 방편이 상대방 자신도 모르게 되어져야지, 만일 알려지게 되고 눈치를 채게 되면 일종의 술수(術數)에 이르기 쉬운 것이다.

그러므로 궁극에 이르러서는 불보살들의 언잠(言箴)이나 경서(經書)나 행화(行化)가 모두 방편임을 알아야 한다.

3 종미일송(終尾一頌)

住 世 人 行 二 十 難　주세인행이십난
潔 修 佛 道 亦 如 般　결수불도역여반
無 量 法 界 無 量 劫　무량법계무량겁
常 踏 斯 程 大 闔 攤　상답사정대합탄

세상 사는 사람 행에 스무 가지 어려움은,
깨끗하게 닦는 부처님 길도 또한 일반이네.
한량이 없는 법계와 한량이 없는 세월에,
항상 이 길을 밟아서 큰 문을 열으리라.

제 13 장

問道宿命 문도숙명

도와 숙명에 대하여 물었다.

1 원문해역(原文解譯)

沙門問佛호대 "以何因緣[1]으로 得知宿命[2]하야 會其至道[3]리까" 佛言하시되 "淨心守志[4]하면 可會至道니 譬如磨鏡에 垢去明存이라 斷欲無求하면 當得宿命이니라."

사문이 부처님께 여쭈었다.

"무슨 인연으로 숙명을 얻어 알고, 그 지극한 도를 알 수 있습니까?"

부처님이 말씀하셨다.

"마음을 조촐하게 하고 뜻을 지키면 가히 지극한 도를 아는 것이니, 비유하자면 거울을 닦아서 때가 제거되면 밝음만 있는 것과 같이 욕심을 끊고 구함이 없으면 응당 숙명을 얻게 되나니라."

2 단어(單語) 및 숙어(熟語) 풀이

1) 因緣(인연)

(1) 인(因)과 연(緣).

(2) 일체 만물은 모두 상대적 의존관계에 의해서 형성된다. 즉 동시적(同時的) 의존관계〔主觀과 客觀〕와 이시적(異時的) 의존관계〔原因과 結果〕로 나누어진다.

(3) 어떤 결과를 만드는 직접적인 원인을 '인(因)'이라 하고, 인
과 협동하여 결과를 만드는 간접적인 원인을 '연(緣)'이라 한
다. 가령 농사에 있어서 종자는 인이 되고, 비료나 태양이나
노력은 연이 된다.

(4) 『대승입능가경(大乘入楞伽經)』 2에 '일체의 법은 인연으로
생한다(一切法因緣生).'고 하였다.

(5) 『능엄경(楞嚴經)』 2에 '저 외도들은 항상 자연을 말하지만,
나는 인연을 말한다(彼外道等 常說自然 我說因緣).'고 하였
다.

(6) 장수(長水)의 『능엄경소(楞嚴經疏)』 1에 '불교는 인연으로 종
을 삼는다. 부처님의 가르침은 옅은 데로부터 깊은 데로 이르
게 하는데 일체 법을 설함이 인연의 두 글자를 벗어나지 않는
다(佛敎因緣爲宗 以佛聖敎自淺至深 說一切法 不出因緣二
字).'고 하였다.

(7) 『유마경(維摩經)』 불국품주(佛國品註)에 '구마라즙은 "힘이
센 것은 인이 되고, 힘이 약한 것은 연이 된다." 조법사는 "전
후상생을 인이라 하고, 현상조성을 연이라 한다." 모든 법은
인연을 서로 빌린 연후에 성립이 되는 것이다(什曰力强爲因
力弱爲緣. 肇曰前後相生因也 現相助成緣也 諸法要因緣相假
然後成立).'고 하였다.

(8) 『지관(止觀)』 5에 '과를 불러들이는 것을 인이라 하고, 조연
하는 것을 연유라 한다(招果爲因 緣名緣由).'고 하였다.

(9) 『보행(輔行)』 1에 '친생을 인이라 하고, 소조를 연이라 한다
(親生爲因 疏助爲緣).'고 하였다.

2) 宿命(숙명)

(1) 숙세(宿世)의 생명(生命).

⑵ 과거세에 가졌던 생명. 즉 혹 천상에, 혹 인간에, 혹 아귀나
  축생계에서 받은 생명.
⑶ 사람이 태어날 때부터 정해진 운명.
⑷ 선천적으로 타고난 운명.

3) 至道(지도)

⑴ 지극한 도, 또는 길.
⑵ 깨달음이 이루어진 자리. 즉 깨달음을 통하여 다다른 경지.
⑶ 말이나 생각이나 글이나 행동으로 미칠 수 없는 진리의 극처
  (極處).

4) 淨心守志(정심수지)

⑴ 마음을 맑히고 뜻을 지키는 것.
⑵ 본래 청정한 내 마음을 잘 보존하고, 본래 세운 서원(誓願)을
  잘 간직하는 것.

3 해의(解義)

인간의 눈으로 파악할 수 없는 경지는 과학(科學)이라는 도구를 이
용하여 파악하면 된다. 가령 우리의 눈으로 달의 둥글고 이지러진 표
면은 보지만 그 표면이나 내용을 이루고 있는 어떤 물질은 볼 수가
없다. 그러나 우주선이 있어서 달까지 가서 여러 가지 물질을 가져다
가 달의 모습을 규명하려고 많은 연구를 하고 있다.

그런데 과학으로도 파악할 수 없는 경지는 결국 인간의 '마음 지혜
〔心慧〕'를 통하여 볼 수밖에 다른 방법이 없다. 신통이나 마술을 통

하여 볼 수 있는 상황도 아니요, 하늘을 날아가서 볼 수 있는 상황도 아니다. 오직 사람마다 갖추어 있는 마음의 지혜를 통하여 과거는 물론 현재와 미래까지도 알고 볼 수가 있는 것이다.

여기에는 삼명(三明)이 있다. 삼명이란 '숙명명(宿命明)·천안명(天眼明)·누진명(漏盡明)'을 말한다. 명(明)이란 지혜(智慧)라는 의미이다.

숙명명이란, 자신은 물론 일체 중생의 과거에 있었던 모든 일을 아는 능력을 말한다.

천안명이란, 중생들의 죽고 태어나고, 고통을 받고 즐거움을 받는 상황과 일체 세간의 온갖 형색을 보는 능력을 말한다.

누진명이란, 자유자재로 삼계의 모든 번뇌를 끊고 생사의 속박을 벗어나 열반(涅槃)의 이치를 증득한 지혜의 능력을 말한다.

여기에서 사문은 숙명에 대하여 물었다. 그러나 부처님의 대답은 숙명에 대한 답변이 아니라 지도(至道)에 대하여 말씀을 하신다. 즉 '지극한 도'를 알면 숙명은 저절로 알게 된다고 이르신 것이다.

그렇다면 지극한 도란 무엇을 의미하는 것일까?

첫째는, 이름이 없다. 지도절명(至道絶名)이다. 즉 지극한 도(理)는 이름이 없다. 아무도 이름을 붙여 주지 않았다. 또한 언제 태어났는지 언제 죽었는지도 모른다. 과거에도 이름이 없었고 현재도 이름이 없으며 앞으로도 누가 이름을 붙일 수가 없다. 그래서 무명무자(無名無字)로 영원히 존재할 뿐이다.

둘째는, 형상이 없다. 지도무형(至道無形)이다. 즉 지극한 도(理)는 형상이 없다. 흔히 세상에서 형상이 없는 것으로 제일 큰 것을 하늘이라(無形之大者曰天) 하고, 형상 있는 것으로 제일 큰 것을 땅이라

(有形之大者曰地) 한다.

　그러나 이 물건은 모양으로 나타남이 없고, 가운데나 갓이 없으며, 높낮이나 시공(時空)이 없어서 천지나 우주가 이 가운데 다 들어가도 흔적도 찾아볼 수가 없다. 그래서 언어나 문자나 형상으로 도저히 표현할 수 없는 것으로 강연히 지도(至道)라고 표현하였을 뿐이다.

　셋째는, 꽉 차있지 않다. 지도비영(至道非盈)이다. 즉 지극한 도(理)는 차 있지 않다. 차지 않았다는 것은 비었다는 것으로 진공실상(眞空實相)이라는 이야기이다.

　고개 들어 저 허공을 보라! 또 머리를 숙여 땅을 보라! 또 동서남북으로 돌아도 보라! 무엇이 있는가. 또 찾는가. 결국은 허(虛)요, 공(空)이다. 그래서 가없는 가까지 펼쳐 있고 위 없는 위까지 펼쳐있으며 시간이나 공간을 통하여 권능을 부리지만 소유하지 않고 간섭하되 버리지 않는다.

　넷째는, 서로 자기 것이라고 우긴다. 지도단쟁(至道斷爭)이다. 즉 지극한 도(理)는 다툼이 끊어졌다. 그런데 이걸 놓고 이 집 저 집에서 자기들이 독점(獨占)하였다고 다투고 우기면서 배척하고 모략하고 중상하여 크게 싸움을 일으키고 있다.

　예를 들자면, 어린아이들의 다툼은 별 쓸모도 없는 것을 가지고 서로 다툰다. 이를 어른이 볼 때는 웃는다. 즉 다투어야 할 값어치가 없다는 의미이다.

　이와 같이 지극한 도가 자기들 것도 아닌데 서로 다투는 것을 보면 웃을 수밖에 다른 도리가 없는 것이다.

　다섯째는, 주인이 없다. 지도무주(至道無主)이다. 즉 지극한 도는 주인이 없다. 결국 주인이 없다는 것은 공물(公物)이라는 의미로 확실하게 깨달은 사람만 이를 소유할 자격이 있는 것이다.

그래서 깨달은 성자들이 마음대로 가져다가 활용을 하였지만 그원 덩어리는 줄거나 이지러지지 아니하고 항상 여여(如如)하여 독존독존(獨存獨尊)하고 소소(昭昭)하여 독현독로(獨顯獨露)한 것이다.

위에서도 말한 바와 같이 숙명을 알고자 하여 물은 사문에게 지극한 도를 알면 숙명은 저절로 회통(會通)한다 하였다. 우리는 공부를하는데 있어서 숙명을 먼저 구하려 힘쓰지 말고 지극한 도를 알고 깨치기에 노력을 하여야 한다.

4 종미일송(終尾一頌)

道 醒 宿 命 在 其 中　도성숙명재기중
理 覺 神 通 有 厥 躬　이각신통유궐궁
拭 鏡 垢 消 明 獨 露　식경구소명독로
力 修 心 地 慧 光 充　역수심지혜광충

도를 깨우치면 숙명이 그 가운데 있고,
진리를 깨치면 신통이 그 몸에 있다네.
거울 닦으면 때 사라져 밝음 홀로 드러나듯,
힘써 마음을 닦으면 지혜 광명 가득하리라.

제14장

請問善大 청문선대

선과 대를 청하여 물었다.

沙門問佛하되 "何者爲善이며 何者爲大리까" 佛言하사대
"行道守眞[1]者-善이며 志與道合[2]者-大니라."

사문이 부처님께 여쭈었다.
"무엇이 선이 되며 무엇이 큼이 됩니까."
부처님이 말씀하셨다.
"도를 행하고 참을 지키는 것이 선이며, 뜻이 도와 합일되는 것이
큼이 되나니라."

1) 行道守眞(행도수진)

도를 행하고 참을 지킨다는 뜻이다. 즉 도를 행한다는 것은 근
원이 되는 진리를 그대로 실현한다는 의미이고, 참을 지킨다는
것은 우리 자성의 참된 성품을 그대로 갖는다는 의미이다.

2) 志與道合(지여도합)

뜻이 도와 합일이 된다는 의미이다. 지란 의지, 또는 지원(志
願)의 뜻으로 내가 바라는 성불(成佛)의 최고 원력을 말하는 것
이요, 도란 바로 진리를 말하는 것이다.

그러므로 나의 원력이 저 도와 하나 되어 간격이 없음을 의미

한다.

3 해의(解義)

세상에서 말하는 선이란 악과 반대되는 의미를 가지고 있다. 크다는 것도 작다는 것과 비교하여 크다고 하는 것이 보통이다.

그렇다면 정말 지선(至善)은 무엇이며, 지대(至大)는 무엇을 말하는가.

부처님은 '도를 행하고 참을 지킴이 선이며, 뜻이 도로 더불어 합일되어짐이 크다.'고 대답하시었다.

다시 말하면, 도를 행하고 참을 지킨다는 것은 우리들의 마음이나 행동이 도에 어긋남이 없고 참을 벗어남이 없다는 뜻이다.

사실 세상뿐만 아니라 이 우주에서 제일 참되고 큰 것은 언어의 길이 끊어지고(言語道斷), 마음의 행처도 없으며(心行處滅), 참되어 거짓이 없는(眞實無僞) 진리보다 더 크고 참된 것은 없다.

그리하여 이 진리와 하나가 되고 또 합일이 될 때 그것은 가장 선하고 가장 크다고 할 수 있을 것이다.

『보살영락경(菩薩瓔珞經)』에서는 '진리에 따름을 선이라 하고, 진리에 위배됨을 악이라(以順理爲善 違理爲惡).'고 하였다.

또 『대승의장(大乘義章)』 12에 '진리에 순응함을 선이라 하고, 진리에 위배됨을 악이라(順理名善 違理名惡).'고 하였다.

이러한 경전의 말씀을 보더라도 진리에 그대로 순응하여 어김이 없고 위배됨이 없을 때 진정한 선이 되고 그렇지 않으면 악이라고 규정할 수 있다.

또 『법계차제(法界次第)』 상에서는 '선이란 진리에 순응한다는 뜻이니 전도(顚倒)를 쉬고 참에 돌아감이라, 그러므로 이치에 순응함이라 한다. 악은 진리에 어그러진다는 뜻이다(善順理爲義 息倒歸眞 故云順理 惡以乖理爲義).'고 한 것을 보더라도 참 선은 결국 진리와 하나가 되고 일체의 전도나 망상을 쉬어 참(眞實)에 돌아감을 말하는 것이다.

사실 괴로움이나 즐거움을 초월한 자리가 참으로 극락인 것이요, 선과 악을 초월한 것이 바로 지선(至善)인 것이니, 선악에 매이거나 걸림이 있으면 참 선이라고 할 수 없음을 알아서 지선에 머물러 살아야 한다.

크다는 의미를 경전에서 찾아보자.

『금강경』 10에 부처님께서 수보리에게 물으셨다.

'수보리야 비유하면 어떤 사람이 몸이 수미산왕과 같다면 너의 뜻에 어떠한가. 이 몸이 큰 것인가?(須菩提 譬如有人 身如須彌山王 於意云何 是身爲大不)'

수보리가 말씀드렸다.

'매우 큽니다. 세존이시여. 왜냐하면 부처님이 말씀하신 (몸은) 몸이 아니요, 이를 큰 몸이라고 이르신 것입니다(須菩提-言甚大 世尊 何以故 佛說非身 是名大身).'

이런 대화를 보더라도 아무리 큰 것을 드러내더라도 상대가 지어지면 크다고 할 수가 없는 것이다.

『육조단경(六祖壇經)』의 오법전의(悟法傳衣)에 보면 '선지식아, 자성이 능히 만 가지 법(한량이 없는 법)을 머금은 것이 큰 것이라, 만 가지 법은 모든 사람의 성품 가운데 있으니, 만일 모든 사람의 선과 악을 보더라도 다 취하거나 버리지 않고 또한 물들거나 집착하지 아니하여 마음이 허공 같음을 크다고 이르니 마하라고 하나니라. 선지식아, 미혹한 사람은 입으로만 말하고, 지혜로운 사람은 마음으로 행하나니라. 또 미혹한 사람은 빈 마음으로 고요히 앉아 백 가지 생각하는 바가 없음을 스스로 크다고 일컬으니, 이러한 무리들과는 더불어 말하지 말지니 삿된 견해가 되기 때문이니라. 선지식아, 심량이 넓고 커서 법계에 두루 하므로 쓰면 또렷하고 분명하며 응용함에 문득 일체를 아나니, 일체가 곧 하나며 하나가 곧 일체라, 오고 감이 자유로워 마음 바탕에 막힘이 없는 이것을 반야라고 하나니라(善知識 自性能含萬法是大 萬法在諸人性中 若見一切人 惡之與善 盡皆不取不捨 亦不染著 心如虛空 名之爲大 故曰摩訶 善知識 迷人口說 智者心行 又有迷人 空心靜坐 百無所思 自稱爲大 此一輩人 不可與語 爲邪見故 善知識 心量廣大 遍周法界 用卽了了分明 應用便知一切 一切卽一 一卽一切 去來自由 心體無滯 卽是般若).'고 하였다.

육조대사의 가르침처럼 자성이 큰 것이고 선악을 초월(超越)하여 염착(染著)되지 않음이 또한 큰 것이다.

『맹자(孟子)』 고자(告子) 상에 '몸에는 귀한 부분과 천한 부분이 있고 작은 부분과 큰 부분이 있는데, 작은 부분으로써 큰 부분을 해침이 없고, 천한 부분으로써 귀한 부분을 해침이 없나니, 그 작은 부분을 기르면 소인이 되고 그 큰 부분을 기르면 대인이 되나니라(體有貴賤, 有小大. 無以小害大, 無以賤害貴. 養其小者爲小人, 養其大者爲大

人).'라 하였다.

맹자는 천한 부분·작은 부분을 구복(口腹)이라 하고, 큰 부분·귀한 부분을 심지(心志)라고 하였다. 그리하여 작은 부분인 구복을 기르면 소인이 되고 큰 부분인 심지를 기르면 대인이 된다는 것이다.

4 종미일송(終尾一頌)

行道守眞善者途　행도수진선자도
志堅合理大人徒　지견합리대인도
常源自性無離脱　상원자성무이탈
滿發心花做佛軀　만발심화주불구

도를 행하고 참을 지킴이 선한 자의 길이요,
뜻이 굳고 진리(道)와 합해야 큰 사람 무리네.
항상 자성에 근원하여 떠나고 벗어나지 않으면,
마음 꽃 가득 피어 부처님의 몸(法身)이 되리라.

제 15 장

請問力明 청문역명

힘과 밝음에 대하여 물었다.

사문문불 沙門問佛하되 "何者多力이며 何者最明이니까" 佛言하사대
"忍辱[1]多力이니 不懷惡故로 兼加安健이며 忍者無惡이니 必
爲人尊[2]이라 心垢[3]滅盡하고 淨無瑕穢[4]하면 是爲最明이라 未
有天地[5]로 逮於今日에 十方所有[6]를 無有不見[7]하고 無有不
知[8]하며 無有不聞[9]하야 得一切智[10]하면 可謂明矣리라."

사문이 부처님께 여쭈었다.

'무엇이 힘이 많음이며 무엇이 가장 밝음입니까?'

부처님이 말씀하셨다.

'욕됨을 참는 것이 힘이 많음이니 악을 품지 아니함으로 아울러 (마
음이) 편안하고 (몸이) 건강하며 참는 사람은 악이 없나니, 반드시 사람
들이 존경하게 됨이라, 마음의 때가 소멸하여 다하고 깨끗하여 티와 더
러움이 없으면 이것이 가장 밝음이 됨이라, 하늘과 땅이 있지 않음으로
오늘에 이르기까지 시방에 있는 바를 보지 못함이 없고, 알지 못함이 없
으며, 듣지 못함이 없어서 일체지를 얻으면 가히 밝다고 이르나니라.'

2 단어(單語) 및 숙어(熟語) 풀이

1) 忍辱(인욕)

(1) 육바라밀(六波羅密)의 하나이다. 또는 십바라밀의 하나.

(2) 욕됨은 참고 안주(安住)하는 것.

(3) 온갖 모욕과 번뇌를 참고 원한을 일으키지 아니하는 것.

(4) 부끄럽고 창피함을 참아내는 것.

(5) 『법계차제(法界次第)』 하에 '안으로 마음이 능히 편안하여 밖의 욕된 경계를 참아내는 것이다. 그러므로 인욕이라 한다(內心能安忍外所辱境 故名忍辱).'

2) 人尊(인존)

(1) 사람 가운데서 가장 높은 이라는 뜻으로, 일체의 악이 없고 모든 욕됨을 참을 줄 아는 이를 말한다.

(2) 세상에서 가장 훌륭한 사람이라는 뜻으로, 곧 부처님의 인격을 갖춘 사람을 가리킨다.

3) 心垢(심구)

(1) 마음의 때를 말하는 것으로, 마음 가운데 늘 일어나는 삼독이나 오욕.

(2) 마음에 무명이나 업장, 망상이나 번뇌가 소멸되지 않음.

4) 瑕穢(하예)

(1) 흠과 더러움.

(2) 과오(過誤), 또는 폐해(弊害).

5) 천지(天地)

(1) 하늘과 땅, 또는 천하. 또는 우주. 또는 건곤(乾坤).

(2) 음양(陰陽), 즉 천양(天陽)과 지음(地陰).

(3) 『백호통(白虎通)』 천지(天地)에 '하늘이란 무엇인가? 하늘이 하는 것을 다스린다고 말한다. 높이 거하여 아래를 다스리는 것으로 사람을 다스리는 것이다. 땅이란 바꾼다는 것이다. 만물을 길러서 품어 임의대로 교역하고 변화시키는 것을 말한

다(天者 何也 天之爲言鎭也 居高理下爲人鎭也 地者 易也 言
養萬物 懷任交易變化也).'고 하였다.

6) 十方所有(시방소유)

사방(四方)·팔방(八方)·상하(上下)에 가득히 차서 다 있다.

7) 無有不見(무유불견)

보지 못하는 게 없다. 즉 육체에 달린 눈으로는 물론이지만 마
음의 혜안(慧眼)이 열려 시방세계에 벌려 있는 것들을 남음이 없
이 다 본다.

8) 無有不知(무유부지)

알지 못하는 게 없다. 즉 생각이나 지식으로 앎은 물론이지만
마음의 지혜(智慧)가 솟아 시방세계의 운행이나 변화를 남음이
없이 다 안다.

9) 無有不聞(무유불문)

듣지 못하는 게 없다. 즉 육체에 달린 귀로는 물론이지만 마음
의 귀가 열려 시방세계에서 나오는 말이나 소리를 남음이 없이
다 듣는다.

10) 一切智(일체지)

⑴ 삼지(三智) 가운데 하나.
⑵ 일체 제법(諸法)의 총상(總相)을 개괄적으로 아는 지혜.
⑶ 천태(天台)에서는 성문(聲聞)·연각(緣覺)의 지혜라 하고, 구
   사(俱舍)에서는 부처님의 지혜라 한다.
⑷ 『대일경소(大日經疏)』 1에 '범어로는 살바약나라 하는데 곧
   일체지이다. 지금 말하는 일체지는, 곧 지혜 가운데의 지혜이
   다(梵云薩婆若那 卽是一切智 今謂一切智 卽是智中之智也).'

라 하였다.

(5) 『인왕경(仁王經)』 중에 '자성이 청정함을 본각성이라 하는데, 곧 모든 부처님의 일체지의 지혜이다(自性淸淨 名本覺性 卽是諸佛一切智智).'라 하였다.

3 해의(解義)

중국의 춘추전국시대(春秋戰國時代)에 오획(烏獲)이라는 역사(力士)가 있었다. 이 사람의 힘이 어찌나 세든지 천근이나 되는 쇳덩이를 능히 이곳저곳으로 옮겼고, 또는 빨리 달리는 소의 꼬리를 잡아당기니 소가 가지 못하였다고 하니, 힘으로는 이 사람을 당할 사람이 없었다고 한다.

『여씨춘추(呂氏春秋)』 중기(重己)에 '오획에게 빨리 달리는 소의 꼬리를 끌어당기게 하니 꼬리가 끊어지고 힘이 다하여 소가 가지 못하였다(使烏獲疾引牛尾 尾絕力勤 而牛不可行).'고 한다.

이러한 점에서 보더라도 힘이 얼마나 세었는지를 알 수 있다.

부처님이 말씀하시는 힘이란 외형적으로 나타난 힘을 말씀하시는 것은 아니다. 그러면 어떠한 힘을 세상에서 가장 센 힘이라고 말할 수 있을까? 부처님은 인욕다력(忍辱多力)이라 하셨다. 즉 욕됨을 참는 것, 곧 욕됨을 참을 줄 아는 힘이 제일이라고 하셨다.

다시 말하자면, 나에게 자연적으로 주어지는 불미(不美)스러운 경계나, 아니면 의식적으로 주어지는 창피나 부끄러운 경계를 참아내어 진한(瞋恨)이 없음을 말하는 것이다.

그 좋은 예가 『금강경』 14장에 있다.

"수보리야, 인욕바라밀을 인욕바라밀이 아니라고 설하고, 이것을 인욕바라밀이라고 이름 하나니 왜 그런가. 수보리야, 내가 옛날에 (인욕선인으로 있을 때) 가리왕이 몸을 칼로 베었지만 나는 이때에 아상이 없었고 인상이 없었으며 중생상이 없었고 수장상이 없었느니라. 왜 그런가. 내가 지나간 옛날 마디마디가 끊어졌을 때에 만일 아상과 인상과 중생상과 수자상이 있었다면 응당 성냄이 나오게 되었을 것이니라(須菩提 忍辱波羅密 如來說非忍辱波羅密 是名忍辱波羅密 何以故 須菩提 如我昔爲歌利王割截身體 我於爾時 無我相 無人相 無衆生相 無壽者相 何以故 我於往昔節節支解時 若有我相人相衆生相 壽者相 應生瞋恨)."

이와 같이 인욕을 할 수 있는 것은 근본적으로 마음 가운데 악(惡)을 품지 않았기 때문이다. 만일에 마음속에 악심이 깔아 있다면 나를 위주로 하여 생기거나 들어오는 경계를 온전하게 받아들이지 못하고 성을 낸다거나 원한을 표출하였을 것이다.

다음으로 밝음이란, 일체지(一切智)가 갖추어짐을 말한다. 일체지란 부처님의 지혜이다. 천지가 시작되기 이전부터 지금까지 더 나아가 미래의 시방에 있는 유형(有形)이든 무형(無形)이든 볼 수 없는 게 없이 다 보고, 알 수 없는 게 없이 다 알며, 들을 수 없는 게 없이 다 들을 수 있는 부처님의 진지(眞智)로 영겁을 통하여 소멸(消滅)되거나 미혹(迷惑)됨이 없는 지혜를 말하는 것이다.

이는 마음 가운데 일체의 무명이나 업장이나 번뇌나 망상이 소멸하고, 또 밝음으로 가득 차 흠이나 더러움이 없기 때문에 그대로 지혜의 광명이 발현되는 것이니, 이것이 바로 최고의 밝음이다.

중국의 주(周)나라 시대를 살았던 강태공(姜太公)이 이러한 말을 하였다.

'해와 달이 비록 밝다고 할지라도 엎어놓은 동이 아래는 비치지 못한다(日月雖明 不照覆盆之下).'

아무리 밝은 해와 달의 빛이라도 엎어진 동이의 밑은 그 밝음을 뻗칠 수 없는 것이다. 그러나 사람에게 근본적으로 갖추어진 지혜는 상식이나 지식을 훨씬 뛰어 넘고 저 해나 달의 밝음을 훨씬 뛰어 넘어서 다 보고 다 알고 다 들을 수 있는 것이다.

그러므로 우리들도 인욕의 힘을 갖추어 진한(瞋恨)을 배제하고, 지혜의 밝음을 갖추어 영겁을 미혹되지 않게 살아가야 한다.

4 종미일송(終尾一頌)

能 耐 瞋 心 忍 辱 長　능내진심인욕장
常 澄 自 性 慧 明 光　상징자성혜명광
深 藏 力 智 無 瑕 蔽　심장역지무하폐
永 有 知 聞 亦 見 暘　영유지문역견양

능히 성내는 마음을 참으면 인욕이 자라나고,
항상 자성을 맑히면 지혜의 밝음이 빛이 나네.
깊이 힘과 지혜 갊아 흠과 가리움이 없으면,
길이 알고 듣고 또한 보는데 밝음이 있으리라.

제 16 장

捨愛得道 사애득도

애욕을 놓아버려야 도를 얻는다.

佛言－人懷愛欲하야 不見道者는 譬如澄水[1]에 致手擾之[2]하면 衆人共臨[3]이라도 無有覩其影子니 人以愛欲交錯하야 心中濁興[4]이라 故不見道니 汝等沙門은 當捨愛欲하라 愛欲垢盡[5]하면 道可見矣리라.

부처님이 말씀하셨다.

사람이 애욕을 품어서 도를 보지 못하는 것이 비유하자면, 맑은 물에 손을 이르러 휘저으면 뭇 사람들이 함께 다다를지라도 그 그림자도 볼 수 없는 것과 같나니, 사람이 애욕이 뒤섞여서 마음 가운데 혼탁이 일어남이라, 그러므로 도를 보지 못하나니 너희들 사문은 마땅히 애욕을 놓아버리라. 애욕의 티끌이 다해지면 도를 가히 보게 되나니라.

1) 징수(澄水)

맑은 물. 조그마한 티끌이나 오수(汚水)가 섞이지 않은 맑은 물.

2) 致手攪之(치수교지)

손을 집어넣어 휘젓고 뒤집는다는 뜻이다. 비록 맑은 물이라고 할지라도 손으로 휘저으면 물결이 일어 어지럽게 된다.

3) 衆人共臨(중인공림)

뭇 사람이 함께 다다른다는 의미이다. 즉 휘저어 뒤집힌 어지러운 물에 자기의 모습을 비추어 보면 물결이 일어난 물이라 자기의 그림자를 찾아볼 수가 없는 것이다.

4) 心中濁興(심중탁흥)

마음 가운데 혼탁(混濁)이 일어난다는 뜻이다. 정화가 되지 않은 마음은 조그마한 경계가 오면 바로 반응이 일어나 마음 전체를 흐리게 만드는 것이다.

5) 愛欲垢盡(애욕구진)

애착(愛着)과 욕심(欲心)과 구진(垢塵)이 다하여 끌려가거나 탐하거나 덮여짐이 없다는 뜻이다.

3 해의(解義)

사람은 누구든지 도를 볼 수도 있고 알 수도 있다. 도를 알고 보는 것이 부처님의 특허는 아니요, 독점도 아니다. 남녀나 선악이나 귀천이나 유무식을 막론하고 근본적으로 도를 깨닫고 터득(攄得)하도록 구조가 되어 있고 바탕이 되어 있다.

그런데 부처님은 도를 볼 수 없는 부류가 있다고 하였다. 그것은 다름이 아니라 애착(愛着)과 욕심으로 뒤섞여 마음이 흐려진 사람은 도를 볼 수도 알 수도 들을 수도 없다고 하였다.

그 비유로 아무리 맑은 물이라 할지라도 손을 넣어 휘저으면 물결이 일고 거품이 생겨 비추어진 형상의 그림자를 찾을 수가 없다.

그래서 도란 맑아야 보여지는데 그 맑음을 가리는 것이 바로 애욕(愛欲)이라고 단정하고 그 애욕이 소멸되어야 참으로 도를 알고 볼 수 있는 것이다.

보통 인간 삶의 근간을 이루는 것이 있다면, 아마 식(食)과 색(色)이라고 하여도 지나친 말은 아닐 것이다. 즉 잘 먹고 잘 즐기려는 것을 삶의 목표로 삼고 살아가는 부류가 세상에는 얼마든지 있다. 이러한 부류들은 자기가 가진 재물을 풀어 식색을 구하든지 아니면 다른 재물에 의하여 식색의 만족을 느끼든지 하는 두 가지 방향에서 살아가고 있다.

그런데 문제는 영원히 구하거나 누릴 수도 없지만 갈 때는 반드시 후환(後患)을 남기고 간다는 사실이다. 자신이 원하든지 원하지 않든지 간에 그 결말은 결코 아름답게 끝을 맺기가 대단히 어려울 뿐만 아니라 그 몇 배의 걱정과 슬픔을 남기고 떠나 버리게 되는 것이다.

그러므로
　① 욕심(欲心)은 허망(虛亡)이 따르고, 쾌락(快樂)에는 애수(哀愁)가 따른다.
　② 욕심은 가패(家敗)의 지름길이요, 쾌락은 신망(身亡)의 지름길이다.
　③ 욕심은 한계(限界)가 불가능하고, 쾌락은 조절(調節)이 불가능하다.
　④ 욕심은 재앙(災殃)을 부르고, 쾌락은 광란(狂亂)을 부른다.
　⑤ 욕심은 지옥(地獄)을 열고, 쾌락은 이산(離散)을 연다.
　⑥ 욕심은 빈한(貧寒)을 장만하고, 쾌락은 만병(萬病)을 장만한다.

⑦ 욕심은 고립(孤立)을 이루고, 쾌락은 방탕(放蕩)을 이룬다.

⑧ 욕심은 앙화(殃禍)가 유발되고, 쾌락은 질투(嫉妒)를 유발한다.

⑨ 욕심은 장도(障道)의 원인이 되고, 쾌락은 추루(醜陋)의 원인이 된다.

⑩ 욕심은 도적(盜賊)이 오고, 쾌락은 손재(損財)가 온다.

⑪ 욕심은 타락(墮落)을 남기고, 쾌락은 조로(早老)를 남긴다.

⑫ 욕심은 계박(繫縛)을 부르고, 쾌락은 사멸(死滅)을 부른다.

『유자(劉子)』의 방욕(防慾)에 이러한 이야기가 있다.

'사람이 만일 벌에게 쏘이면 날마다 긁으며 걱정을 하고 모기에 물리면 밤에 잠을 설친다. 사실 벌이나 모기의 해는 작지만 산에 들어가면 벌에 쏘일까봐 피하게 되고 방에 들어가면 모기에 물릴까봐 내쫓는다. 이는 왜 그런가, 몸에 해가 되기 때문이다. 이와 같이 기욕(嗜慾)이 마음을 내려쳐서 정성(正性)이 거꾸러지면 그 해가 크고 따라서 안으로 고질(痼疾)이 된다. 그러나 외적인 해는 가볍기가 추호(秋毫) 같은데 사람들은 피할 줄을 알고, 고질의 해는 태산(太山) 같지만 피하지를 않는다. 이것은 마치 가벼운 걱정을 버리고 무거운 해를 짊어지는 것과 다름이 없으니 어찌 넘어지지 않겠는가?'

또 『한시(漢詩)』 외전(外傳)에도 이런 이야기가 실려 있다.

'정원에 느릅나무가 있는데 매미가 붙어서 날개를 비비며 슬피 울고 맑은 이슬을 마시고 있지만, 그 뒤에서 사마귀〔螳螂〕가 고개를 내밀고 채 먹으려는 줄을 알지 못한다. 또한 사마귀는 매미만 먹으려 하지 참새가 뒤에서 고개를 빼고 쪼아 먹으려는 것을 알지 못한다. 따라서 참새는 사마귀만 먹으려 하지 아이들이 탄환을 가지고 참새를 맞추려는 것을 알지 못한다. 또 아이들은 참새만 맞추려 하지 앞에 깊은 구덩이가 있음을 알지 못한다. 이는 앞에 있는 이익만 쫓고 뒤에 오는 해는 돌아보지 않는데 이것이 어찌 곤충만 그러하겠는가, 사람도 마찬가지이다.'

또 『허공잉보살경(虛空孕菩薩經)』 하에 '나비가 불빛을 탐하는 것과 같나니 피하지 못하고 몸이 타죽게 된다(如蛾貪火光 不避滅身).'고 하였다.

또 『예문류취(藝文類聚)』 충치부 승론(蟲豸部 蠅論)에 '뭇 사람들이 세상의 이익을 쫓는 것이 쉬파리가 썩은 고기의 국물을 먹는 것과 같나니, 쉬파리가 고기 국물을 먹다가 빠져 죽을 것을 잊어버린다. 뭇 사람도 세상의 이익을 탐하다가 죄고와 앙화에 빠진다(衆人之逐世利 如靑蠅之嗜腐肉汁也 靑蠅嗜肉汁而忘溺死 衆人貪世利而陷罪禍).'고 하였다.

또 『격언연벽(格言聯璧)』 패흉(悖凶)에 '이익을 탐하면 몸에 해가 되고 욕심을 쫓으면 삶이 죽어 간다(貪利者害己 從欲者戕生).'고 하였다.

이러한 여러 가지 이야기에서 그러하듯이 욕심에 눈이 가리면 그 피해가 아무리 크더라도 보인다거나 알아차리지 못하여 구렁텅이로 빠져들어가는 것이다.

중국 한(漢)나라 무제(武帝)가 하동(河東)에 가서 후토신(后土神)을 제사지낼 때 분수(汾水)를 건너 추풍(秋風)에 대한 감흥(感興)을 노래한 시에 추풍사(秋風辭)가 있다. 그 한 구절에 '歡樂極兮哀情多 少壯幾時兮奈老何(환락극혜애정다 소장기시혜내로하)' 라 하였다. 이는 '환락이 극진하면 애정이 많을 것이요, 젊음이 얼마련가? 늙어짐을 어이하리.' 라는 뜻이다.

또 『홍명집(弘明集)』8에 '색정을 덜고 욕심을 버리면 도심이 밝아지고 참되어진다(夫減情去欲則道心明眞).'고 하였다.

또 『보문선(補文選)』하린좌우명(下藺座右銘)에 '먹는 것을 후하게 하면 재앙이 오고, 색을 부러워하면 몸이 위태로우며 높아지기를 구하면 도리어 떨어지고, 후한데 힘쓰면 다시 가난하여진다(厚味來殃 艶色危身 求高反墜 務厚更貧).'고 하였다.

또 『후한서(後漢書)』54 양진전 부 양병전(楊震傳 附 楊秉傳)에 '나에게 세 가지 의혹되지 않음이 있으니 술과 색과 재물이다(我有三不惑酒色財也).'고 하였다.

결국 환락 곧 쾌락이나 색락(色樂)이 지나치면 비애(悲哀)가 따르도록 되어 있으니 삼가면서 살아가야 한다.

4 종미일송(終尾一頌)

慾 心 多 積 敗 家 程　욕심다적패가정
快 樂 昇 高 慼 慘 成　쾌락승고척참성
以 道 築 堤 澄 水 貯　이도축제징수저
潔 洮 食 色 世 淸 明　결조식색세청명

욕심이 많이 쌓이면 집이 패망하는 길이요,
쾌락이 높이 오르면 걱정과 슬픔을 이루네.
도로써 제방을 쌓아 맑은 물을 저장하여,
식색을 깨끗이 씻어 세상을 맑히고 밝히리.

제**17**장

明來暗凋 명래암조

밝음(지혜)이 오면 어둠은 시든다.

佛言－夫見道者는 譬如持炬[1]하야 入冥室中[2]하면 其冥卽滅하야 而明獨存[3]이라 學道見諦[4]하면 無明[5]卽滅하야 而明常存矣니라.

부처님이 말씀하셨다.

대범 도를 본다는 것은 비유하자면, 횃불을 가지고 어두운 방에 들어가면 그 어둠은 바로 소멸하고 밝음만 홀로 있는 것과 같은 것이라. 도를 배우고 진리〔眞諦〕를 보면 무명은 바로 소멸되고 밝음만 항상 있게 되나니라.

1) 持炬(지거)

　(1) 횃불을 가지다.

　(2) 횃불을 들다.

2) 入冥室中(입명실중)

　어두운 방 가운데로 들어간다.

3) 而明獨存(이명독존)

　오직 밝음만 존재한다. 즉 무명이나 업장이 다 소멸하고 오직 지혜의 광명만 홀로 존재한다.

4) 學道見諦(학도견제)

도를 배우면 진제(眞諦)를 보게 된다. 진속이제(眞俗二諦)라 하여 진제와 속제를 설명하고 있다.

5) 無明(무명)

⑴ 사견(邪見)·망집(妄執)·미혹(迷惑)으로 인하여 고(苦)·집(集)·멸(滅)·도(道) 사제(四諦)의 근본 뜻을 통달하지 못한 어두운 마음. 십이인연의 첫째. 무명에 의하여 십이인연이 일어나고 육도윤회를 하게 된다.

⑵ 진리를 깨치지 못해 지혜가 어두운 것. 경계를 대할 때마다 마음이 요란해지고, 어리석어지고, 글러져서 무명이 생기고 온갖 악업을 짓게 된다.

⑶ 밝지 못한 마음. 어두운 마음. 성품이 바로 발현되지 못하고 무엇(感情·慣習·慾心·先入觀念·親疎·常識·知識·我執 등)에 가려서 발현되는 작용. 자체(自體)의 상(相)에 가려서 나오는 마음.

⑷ 번뇌로 말미암아 진리에 어둡고 불법을 이해하지 못하는 마음의 상태를 뜻하는 말.

⑸ 사제(四諦)의 진리, 곧 불교의 근본의(根本義)에 통달하지 않은 마음의 상태로 모든 번뇌의 근원이 됨.

⑹ 불교의 진리를 알지 못하는 당체 또는 진여(眞如)에 대하여 그와 모순이 되는 비진여(非眞如)를 말한다.

⑺ 심소(心所)의 이름. 치번뇌(癡煩惱)를 말한다.

⑻ 십이인연(十二因緣)의 하나. 구사종(俱舍宗)에서는 지난 세상의 번뇌를 말하고 유식종(唯識宗)에서는 제육식(第六識)과 서로 응하는 우치(愚癡)와 무치의 치번뇌를 말한다.

⑼ 천태종(天台宗) 삼혹(三惑)의 하나. 모든 생사의 근본인 미세
한 번뇌로서 일법계(一法界)의 뜻을 알지 못하고 법성(法性)
의 장애가 되는 혹(惑).

⑽ '범어로는 아미이라 한다. 암둔한 마음으로 모든 부처님의
일과 이치의 밝음을 비추고 요달함이 없음을 이름이니, 곧 어
리석음의 다른 이름이다(梵語 阿尾儞也 謂闇鈍之心 無照了諸
佛事理之明 卽癡之異名也).'

⑾ 『본업경(本業經)』 상에 '무명이란 일체 법을 요달하지 못함을
이른다(無明者 名不了一切法).'고 하였다.

⑿ 『대승의장(大乘義章)』 2에 '어자와 법자를 요달하지 못함을
무명이라 한다(漁法不了爲無明).'고 하였다.

⒀ 『대승의장(大乘義章)』 4에 '무명이란 어리석고 어두운 마음
을 이름이니, 자체의 혜명이 없음으로 무명이라 한다(言無明
者 癡闇之心 體無慧明 故曰無明).'고 하였다.

3 해의(解義)

어둠이란 두 가지 면에서 생각해 볼 수 있다. 하나는 자연적인 어
둠이요, 또 하나는 인위적으로 만드는 어둠이다.

자연적인 어둠은 해와 달의 지고 솟음에 따라 이루어지고, 인위적
인 어둠은 어떠한 방이나 공간에 인위적으로 장막이나 포장을 쳐서
빛을 차단하여 어둠을 만드는 것을 말한다.

이러한 어둠에 자연적인 어둠은 해·달과 관련이 있어서 해가 넘
어가고 달이 지면 어둠이 드리워서 천지를 분간할 수 없지만 달이 솟

고 해가 뜨면 그 어둠은 눈 깜작할 사이에 물러가서 밝은 세상이 된
다.

또한 인위적인 어둠도 아무리 오랜 시간이 흘렀다고 할지라도 성
냥불 하나면 바로 그 어둠이 사라져버린다.

이와 같이 자연적인 어둠이든 인위적인 어둠이든 횃불 하나만 가
지면 바로 어둠을 몰아내고 밝음으로 채울 수 있는 것이다.

이러한 비유를 통해서 부처님이 우리들에게 가르치고자 함은 도를
배우고 수행하여 진리를 깨닫고 그 진리를 깨달으면 무명은 저절로
물러나 항상 지혜로 삶을 엮어가게 된다고 하신 것이다.

다시 말하면, 우리가 수행을 하고 도를 배운다는 것은 자성에 원초
적(原初的)으로 갊은 지혜를 계발(啓發)하여 나타내자는 것으로 이
지혜, 곧 밝음은 학도견제(學道見諦)가 되어 무명이 소멸됨에서 이루
어진다고 하였다.

그러므로 도, 즉 진리를 깨닫고 규명하는데 있어서 제(諦)에 대한
공부를 하는 것이 무엇보다도 중요하다고 할 수 있다.

제란 '진실하여 허망하지 않다는 뜻이다(眞實不虛之義).' 즉 진실
한 도리(道理)는 허망(虛妄)하지 않다는 말이다.

따라서 진속이제(眞俗二諦)라 한다. 이는 진제(眞諦)와 속제(俗諦)
를 말하는 것으로, 속제란 세속적인 모든 일이 허망한 도리임을 확연
히 아는 것이요, 진제란 열반적정(涅槃寂靜)의 도리를 확실하게 깨달
음을 말한다.

즉 이러한 제리(諦理)를 깨달아 아는 이를 성인이라 하고 그렇지
않은 사람을 범부요, 중생이라 하는 것이다.

여기에 대한 말을 몇 개를 경전에서 찾아보면,

『대일경소(大日經疏)』8에 '제란 곧 이에 여래의 진실구이다(諦者
如來眞實句).'고 하였다.

또 『의림장(義林章)』2에 '제란 진실하다는 뜻이니 유가 여실한 유
요, 무도 여실한 무로 유와 무가 허망하지 않기에 제라고 이른다(諦
者實義 有如實有 無如實無 有無不虛 名之爲諦).'고 하였고, 이어서
'사가 여실한 사요, 이도 여실한 이로 사와 이가 어긋나지 않으므로
제라 이른다(事如實事 理如實理 事理不謬 名之爲諦).'고 하였다.

또 『이제의(二諦義)』상에 '제란 진실하다는 뜻으로 유는 범부에
진실하고 공은 성인에 진실하나니 이 두 개가 다 진실한 것이다(諦是
實義 有於凡實 空於聖實 是二皆實).'고 하였다.

제에는 여러 가지 설이 있는데, 이제(二諦)·삼제(三諦)·사제(四
諦)를 말하고 있다.

이제(二諦)는 첫째, 진제는 진리상(眞理上)의 실의(實義)요, 또 성
자가 소견(所見)한 실의이다. 둘째, 속제는 속사상(俗事上)의 실의요,
범부가 소지(所知)한 실의이다.

삼제(三諦)는 첫째, 공제(空諦)는 인연으로 생겨나는 사물을 말한
다. 그러나 체성(體性)은 사실 공무(空無)한 도리이다. 둘째, 가제(假
諦)는 체성이 비록 공하다고 말하지만 그러나 가상(假相)으로 존재하
는 도리이다. 셋째, 중제(中諦)는 공·가 이성(二性)이 둘이 아니요,
일여(一如)한 도리이다.

사제(四諦)에 대해서는 '서분(序分)'에 자세하게 밝혀 놓았으므로
참조하면 된다.

결국 지혜를 갖추면 성인이요 미혹하면 중생이니, 우리는 부처님

의 가르침을 통해 지혜를 배워서 영겁을 밝게 살아가야 한다.

4 종미일송(終尾一頌)

莫 云 見 道 遠 方 存　막운견도원방존
心 啓 觀 空 理 自 暾　심계관공이자돈
四 諦 功 夫 持 炬 照　사제공부지거조
無 明 卽 滅 闢 知 門　무명즉멸벽지문

도를 보는 것이 먼 곳에 있다고 이르지 말라,
마음을 열고 비움을 보면 진리가 저절로 솟으리.
사제 공부로 횃불을 가져서 비추면,
무명이 바로 소멸되어 지혜의 문이 열리리라.

제 18 장

念等本空 염등본공

생각 등등이 본래 텅 비었다.

佛言－吾法念無念念[1]하고 行無行行[2]하며 言無言言[3]하고
修無修修[4]니 會者近爾나 迷者遠乎니라 言語道斷[5]이나 非物
所拘[6]니 差之毫釐[7]하면 失之須臾[8]니라.

부처님이 말씀하셨다.

내 법은 생각할 수 없는 생각을 생각하고, 행할 수 없는 행을 행하
며, 말할 수 없는 말을 말하고, 닦을 수 없는 닦음을 닦는 것이니, 아
는 사람은 가까우나 미혹한 사람에게는 먼 것이라, 말의 길이 끊어졌
으나 사물에 구애되지 아니하나니 털끝만큼이라도 어긋나게 된다면
잠깐에 잃게 되나니라.

2 단어(單語) 및 숙어(熟語) 풀이

1) 念無念念(염무염념)

생각할 수 없는 생각을 생각한다. 이 말은 진리의 본공(本空)이
나 자성의 본원은 우리들의 사려(思慮)로 짐작(斟酌)할 수 없고
미칠 수 없는 텅 빈 자리로서 생각으로 당처를 헤아리려 말라.

2) 行無行行(행무행행)

행할 수 없는 행을 행한다. 이 말은 우주의 진리는 무위(無爲)

요 무작(無作)이다. 즉 한다는 것이 없고 짓는다는 것도 없는 저절로 그렇게 되는 것으로, 이러한 이치를 체 받아서 우리도 함이 없이 하고 행함이 없이 행하자는 것이다.

3) 言無言言(언무언언)

말할 수 없는 말을 말한다. 이 말은 언어란 마음이 입을 통하여 소리를 내는 것인데, 진리의 근원이나 자성 자체가 공(空)한 자리이기 때문에 언어로 그 자리를 표출(表出)해낼 수 없지만 미혹한 사람들을 위하여 강연(强然)히 토해내는 것이다.

4) 修無修修(수무수수)

닦음이 없는 닦음을 닦는다. 이 말은 자성의 근원은 모두 원만하게 이루어진 자리이기 때문에 수행의 공용(功用)을 더할 필요가 없는 것이다. 그래서 닦는다거나 증득한다는 것은 미혹한 사람들의 수습(修習)인 것이다.

5) 言語道斷(언어도단)

언어를 통해 이를 수 있는 물건이 아닌 것이 바로 진여(眞如)의 본원이다. 즉 진리의 본체는 언어 이전의 돈공(頓空)한 자리이기 때문에 인간의 작은 입으로 토해내는 언어를 가지고 표현되어지는 대상이 아닌 것이다.

6) 非物所拘(비물소구)

진여의 본체가 무엇에 구애가 되고 속박이 되겠는가. 더 나아가 언어나 생각이나 행위 등 어떠한 방법을 다 동원하더라도 그 자리를 구현해 낼 수가 없는 것이다. 즉 무엇에 묶여짐이 없는 절대이다.

7) 毫釐(호리)

(1) 자나 저울눈의 호(毫)와 이(釐).
(2) 몹시 적은 분량.

8) 須臾(수유)

(1) 잠시 동안. 잠깐.
(2) 눈 깜박하는 사이.

3 ## 해의(解義)

불교의 근본 진리, 곧 부처님 법은 무어라 해도 공(空)이다. 이 공을 바탕 하여 만법을 세운 것이요, 있는 것 곧 유(有)를 바탕 하여 법을 짠 것은 아니다. 그래서 일체가 없다. 텅 비었다. 비었다고 하는 말이나 또 비었다고 쓰는 글이나, 또 비었다고 표현하는 행위까지도 용납이 되지 않는 절대의 빈자리요, 절대의 공리(空理)이다.

다시 말하면, 생각으로 미칠 수 없고(念無念念), 행동으로 나툴 수 없으며(行無行行), 말로 표현할 수 없고(言無言言), 닦음으로 증득할 수 없는(修無修修) 절대 불가능의 빈자리인 것이다.

그래서 언어로 표현을 할 수가 없다고 하였다. 3치의 혀로 어떻게 크고 높고 넓고 절대인 자리를 이를 수 있다는 말인가. 어떻게 기멸(起滅)이 그치지 않는 마음으로 헤아린단 말인가?

정말로 언어도단 심행처멸(言語道斷 心行處滅)이다. 즉 구경의 진리는 언어의 길이 끊어졌으므로 말로 할 수가 없고, 마음으로 미칠 곳이 멸하였으므로 생각으로 가늠이 안 되는 것이다.

『영락경(瓔珞經)』 하에 '모든 언어의 길이 끊어지고, 심행처가 멸하였다(一切言語道斷 心行處滅).'고 하였다.

『지관(止觀)』 5에 '언어의 길이 끊어지고 심행처가 멸하였다. 그러므로 생각으로 헤아릴 수 없는 경지를 말한다(言語道斷 心行處滅 故名不可思議境).'고 하였다.

그러므로 부처님 법의 근원은 공(空 : 無)이요, 공리(空理 : 無理)이기 때문에 공에 대한 경전의 이야기를 간추어 보면 다음과 같다.

첫째, 제법(諸法)이 공이다.

『금강경(金剛經)』 32에 '모든 함이 있는 법이란 꿈과 환화와 물거품과 그림자와 같고 이슬 같고 또한 번개와 같은 것이니, 응당 이와 같이 볼지니라(一切有爲法 如夢幻泡影 如露亦如電 應作如是觀).'는 법문에서 보듯이 유위적(有爲的)이요, 제조적(制造的)인 법은 모두 진법(眞法)이 아닌 것이다.

『능가경(楞伽經)』 5에 '사견은 생법을 논하고 망상은 유무를 헤아린다. 만일 생하는 바가 없음을 알면 또한 멸할 바도 없음을 알 것이다. 세상이 모두 공적하다고 관한다면 저 유무에 떨어지지 않을 것이다(邪見論生法 妄想計有無 若知無所生 亦知無所滅 觀世悉空寂 彼不墮有無).' 하였으니, 생법이나 유무는 모두 사견이요, 망상인 것이다.

『발지론(發智論)』 1에 '법은 분별에 돌아가고 성은 열반에 돌아간다(法歸分別 聖歸涅槃).'고 하였다.

또한 『성실론(成實論)』 3에도 '법은 분별에 돌아가고 진인은 멸도(滅度)에 돌아간다(法歸分別 眞人歸滅),' 하였으니, 결국 만든 법은 분별에 불과하고 또한 분별에 의하여 법이 조작(造作)되는 것이다.

『대집경(大集經)』 21에 '법당을 꺾어야 하고, 법선을 부셔야 하며,

법성을 끊어야 하고, 법장을 깨뜨려야 한다(爲摧法幢 爲破法船 爲斷法性 爲破法藏).'고 하였다. 즉 현실로 나타난 법은 모두 진실한 법이 아니니 끊고 부셔야 한다.

『범망경(梵網經)』에 '모든 불자는 모든 법이 진실한 모습이라고 하지만 모습이 없다. 낳는 것도 아니요 멸하는 것도 아니며, 항상 하는 것도 아니요 단절된 것도 아니며, 하나도 아니요 둘도 아니며, 오는 것도 아니요 가는 것도 아니다(諸佛子 諸法眞實相 無有相也. 不生不滅 不常不斷 不一不二 不來不去).'고 하였으니, 결국 법이란 모습을 나타내면 참 법은 아니다.

『의상조사법성게(義相祖師法性偈)』에 '법의 성품은 원융하여 두 모양이 없고, 모든 법이 동함이 없이 본래 고요하다(法性圓融無二相 諸法不動本來寂).'고 하였다.

이러한 몇 가지 예시에서 보더라도 법의 본처(本處)는 없는 것인데 인위적(人爲的)으로 법을 세운 것이다.

둘째, 인연법(因緣法)은 공이다.

『중론(中論)』 송(頌)에 '일찍이 한 법도 인연을 따라 생겨나지 않음이 없다. 이러하므로 모든 법이 공 아님이 없다(未曾有一法 不從因緣生 是故一切法 無不是空者).'고 하였다.

『십이문론(十二門論)』에 '만일 뭇 인연을 쫓아 생겨나면 자체의 성품이 없다. 자체의 성품이 없음으로, 곧 이것이 공이다(若從衆因緣生 則無自性 無自性 卽是空).'고 하였다.

『십이문론(十二門論)』에 '인연을 쫓아 생겨나는 법은 곧 자체의 성품이 없다. 자체의 성품이 없는데 어찌 법이 있다 이르랴!(從緣所生法 卽是無自性 若無自性者 云何有是法)'고 하였다.

『지도론(智度論)』에 '인연을 쫓아 나온 법은 본래 성품이 없다. 자체의 성품이 없음으로 곧 필경은 공이다. 이 필경 공은 본래부터 공이었지 부처님이 만든 것이 아니요, 또한 여타의 사람이 만든 것도 아니다(從因緣生之法 無本性 無自性故 卽是畢竟空. 是畢竟空 從本以來空 非佛作 亦非餘人作也).'고 하였다.

『마하지관(摩訶止觀)』 1에 '무엇을 공이라 이르는가, 모두가 인연을 쫓아 생긴 것이다. 인연을 쫓아 생긴 것은 주체가 없으니 주체가 없음으로 바로 공이다(云何卽空 并從緣生 緣生卽無主 無主卽空).'고 하였다.

『화엄경(華嚴經)』에 '보살은 바른 생각으로 세상의 일체 법이 모두 업연으로 쫓아 얻어졌음을 보는 것이다. 일체법이 다 인연으로 쫓아 일어나고 생함이 없음으로 멸함도 없다고 관찰하는 것이다(菩薩以正念觀世間 一切法皆從業緣得. 觀察一切法 悉從因緣起 無生故無滅).' 하였으니, 이 말은 『중론(中論)』의 사제품(四諦品)에서 말하는 바와 같이 '뭇 인연을 쫓아 생긴 법을 나는 바로 공이라고 말한다. …일찍이 한 법도 인연을 쫓아 생기지 않음이 없다. 이러하므로 일체의 법이 공 아님이 없다(衆因緣生法 我說卽是空…未曾有一法 不從因緣生 是故一切法 無不是空者).'고 한 것과 같은 의미이다.

이렇게 볼 때 법이란 자체의 성(性)이 있는 게 아니라 인연에 의하여 생겨난 것이므로 인연이 다하면 결국 법이라는 것도 공(空)으로 돌아가게 되는 것이다.

셋째, 수생신(受生身)이 공이다.

『능엄경(楞嚴經)』 3에 '부모가 낳아주신 몸을 돌이켜 보면 저 시방 허공 가운데 한 조그만 티끌을 부는 것과 같고, 있기도 하고 없기도

하는 것이 맑고 큰 바다의 흐름에 한 거품이 뜨는 것과 같아서 일어
나고 멸함에 쫓아옴이 없다(反觀父母所生之身 猶彼十方虛空之中 吹
一微塵 若存若亡 如湛巨海流一浮漚 起滅無從).'고 하였다.

『능엄경(楞嚴經)』9에 '마땅히 허공이 너의 마음 안에서 생긴 것을
알아야 한다. 마치 조각구름이 점점 태청 속에 있음과 같은 것이니,
하물며 모든 세계가 허공에 있어서이겠는가(當知虛空 生汝心內 猶如
片雲漸太淸裏 況諸世界在虛空耶).'고 하였다.

『유마힐경(維摩詰經)』불국품주(佛國品注)에 '모든 법은 다 인연을
쫓아 생겨났을 뿐 특별하게 참으로 주재하는 자가 없다. 그러므로 나
라는 게 없는 것이다(諸法皆從緣生耳 無別有眞主宰之者 故無我也).'
고 하였다.

이렇게 볼 때 몸을 받아 이 세상에 나왔지만 진정한 주재(主宰)가
없어서 마치 물거품이 일고 티끌이 이는 것과 같을 뿐 나[我] 또는
내 몸[我身]은 없는 것이다.

넷째, 오온(五蘊) 등이 공이다.

『반야심경(般若心經)』에 '이러므로 공 가운데는 색도 없고 수·
상·행·식도 없으며, 안·이·비·설·신·의도 없으며, 색·성·
향·미·촉·법도 없으며, 안계도 없고 내지 의식계도 없다(是故空
中 無色無受想行識 無眼耳鼻舌身意 無色聲香味觸法 無眼界乃至無意
識界).'고 하였다. 즉 오온과 십팔계(十八界)가 다 없는 공 하였다는
것이다.

다섯째, 불가사의(不可思議)하다.

불가사의하다는 말은 진리가 심묘(深妙)하다는 의미요, 또한 사체

(事體)가 희기(希奇)하다는 뜻이니, 마음으로 생각하는 것이 불가하고 말로 의론하는 것이 불가하다는 의미이다. 즉 이사(理事) 간에 텅 빈 공(空)한 자리이기 때문에 생각이나 말로 가늠할 수가 없고 헤아릴 수가 없는 것이다.

『금강삼매경(金剛三昧經)』 하에 '비유하자면 허공과 같아서 갓이 없음으로 생각으로 헤아릴 수 없고, 말로 의론할 수 없다(譬如虛空 無有邊際 不可思議).'고 하였다.

『육조단경(六祖壇經)』 고균비구덕이찬서(古筠比丘德異撰序)에 '묘도는 텅 비고 현묘하여 생각으로 헤아릴 수 없고, 말로 의론할 수 없다(妙道虛玄 不可思議).'고 하였다.

『의상조사법성게(義相祖師法性偈)』에 '왕성하게 드러난 여의의 자리는 생각으로 헤아릴 수 없고, 말로 의론할 수 없다(繁出如意不思議).'고 하였다.

『유마경(維摩經)』의 주(注)에 '불가사의에 무릇 두 종류가 있다. 하나는 진리가 비었으므로 미혹한 정식(情識)으로는 헤아리지 못하며, 둘은 신묘하고 기특하므로 비천한 지식으로는 헤아리지 못한다(不可思議者 凡有二種 一曰理空 非惑情所測 二曰神奇 非淺識所量).'고 하였다.

4 종미일송(終尾一頌)

理 源 原 質 劫 前 空　　이원원질겁전공

妙 體 眞 相 現 物 窮　　묘체진상현물궁

不可思量非語議　불가사량비어의
有無都曠會迷盅　유무도광회미충

진리의 근원 원래 바탕은 겁 이전에 비었고,
현묘한 체성 참모습 나타난 물상 다하였네.
생각으로 헤아리지 못하고 말로 의론 못하니,
유와 무가 모두 비고 앎과 미혹도 비었어라.

제19장

假眞竝觀 가진병관

거짓과 참을 아울러 보아야 한다.

佛言 - 觀天地하야 念非常[1]하며 觀世界[2]하야 念非常하며 觀靈覺[3]이 卽菩提[4]니라 如是知識하면 得道疾矣리라.

부처님이 말씀하셨다.

하늘과 땅을 보아도 떳떳한 것이 아니라 생각하며, 세계를 보아도 떳떳한 것이 아니라 생각하며, 신령스러운 깨달음이 바로 보리라고 볼지니라. 이와 같이 알게 되면 도를 얻음이 빠르게 되나니라.

2 단어(單語) 및 숙어(熟語) 풀이

1) 非常(비상)

(1) 무상(無常). 상항불변(常恒不變)하지 못하는 것. 곧 상항치 않음.

(2) 『무량수경(無量壽經)』상에 '늙음과 병듦과 죽음을 보고 세상의 비상을 깨쳐야 한다(見老病死 悟世非常).'고 하였다.

2) 世界(세계)

(1) 세(世)는 천류(遷流) 또는 파괴(破壞)의 뜻, 계(界)는 방분(方分)의 뜻. 시간적으로 과거·현재·미래의 3세에 통하여 변화하고 파괴되며, 한편 공간적으로 피차·동서의 방분이 정해있어 서로 뒤섞이지 않음을 말함.

(2) 보통으로는 생물(生物)들이 의지하여 사는 국토.

(3) 세는 격별(隔別), 계는 종족(種族)의 뜻. 각각 다른 종류가 차별하여 서로 같지 않음을 통틀어 말함.

(4) 『능엄경(楞嚴經)』 4에 '세란 천류요, 계란 방위이다. 그대들은 지금 마땅히 동서남북을 알아야 한다. 동서남북과 상하를 계라 하고, 과거·미래·현재를 세라 한다(世爲遷流 界爲方位 汝今當知 東西南北 東西南北 上下爲界 過去未來現在爲世).'고 하였다.

(5) 『명의집(名義集)』 3에 '간과 계는 이름은 다르나 뜻은 같나니, 간은 격별과 간차요, 계는 계반과 분제이다(間之與界名異義同 間是隔別間差 界畔分齊).'라 하였다.

3) 靈覺(영각)

(1) 우주와 인생의 진리를 신령스럽게 깨닫는 것.

(2) 일체 중생이 본래부터 갖추어 있는 영령각오(靈靈覺悟)한 본성. 곧 본래 성품.

(3) 영혼(靈魂).

(4) 『조론(肇論)』에 '만유는 모두 다 영각이 홀로 존재한다(萬累都盡 而靈覺獨存).'고 하였다.

4) 菩提(보리)

(1) Bodhi, 구역으로는 도(道)라 하고, 신역으로는 각(覺)이라 한다. 도란 통달한다는 뜻이고, 각이란 깨닫는다는 의미이다.

(2) 도(道)·지(智)·각(覺)이라 번역하는데 두 가지 종류가 있다. 하나는 불교 최고의 이상인 불타 정각(正覺)의 지혜(智慧), 곧 불과(佛果)를 말하고, 둘은 불타 정각의 지혜를 얻기 위하여 닦는 도(道), 곧 불과에 이르는 길을 말한다.

(3) 『지도론(智度論)』 4에 '보리를 모든 부처님의 도라 한다(菩提
名諸佛道).'고 하였다.

(4) 『지도론(智度論)』 14에 '보리를 진나라 말로 위 없는 지혜라
한다(菩提 秦言無上智慧).'고 하였다.

(5) 『안락집(安樂集)』 상에 '보리란 이에 위가 없는 부처님의 도
를 이른다(菩提者 乃是無上佛道之名也).'고 하였다.

(6) 『지관(止觀)』 1에 '보리란 천축의 소리이다. 여기서는 도라
칭한다(菩提者 天竺音也 此方稱道).'고 하였다.

(7) 『대승의장(大乘義章)』 18에 '보리란 인도의 말인데, 여기서
번역하여 도라 이른다. 과덕이 뚜렷이 통달함을 도라 이른다
(菩提胡語 此飜名道 果德圓通 名之爲道).'고 하였다.

3 해의(解義)

생령 모두에게는 근본적으로 영원불멸(永遠不滅)하고 영겁불매(永
劫不昧)한 신령(神靈)한 지혜가 다 갖추어 있다. 저 이름 없는 생물
(生物)로부터 지상이나 지하는 물론 보이지 않는 허공계에 사는 귀류
(鬼類)까지 모두 지혜의 덕상(德相)이 모자라거나 남음이 없이 원만
하게 함장(含藏)되어 있는 것이다.

또한 우리에게는 영명(靈明)의 깨달음인 영각(靈覺)이 갖아 있다.
과거로부터 현재에 이르고 현재로부터 미래에 이르며 생령을 비롯한
만유에 이르기까지 보지 못함이 없고, 알지 못함이 없으며, 듣지 못
함이 없이 다 요달(了達)할 수 있는 영지(靈知)가 갖추어 있는 것이
다.

따라서 우리에게는 도[菩提]가 갚아 있다. 이 도는 어떤 수행의 과정을 거쳐서 체득되어진 도가 아니라 원초적으로 구유(具有)되어 있는 근원적인 밝은 도가 심장(深藏)되어 있어서 넘치거나 부족함이 없이 내재(內在)되어 있는 것이다.

그러므로 깨달음을 이루면 도를 알게 되고 또 지혜를 갖추게 되며, 지혜를 갖추면 도를 얻고 또 자연 깨달음을 이루며, 도를 알면 깨달음이 이르고 또 지혜도 갖추게 되는 것이니, 이는 셋이 아니라 하나인 것이다.

이러한 깨달음, 이러한 지혜, 이러한 도를 갖추면 눈으로 보는 천지나 세계가 결국은 영원히 존재하는 천지요 세계가 아니라, 어떠한 연기(緣起)의 법칙에 의하여 이합집산(離合集散), 즉 성주괴공(成住壞空)이 되고 있는 비상(非常)의 천지요 세계이며, 무상(無常)의 천지요 세계에 불과(不過)하게 보이고 알게 되는 것이다.

보통 우리가 생각할 때 현상적으로 보면 눈이나 귀, 코나 입이 저 현자(賢者)로 더불어 조금도 다름이 없다. 어진 사람도 배가 고프면 밥을 먹을 것이요, 우리도 배가 고프면 밥을 먹는다. 또한 현자도 목이 마르면 물을 마실 것이요, 우리 또한 목이 마르면 물을 마실 수밖에 다른 방법이 없다.

이렇게 다름이 없는 입장에서 바라보면 똑같이 보이지만 분명 그들은 우리와 다름이 있다. 그 다름이란 '변역(變易)이 되고 있다.'는 사실을 확연히 깨달았다는 점이다. 즉 우리는 현실로 나타난 것이 영원히 존재하여 내 곁에 있을 것처럼 생각한다.

다시 말하면, 부귀를 누리는 사람은 영원히 부귀를 누릴 것으로 생각하여 부귀가 없는 사람을 하대(下對)하고, 권력을 가진 사람은 영원히 권력을 가질 것으로 알아서 권력이 없는 사람을 하시(下視)하는 등, 모두가 내 곁에 있어주는 것으로만 생각하지, 없어지고 가버린다는 사실을 알지 못하고 깨닫지 못하여 현상에 만족하며 살고 있다.

그러나 세상이란 영원히 존재하지 않는다. 만물도 영원히 존재하지 않는다. 심지어 천지까지도 영원히 존재하는 것으로 보지 말라고 부처님은 말씀을 하시었다. 이 세상, 이 만물, 이 천지는 때가 이르기 전까지는 존재하지만 때가 이르면 눈 깜작할 사이에 우리 곁을 떠나고 마는 것이다.

그래서 착(着)을 갖지 말라 한 것이다. 붙잡지 말고 붙잡히지 말라. 매려 말고 매이지 말라. 붙잡히고 매이면 변역(變易)되는 연기(緣起)에 끌려 다니는 것이 마치 주인을 따르는 개와 같아서 조금의 자유도 없이 오고 가기만 할 뿐이다.

그러므로 우리는 영각(靈覺)과 보리(菩提)와 지혜(智慧)를 얻음이 바로 참 도〔眞道〕를 얻음이 되는 것임을 알아서 이 도를 얻어 영원히 살고 소소한 세상이나 진부(陳腐)한 만물, 나아가 천지까지도 예시(睨視)하고 살 수 있는 대인(大人)이요, 불보살이 되어야 영생의 능사(能事)를 끝마쳤다고 할 것이다.

4 종미일송(終尾一頌)

地 天 世 界 念 非 常　　지천세계염비상
靈 覺 菩 提 藏 慧 光　　영각보리장혜광

具 有 心 中 三 者 物　구유심중삼자물
莫 馳 外 郭 冒 寒 霜　막치외곽모한상

땅과 하늘 세계를 비상으로 생각하고,
신령한 깨달음과 보리가 지혜 빛 깊았네.
마음 가운데 세 가지 물이 갖추어 있으니,
외각으로 찬 서리 무릅쓰고 달리지 말라.

제20장

推我本空 추아본공

나를 미루어 보아도 본래 텅 비었다.

佛言－當念身中四大[1]하라 各自有名이나 都無我[2]者니 我
旣都無면 其如幻[3]耳니라.

부처님이 말씀하셨다.

마땅히 몸 가운데 사대를 생각하여 보아라. 각각 이름은 있지만 모두 '나' 라는 게 없는 것이니, '나' 라는 것이 이미 다 없으면 그것은 허깨비와 같을 따름이니라.

1) 四大(사대)

(1) 사람의 육신이나 일체의 물체를 생성시키는 근원으로 보는 네 가지 원소. 즉 지(地) · 수(水) · 화(火) · 풍(風)을 말하는 것으로 사대종(四大種) 또는 사연(四緣)이라고도 한다.

(2) 우주의 모든 만물은 이 지수화풍 사대의 이합집산(離合集散)에 의하여 생겨나기도 하고 없어지기도 한다.

(3) 지(地)는 굳고 단단한 성질로 만물을 실을 수 있고 또 모든 재료가 된다.

수(水)는 습윤(濕潤)을 성질로 하여 만물을 포용하고 조화하는 바탕이 된다.

화(火)는 따뜻함을 성질로 하여 만물을 성숙시키는 바탕이 된다.

풍(風)은 움직이는 것을 성질로 하여 만물을 키우는 바탕이 된다.

(4) 그리스의 철학자 엠페도클레스(B.C. 493–B.C. 433?)도 이 세상에서 진실로 존재하는 것은 불생불멸(不生不滅)한 것이며, 그것은 만물의 근원인 지·수·화·공기의 4원소라고 하였다.

(5) 『구사론(俱舍論)』에서는 사대를 다음과 같이 설명한다.

　　첫째, '지대니 성질은 굳고 만물을 지지한다(地大 性堅 支持 萬物).'

　　둘째, '수대니 성질은 젖고 만물을 수섭한다(水大 性濕 收攝 萬物).'

　　셋째, '화대니 성질은 따뜻하고 만물을 조숙한다(火大 性煖 調熟萬物).'

　　넷째, '풍대니 성질은 움직이고 만물을 생장한다(風大 性動 生長萬物).'

(6) 『원각경(圓覺經)』에서는 '망령되게 사대를 자신의 모습으로 인식한다(妄認四大爲自身相).'고 하였다.

(7) 지수화풍의 사대를 뱀에 비유하여 사사(四蛇)라고도 한다.

2) 無我(무아)

(1) 자기 한 사람이나 자기 가족만을 위하려는 생각을 극복하고, 이타적(利他的) 대승행(大乘行)으로써 일체 중생을 제도하기에 성심성의(誠心誠意)를 다하는 것.

(2) 소아(小我)를 버리고 대아(大我)를 찾는 것.

(3) 나〔我〕라는 관념과 상을 다 놓아버림. 자기를 잊고 생각하지 아니함.

(4) 현상계의 일체 존재는 영원불변한 고정적인 실체가 아니며 다 무상(無常)한 것이므로, 나라는 존재도 없다는 것으로 여기에는 인무아(人無我)와 법무아(法無我)의 두 가지가 있다. 인무아는 범부는 실아(實我)에 집착하지만, 우리의 몸과 마음은 오온(五蘊)이 일시적으로 합쳐 이루어진 것일 뿐 주체라고 인정할만한 주체가 없다는 것이요, 법무아는 삼라만상은 상주 실재하는 것이 아니라 일시적 인연 화합으로 생긴 것일 뿐 따로 실체가 존재하지 않는다는 것이다.

(5) 『원인론(原人論)』에 '형해의 색신과 사려의 마음이 무시로 쫓아옴이 인연의 힘이므로 생각 생각이 생하고 멸하여 서로 이어 다하지 않음이 물이 졸졸 흐르는 것과 같고 등불에 불꽃과 같은 것이다. 몸과 마음이 거짓 합하여 한결같고 떳떳한 것 같으나 범부의 어리석은 사람은 깨닫지 못하고 나에 집착을 하여 실지로 이것이 나라함으로 곧 탐심·진심·치심 등의 삼독을 일으키고 삼독이 뜻을 공격함에 몸과 입이 발동하여 일체의 업을 짓게 되는 것이다(形骸之色 思慮之心 從無始來 因緣力故 念念生滅 相續無窮 如水涓涓 如燈焰焰 身心假合 似一似常 凡愚不覺之 執之爲我 實此我故 卽起貪瞋癡等三毒 三毒擊意 發動身口 造一切業).' 라 하였다.

3) 幻(환)

(1) 없다가 갑자기 나타나는 영상(影像)을 말한다.

(2) 여러 가지 인연이 모여서 일시적으로 생긴 것으로, 실체(實體)도 자성(自性)도 없고 이름만 있는 것을 비유하여 이르는 말.

(3) 사막에 있어서 신기루(蜃氣樓)와 같은 것. 환각(幻覺)·환몽(幻夢)·환술(幻術)·환화(幻化) 등이 다 환에 속한다.

(4) 『지도론(智度論)』 55에 '중생은 환과 같으므로 법을 듣는 것
도 또한 환과 같다(衆生如幻 聽法者亦如幻).'고 하였다.

(5) 『연밀초(演密鈔)』 4에 '환이란 변화이다. 없던 것이 홀연히
있어짐을 이른다. 처음에는 형질이 없으나 인연을 빌려 있어
짐으로 환화라 이름 한다. 또 환이란 속임이다. 혹 사실이 아
닌 것으로써 사람의 눈을 미혹하게 함으로 환이라 말한다(幻
者化也 無而忽有之謂也 先無形質 假因緣有 名爲幻化 又幻者
詐也 或以不事實 惑人眼目 故曰幻也).'고 하였다.

3 해의(解義)

이야기를 하나 해보자.

소동파(蘇東坡, 1036-1101)는 북송(北宋)의 저명한 문학가(文學
家)·유학자(儒學者)·시인(詩人)으로 이름은 식(軾)이며, 자는 자첨
(子瞻)이요, 호는 동파(東坡)이다. 아버지인 순(洵)과 아우인 철(轍)과
함께 삼소(三蘇)로 불린다. 동파는 특히 불교를 좋아하는 거사(居士)
로 남종선(南宗禪)의 영향을 받아 스님, 즉 선사들과 교류가 많았고
일화도 많이 남겼다.

송(宋) 신종(神宗) 희령 연간(1068-1077)에 소동파가 항주(杭州)로
부임하면서 진강(鎭江)을 지나가게 되었는데, 이 진강에는 금산사(金
山寺)라는 유명한 절이 있고 그 절에 장로(長老) 불인화상(佛印和尙)
이 거주하고 있었다.

마침 불인선사는 대중을 위하여 설법을 하려고 준비를 하고 있는
찰나에 동파가 바로 방장실로 직행하니 선사가 반기면서 물었다.

'거사는 어디서 오셨습니까? 여기에는 앉을 선상이 없습니다.'

이 말을 들은 소동파가 대답을 한다.

'잠깐 화상의 사대를 빌려서 선상을 삼을까 합니다.'

이 대답을 들은 선사는 동파거사를 바라본다. 그러면서 내가 한마디를 물어볼 것이니, 만일 이 물음에 해답을 바르게 하면 능히 선상이 되어줄 것이지만 그렇지 않으면 지금 허리에 두르고 있는 옥대를 풀어 놓고 가라고 하였다.

이에 동파는 그렇게 하겠다고 대답을 한다.

선사가 묻는다.

'산승의 사대가 다 공하고 오온이 있는 게 아닌데 거사는 어느 곳에 앉으려 합니까?'

동파거사는 말문이 막혔다. 대답을 해야 할 말이 떠오르지 않았다. 그러더니 일어나 절을 하고 허리에 두르고 있던 옥대를 풀어 놓고 산문(山門)을 나갔다.

금산사에는 지금도 그 옥대가 전해 내려온다고 한다.

없는 것을 있다고 우기는 것도 잘못이요, 있는 것을 없다고 고집을 부리는 것도 또한 잘하는 것은 아니다.

그런데 사대(四大 : 地·水·火·風)가 과연 있는 것이냐 아니면 없는 것이냐?

현실적으로 보면 분명히 있다. 만유의 형상을 이루고 있는 바탕이 되므로 있다고 할 수밖에 없다.

그러나 이 형상들은 집합(集合), 또는 가합(假合)에 의하여 이루어진 것이다. 즉 인연에 의하여 형성된 현상의 존재이지 영속하는 절대의 유(絕對之有)가 아니라 가상의 유(假象之有)인 것이다. 그래서 일정한 시간이 지나면 흩어져서 본래 왔던 그 자리로 되돌아가고 만다.

　이렇게 보면 있다고 고집을 부릴 수가 없다. 분명 없다. 공이다. 절대의 무(絕對之無)요, 절대의 공(絕對之空)이다.

　또한 이 지수화풍의 사대를 뱀에 비유하였다.

　『인왕경(仁王經)』 하에 '식신은 형상이 없는데 네 마리 뱀을 빌려 타고 무명으로 보양하여 즐겁게 타는 수레를 삼는다(識神無形 假乘 四蛇 無明保養 以爲樂車).'고 하였다.

　또 『최승왕경(最勝王經)』에 '지수화풍이 함께 몸을 이루어 저 인연을 따라서 다른 과를 부르게 된다. 한 곳에 같이 있지만 서로 어긋나고 해가 되는 것이 네 마리 독사가 한 상자에 사는 것과 같다. 이 네 종류의 독사 가운데 지·수의 두 뱀은 침하가 많고, 풍·화 두 뱀은 성질이 경거하나니 이렇게 위배됨으로 말미암아 뭇 병이 생긴다(地水火風共成身 隨彼因緣招異果 同在一處相違害 如四毒蛇居一篋 於此 四種毒蛇中 地水二蛇多沈下 風火二蛇性輕擧 由此背違衆病生).'고 하였다.

　무릇 뱀이란 징그러운 동물이라 할 수 있다. 어쩐지 만나면 오싹하고 싫은 생각이 먼저 나오는 것은 속일 수 없는 사실이다. 그래서 우리의 사대육신을 뱀에 비유하여 집착(執着)하지 말고 너무 애양(愛養)하지 말라고 하였는지 모른다. 그렇다고 아무렇게 운전하여 병이 생기거나 건강이 안 좋으면 더욱 큰 일이 되는 것이니, 잘 조절하여 귀한 몸으로 만들어 세상을 위해 무한한 공덕을 나투어야 한다.

　결국 나타난 것은 환(幻)이라고 부처님은 말씀을 하셨다. 환이란

허깨비이다. 속임이요 눈가림이다. 있는 게 아니다. 있고 나타나고
보여지는 모두가 허깨비이다.

　그래서 불인선사는 사대가 공(空)이라고 이야기를 한 것이다. 현실
의 이 육신도 공한 것인데 네 가지 요소인들 어찌 공이 아니겠는가.

　옛 글에 '석 자쯤 되는 흙 속에 돌아가지 않고 백 년의 몸을 보존하
기 어렵고, 석 자쯤 되는 흙 속에 이미 돌아가서는 백 년의 무덤을 보
존하기 어렵다(未歸三尺土　難保百年身　已歸三尺土　難保百年墳).'고
하였다. 즉 사람이 세상을 산다고 하지만 백 년까지 살기가 어렵고
또 죽은 뒤에 무덤도 백 년까지 잘 보존되기가 어려운 것이다.

4　종미일송(終尾一頌)

身 中 四 大 本 來 空　　신중사대본래공
都 是 假 緣 無 主 蛊　　도시가연무주충
萬 象 現 存 知 幻 化　　만상현존지환화
偕 遊 莫 着 不 欺 窮　　해유막착불기궁

몸 가운데 사대는 본래 비었고,
모두 거짓 인연으로 주체 없이 비었네.
만상의 나타난 존재가 허깨비임을 알고,
함께 놀되 집착 없으면 속아 궁색하지 않으리.

제21장

名聲喪本 명성상본

명예와 소문에 근본을 잃게 된다.

佛言－人隨情欲[1]하야　求於名聲[2]이나　聲名顯著하면　身已
故矣[3]니라　貪世常名[4]하고　而不學道하면　枉功勞形[5]이니　譬如
燒香[6]에　雖人聞香[7]이나　香之燼矣[8]라　危身之火는　而在其後[9]
니라.

부처님이 말씀하셨다.

사람이 정욕을 따라서 명예와 소문을 구하지만, 소문과 명예가 뚜렷이 나타나면 몸은 이미 옛것이 되는 것이라, 세간에 드러나는 이름만 탐하고 도를 배우지 아니하면 공덕을 굽혀서 형체를 피로하게 함이니, 비유하자면, 향을 불사름에 비록 사람은 향내를 맡지만 향은 다 타버리는 것과 같은 것이라 몸을 위태롭게 하는 불은 그 (향내) 뒤에 있나니라.

1) 情欲(정욕)

사욕(四欲) 가운데 하나이다. 이 정욕이란 욕계의 중생이 남녀 간에 정애(情愛)의 경계에서 탐욕을 일으키는 것을 말한다.

2) 名聲(명성)

소문과 명예. 또는 명망(名望)이 사방으로 퍼지는 것.

3) 身已故矣(신이고의)

몸은 이미 옛것이 된다. 즉 몸은 사멸(死滅)되고 만다. 다시 말하면, 명성을 구하기 위하여 부지런히 쫓아다녀 그 목적은 이루었다고 할지라도 정작 그 명예를 누릴 때쯤 되면 몸은 이미 늙고 또한 죽게 된다는 말이다.

4) 貪世常名(탐세상명)

세상에 나타나는 명예만 탐한다. 즉 세상에 드러나고 칭송을 받을 수 있는 명예에 대하여 탐착을 부리고 욕심을 낸다.

5) 枉功勞形(왕공노형)

공덕에 굽히고 형체를 수고롭게 한다. 즉 공덕이 있고 권리가 있는 사람에게 굽혀서 자신을 혹사(酷使)시킨다는 말이다.

6) 燒香(소향)

향을 불사른다. 향을 피운다.

7) 聞香(문향)

'향내를 맡는다.' 는 의미로 만일 '향내를 듣는다.' 하면 잘못된 표현이다.

8) 香之燼矣(향지신의)

향의 자신은 태워지고 만다. 향 자체가 소신(燒燼)되고 만다.

9) 危身之火 而在其後(위신지화 이재기후)

몸을 위태롭게 하는 불은 그 뒤에 있다. 불은 태울 수 있는 것이면 무엇이든지 가리지 않고 다 태워 없애버린다. 다시 말하면, 모든 위험적인 요인은 앞에 드러나지 않고 항상 뒤에서 발생하게 되는 것이다.

지공선사(誌公禪師)의 시가 전한다.

이익을 탐하고 명예를 구하여 세간에 가득할지라도

찢어진 고깔을 쓴 도인의 한가로움만은 못하리라.

우리에 갇힌 닭은 먹을 것 있지만 끓는 냄비 가깝고

들에 나는 학은 양식은 없지만 하늘땅이 너그럽다네.

(貪利求名滿世間 不如破衲道人閑 籠鷄有食湯鍋近 貪野鶴無糧天地寬利求名滿世間)

위의 시 이상에 무슨 이야기를 더 할 수 있겠는가?

설사 세간에서 구하고 누릴 수 있는 모든 것을 얻고 가졌다고 할지라도 도(道)를 모르면 욕심이요 탐착이다. 오직 도를 배우고 도를 아는 것이 세간에서 구할 수 있는 모든 욕심이나 탐착의 완충역할(緩衝役割)을 할 수 있는 것이다.

지공선사는 말한다. '세간의 이익과 명예를 다 얻었다고 할지라도 헌 누더기 걸치고 떨어진 고깔을 쓴 도인들의 한가로움을 어찌 따르겠는가?'

닭을 우리 속에 가두고 날마다 모이를 주어 키우는 것은 결국 잡아먹자는 것이지, 진리를 가르쳐 도를 아는 닭을 만들자는 것은 아니다. 반면에 허공을 나는 학은 먹을 게 없어 이곳저곳으로 모이를 찾아다니지만 그 자유로움은 무엇에 비할 수가 없는 것이다.

이와 같이 욕심이나 정욕이나 탐착이라는 끈에 매이지 않고 묶이지 않으면 누구든지 자유를 누릴 수 있지만 보통 사람들은 보이지 않는 밧줄에 꽁꽁 묶여서 꼼짝 못하고 있는 것이다. 더욱이 이렇게 묶여서 희락(喜樂)을 누린다고 하지만 얼마나 자유로운 즐거움을 만끽할 수 있겠는가?

묶인 송아지는 아무리 발버둥을 쳐도 끈만큼의 범위를 벗어날 수 없는 것이니, 우리도 세상을 살아가면서 얼마나 많은 끈을 가졌고 또 그 끈에 매여 꼼짝할 수 없는가, 아니면 끈을 벗어나서 이 천지가 좁다 하고 날고 뛸 수 있는가를 대조하며 살아가자.

청(淸)나라 3대 순치황제(順治皇帝)는 현명한 군주이다. 18년간 재위하면서 청나라가 중국을 완전히 지배할 수 있도록 터전을 닦은 사람이다. 그러나 그의 뜻은 황제나 정치에 있는 게 아니고 오직 출가하여 스님이 되고 부처님의 제자가 되는 데 있었다.

그가 18년이라는 황제의 자리를 박차고 일어서면서 지은 "출가시(出家詩)"가 있는데 많은 사람들에게 회자(膾炙)되고 있다.

그 한 구절에 이렇게 말했다.

십팔 년 동안 자유가 없었고

산하의 큰 싸움에 몇 번이나 쉬었는가?

내가 이제 손을 거두고 산으로 돌아가노니

천 가지 근심 만 가지 걱정 어찌 상관하랴!

(十八年來不自由 山河大戰幾時休 我今撤手歸山去 那管千愁與萬愁)

비록 천자(天子)가 되었다고 할지라도 자유는 누릴 수 없다.

비록 사해(四海)를 두었다고 할지라도 자유는 누릴 수 없다.

비록 부재(富財)를 쌓았다고 할지라도 자유는 누릴 수 없다.

비록 고루(高樓)를 가졌다고 할지라도 자유는 누릴 수 없다.

비록 소망(所望)을 이루었다 할지라도 자유는 누릴 수 없다.

비록 군손(群孫)을 거느렸다 할지라도 자유는 누릴 수 없다.

비록 탐욕(貪慾)대로 집취(集聚)했을지라도 자유는 누릴 수 없다.

오직 자유는 진리를 밝히고 마음을 맑힌 성자만이 누리고 영위(營爲)하는 최귀(最貴)의 가치(價値)요, 최존(最尊)의 보배이다.

그래서 순치황제는 다 두고, 다 가지고, 다 갖췄지만 이러한 것들이 자유를 보장하여 주는 게 아니라 오히려 억압하고 묶음으로 이를 벗어나기 위하여 늦었지만 출가하여 참된 자유를 갈구하고 누리려 하였던 것이다.

또 그는 이렇게 읊조렸다.

'백 년인 삼만 육천 날을 산다고 할지라도

스님이 사는 집 반나절 한가로움에 미치지 못한다.'

고 하였다.

걸림이 없는 자유가 그래서 귀중하다. 스님들의 한가롭고 여유롭고 욕심 없고 맑게 사는 그 모습이 자유요 자재이다. 이러한 생활을 어찌 돈으로 살 것인가, 어찌 권리로 살 것인가, 어찌 부유로 살 것인가?

유원(劉沅 : 자는 子唐. 지금의 四川 雙流 사람)이 쓴 「예성당가훈(豫誠堂家訓)」에 '사음을 범하면 곧 이에 금수요, 권세와 이익을 기뻐하면 반드시 비부를 이룬다(犯了邪淫 便是禽獸 喜歡勢利 定成鄙夫).'라 하고, 이어서 '재물과 색을 탐하고 인륜을 어지럽히면 반드시 몸과 목숨이 죽게 된다(貪財色 亂人倫 必戕身命).'고 하였다.

이와 같이 명리에 욕심을 부리고 재색을 탐하면 인생의 삶을 명대로 이을 수 없는 것이다.

옛 성현은 말씀하였다.

탐욕(貪慾)이란 '모든 일을 상도(常道)를 벗어나서 과히 취하는 것이다.' 하였으니, 상도를 벗어난 모든 것은 바로 탐착이요 또 욕심이 되는 것이다.

그러므로 무욕(無慾)이 제일이지만 이는 대단히 어렵다. 또 과욕(過慾)의 자제도 역시 어렵다. 그러니 과욕(寡慾)을 하고 절욕(節慾)을 하여 나아가다가 결국 무욕의 경지까지 도달하자는 것이다.

사실 명리라는 것도 탐욕을 키우는 자양분이 되는 것이니, 이 자양분의 공급을 줄이는 데는 도를 배우고 도를 익히는 것이 으뜸이라, 도를 배우고 익히기에 힘을 기울이면 탐욕을 부릴 수 있는 여유나 시간이 줄어들게 되어질 것이므로 자연 탐욕과는 멀어지는 것이다.

4 종미일송(終尾一頌)

名 利 求 成 滿 庫 堂　　명리구성만고당
慾 心 取 得 積 弘 場　　욕심취득적홍장
爲 人 不 學 眞 情 道　　위인불학진정도
身 燒 放 馡 無 異 香　　신소방비무이향

명리를 구하고 이뤄 창고와 집안에 가득하고,
욕심대로 취하고 얻어 넓은 마당에 쌓았어도,
사람이 되어 진정으로 도를 배우지 아니하면,
자신을 태워 향내를 풍기는 향과 다름없으리.

제22장

財色招苦 재색초고

재물과 여색은 괴로움을 부른다.

1 원문해역(原文解譯)

^{불언} ^{재색어인} ^{인지불사} ^{비여도인유밀} ^{부족}
佛言－財色於人에 人之不捨는 譬如刀刃有蜜[1]이니 不足

^{일찬지미} ^{소아지지} ^{즉유할설지환}
一餐之味[2]어늘 小兒舐之[3]하나니 則有割舌之患[4]이니라.

부처님이 말씀하셨다.

사람에 재물과 색을 사람마다 버리지 못하는 것은 비유하자면, 칼날에 꿀이 있어서 한 번 먹는 맛도 넉넉하지 못한 것과 같은 것이거늘, 어린아이가 핥아먹나니 곧 혀를 베이는 환란이 있게 되나니라.

2 단어(單語) 및 숙어(熟語) 풀이

1) 刀刃有蜜(도인유밀)

칼날에 묻혀 있는 꿀이라는 뜻이다. 사실 조그마한 칼날에 묻어있는 꿀이 얼마나 되겠는가. 그러나 어리석은 사람은 이 꿀을 먹기 위하여 혀가 베이는 줄을 모른다.

2) 一餐之味(일찬지미)

한 입에 넣는 맛도 안 된다는 의미이다. 즉 칼날에 묻혀있는 꿀이 어찌 한 입에 털어 넣고 씹어 삼킬 수 있는 건더기가 될 수 있겠는가?

3) 小兒舐之(소아지지)

어린아이는 핥아 먹는다. 혀를 베이는 것은 다음이요, 단맛이 첫째가 되기 때문이다.

4) 割舌之患(할설지환)

혀를 베이는 재난을 당하게 된다. 단맛을 탐하다가 혀가 끊어지는 재난을 당하게 된다.

3 해의(解義)

사람은 세상을 살아가면서 환락(歡樂)을 추구한다. 어떤 방면으로든지 기쁨과 즐거움이 주어지고 또 생긴다면 염치나 체면을 불고하고 덤벼드는 것이다.

이러한 즐거움과 기쁨을 받을 수 있는 조건으로 아마 '재물지축(財物之蓄)'과 '남녀지애(男女之愛)'만한 것이 없다고 보아도 과언은 아니다. 즉 많은 재물을 앞에 쌓아 두어 쓰고 싶은 대로 쓰고, 남녀 간에 깊은 사랑이 있다면 이보다 더 큰 기쁨과 즐거움은 없을 것이다.

그러나 문제는 정당한 재물의 축적과 정당한 남녀의 교제이다.

사람이 일생을 땀 흘려 일하면 먹고 살 수 있는 재물은 가질 수 있다. 이렇게 정당하게 벌어서 살아간다면 두말할 필요가 없으나, 욕심을 내고 분수를 벗어나 과도(過度)하게 취하려 하기 때문에 항상 문제가 생겨 재물로 인하여 생명을 버리는 일이 비일비재(非一非再)하다. 이러한 경우 재물이 기쁨이요 즐거움이 아니라 상신(喪身)의 화마(禍魔)가 되어 우리를 먹어치우는 것이다.

또 남녀의 관계도 정당한 맺음을 통하여 연결이 되고 지아비 지어미가 되어진다면 문제가 될 게 없다. 굳이 천남지녀(天男地女)나 음녀양남(陰女陽男) 등의 논리가 아니더라도 일부일처(一夫一妻)는 법적으로나 상식적으로 정당하고 사리에 맞는 일이기 때문에 시빗거리가 되지 않는다. 그런데 이러한 범주나 도리를 벗어나서 불미(不美)의 관계로 이어진다면 가정의 파탄을 부르기도 하고 사회의 문제를 일으켜 죽음까지 부르는 일이 역시 비일비재하다.

그래서 정당하게 모으는 재물이나 정당한 교제는 우리에게 기쁨과 즐거움이 되겠지만 상도(常度)를 벗어나면 지탄(指彈)의 대상이 되어 후미(後尾)가 좋지 않는 것이다.

다음으로 재물에 대한 집착과 남녀에 대한 애증(愛憎)이다.

흔히 우리는 죽어갈 때 하나도 가져가지 않는다고 스스럼없이 말을 한다. 그렇다. 공수래(空手來)이기 때문에 공수거(空手去)가 되고 공수거는 공수래의 결과로 이루어지는 것이니, 죽음의 길에 다다라 무겁게 이고 지고 갈 수가 없다. 이렇게 가져갈 수 없는 것을 왜 탐욕을 부려 구하려 하고 또 놓치지 않으려고 몸부림을 치는가. 이는 다름이 아니라 오직 집착 때문에 이렇게 되어진다. 사실 재물에 대한 집착만 놓으면 안분하며 사는 길이 전개가 될 것이다.

또 남녀의 애증 문제도 한 남자로써 한 여자를 사랑하는 것, 한 여자로서 한 남자를 사랑하는 것은 문제가 될 수 없다. 그런데 이러한 정애(情愛)가 변형되어 불의(不義)의 애증, 또는 불륜(不倫)의 애증, 또는 편집(偏執)의 애증이 벌어지기 때문에 결과의 끝맺음이 좋지 아니하여 자살이나 살상을 불러서 가정이 파탄 나고 가족이 이산(離散)하며 사회의 지탄이 되어 살아가기가 대단히 어려운 지경에 이르고 만다.

다음으로 수도하는 사람에게 있어서는 재와 색이 정신을 갉아먹는 두충(蠹蟲)과 같은 것이다. 벌레 중에 좀이라는 게 있다. 이 좀은 아주 작아서 겉으로 드러나지 않고 저 안에 깊숙이 숨어서 나무의 속을 갉아 먹고 살기 때문에 한 번 나무에 좀이 생기면 그 나무는 생존을 놓을 수밖에 다른 방법이 없다.

이와 같이 수도하는 사람에게도 좀이 되는 것이 둘이 있으니 하나는 재물이요, 또 하나는 남녀의 문제이다.

그래서 '재와 색의 재앙은 독사보다 심하다(財色之禍 甚於毒蛇).'고 하였다. 한 번 물리면 죽게 되는 것이 독사이다. 이 독사보다도 더 무서운 것이 재색이라 하였다. 즉 재색에 물리면 수도의 전정이 그르쳐질 뿐만 아니라 결국 영생이 파탄되어 죄고(罪苦)의 구렁텅이를 빠져나올 수가 없는 것이다.

또 수도하는 사람이 가장 경계를 하여야 할 것으로 재색을 꼽고 있다. 수도하는 사람이 재색만 조심하고 조절하여도 수도의 깊은 경지를 밟을 수가 있다. 만일에 재와 색에 걸리고 매여서 벗어나지 못한다면 전정이 그르쳐지고 영생이 파탄날 수밖에 없으니 항상 조심하고 삼가야 한다.

어린아이는 분별심이 없다. 즉 한난(寒暖)이나 기포(饑飽)나 안위(安危)나 시비(是非) 등을 구분하지 못하고 판단하지 못하기 때문에 보이는 대로 잡고 잡히는 대로 입에 넣어서 그의 행동을 대중 잡을 수가 없다.

이와 같이 칼끝에 묻은 꿀을 먹다가 혀를 베어도 단 것에 끌려서 뒤에 올 수 있는 결과를 모르는 것이 아이들의 행위이다.

그러므로 우리들도 도를 닦든 아니 닦든 정당한 재물의 기쁨과 즐

거움을 누리고, 정당한 남녀의 사랑으로 기쁨과 즐거움을 누린다면
세상의 질서나 가정의 화평이 이루어질 것이다.

4 종미일송(終尾一頌)

財憙色娛都世求　　재희색오도세구
身安心樂道人遊　　신안심락도인유
小兒貪蜜舌頭絕　　소아탐밀설두절
若沒兩條長劫愁　　약몰양조장겁수

재물의 기쁨과 색의 즐거움을 모두 세상이 구하고,
몸 편안하고 마음 즐거움에는 도인이 노니네.
어린아이가 꿀을 탐하면 혀가 끊어지고,
만일 두 가지에 빠지면 긴긴 세월이 걱정되리라.

제 23 장

妻子甚獄 처자심옥

아내와 자식은 지옥보다도 심하다.

佛言－人繫於妻子舍宅[1]이 甚於牢獄[2]이라 牢獄有散釋之
期어니와 妻子無遠離之念이니 愛情於色을 豈憚驅馳[3]리오 雖
有虎口之患[4]이라도 心存甘伏[5]하야 投泥自溺[6]하나니 故曰凡
夫[7]니라 透得此門하면 出塵[8]羅漢이니라.

부처님이 말씀하셨다.

사람이 아내와 자식과 가정에 얽매이는 것이 굳은 감옥보다 심한
것이라, 굳은 감옥은 풀리고 놓여질 기한이라도 있거니와 처자는 멀
리 떠날려는 생각도 없는 것이니 사랑과 정의 색을 어찌 꺼려서 달아
나리요, 비록 호랑이 입의 재앙이 있을지라도 마음을 가져서 달게 엎
드려 진흙에 던져지고 스스로 빠져드나니 그러므로 범부라 하는 것
이라, 이 문을 뚫으면 티끌을 벗어나게 되어 아라한이니라.

2 단어(單語) 및 숙어(熟語) 풀이

1) 妻子舍宅(처자사택)

아내와 자식이 어울려 사는 집. 즉 가정. 가구.

2) 甚於牢獄(심어뇌옥)

지옥보다 심하다. 즉 한번 들어가면 나올 수가 없는 무간지옥. 아내와 자식이 지옥보다 무섭다.

3) 豈憚驅馳(기탄구치)

어찌 꺼려서 달아나랴! 즉 한번 빠져들면 좀처럼 탈출하기가 어렵다는 의미이다.

4) 虎口之患(호구지환)

호랑이의 입으로 들어가는 걱정된 상황을 말하는 것으로, 처자가 마치 호랑이의 입처럼 무섭다는 것이다.

5) 心存甘伏(심존감복)

마음으로 달게 여기고 엎드린다. 즉 마음에 싫거나 꺼림이 없이 복종하고 달게 여기며 살아간다.

6) 投泥自溺(투니자익)

진흙에 던져서 스스로 빠진다. 누가 던지지 않고 빠지라고 권장하지 않아도 스스로 빠져 들어가 나오려 하지 않는다.

7) 凡夫(범부)

(1) 번뇌에 얽매어서 생사나 고해를 벗어나지 못하는 보통 사람.
(2) 지혜가 얕고 우둔한 중생.
(3) 오욕의 경계에 집착하여 갖가지 죄업을 짓고 사는 사람.
(4) 범어(梵語)로는 '파라(波羅)' 라 하는데 구역으로는 '범부(凡夫)' 라 하고, 신역으로는 '이생(異生)' 이라 한다.
(5) 『범망경(梵網經)』 상에 '내가 이미 백아승기겁에 마음을 닦았는데 이러한 원인으로 처음으로 범부를 놓고 등정각을 이루어 노사나라 불리게 되었다(我已百阿僧祇劫 修行心地 以之爲

因 初捨凡夫 成等正覺 號爲盧舍那).'

(6) 『법화경(法華經)』에 '범부는 아는 게 얕으므로 깊이 오욕에
집착한다(凡夫淺識 深著五欲).'고 하였다.

(7) 『대위덕다라니경(大威德陀羅尼經)』에 '생사와 미혹에 유전하
여 바르지 못한 도에 머묾으로 범부라 한다(於生死迷惑流轉
住不正道 故名凡夫).'고 하였다.

(8) 『불성론(佛性論)』에 '범부는 몸을 보는 것으로써 성품을 삼는
다(凡夫以身見爲性).'고 하였다.

8) 出塵(출진)

(1) 세속의 삼독 오욕의 경계에서 벗어남.

(2) 번뇌 망상의 티끌에서 해탈함.

(3) 세속을 버리고 출가수행의 길로 들어섬.

(4) 세속 세계에 살면서도 항상 수행 정진하여 모든 사람의 모범
이 됨.

(5) 번뇌의 티끌과 더러움을 여의는 것(出離煩惱之塵垢)을 말한
다.

3 해의(解義)

처수자옥(妻囚子獄)이라는 말이 있다. 즉 아내는 감옥 속에 사람을
가두는 것과 같고, 자식도 감옥이지만 그보다 옥문을 지키는 간수(看
守)와 같다는 말이다. 다시 말하면, 도를 닦는 사람이 한번 빠져들면
다시 나오기 힘든 곳이 바로 아내와 자식의 경계로 아내는 늘 가두어
두려 하고 따라서 자식은 행여 나오는가를 늘 지켜서 꼼짝할 수 없게

만들고 있는 것이다.

그래서 사람이 큰 죄를 지으면 감옥에다 가둔다. 즉 십 년이든 이십 년이든 형기(刑期)를 다 채우면 나올 수 있는 기약이 있고 희망이 있는 곳이 현실의 감옥이지만 처자의 감옥에 갇히면 나올 수 있는 기한이 없다고 하였다.

그러나 우리는 과감하게 이분법적(二分法的)인 사고를 버려야 한다. 즉 세간(世間)과 출세간(出世間). 극락(極樂)과 지옥(地獄). 구박(拘縛)과 해탈(解脫). 가정(家庭)과 법당(法堂). 현상(現象)과 진리(眞理). 우주(宇宙)와 건곤(乾坤) 등등 모두를 둘로 보지 말고 하나로 보고, 하나로 생각하고, 하나로 알고, 하나로 여길 때 어디에 처자권속이 있고 청정수승(淸淨修僧)이 있으며, 어디에 극락이 있고 지옥이 있으며, 어디에 세간이 있고 법당이 있다는 말인가, 결국 하나요 한마당이며 한 울안이다.

나누어 보고 갈라보는 분별의식(分別意識)만 내려놓고 또 버리면 되는 것이지, 수만 겁을 통하여 벌려 있는 우주 현상을 어쩌라는 말인가.

그대로 두고 그대로 보아야 한다(見).

그대로 두고 그대로 들어야 한다(聞).

그대로 두고 그대로 깨쳐야 한다(覺).

그대로 두고 그대로 알아야 한다(知).

만일 여기에 흠집을 내거나 미색(美色)을 칠하거나 모양을 틀어 고치면 어긋나게 되고 못쓰게 되는 것이니 그대로 놓아두어야 참으로 참된 도리가 되는 것이다.

유주(幽州)의 보적선사(寶積禪師)가 시장을 가게 됨으로 인하여 한

손님이 돼지고기 사는 것을 보게 되었다.

손님이 돼지고기 집 주인에게 말을 한다.

'정한 대로 한 근만 썰어 달라.' 하니, 고깃집 주인이 바야흐로 칼을 내려놓으며 손을 깍지 끼고 대답을 한다.

'어디가 정하지 않은 곳인가?'

보적선사는 이를 보고 깨달음이 있었다.

돼지고기는 똑같은 돼지고기일 뿐이다. 물론 지금은 부위별로 나누어 등심이니 안심이니 한다고 하지만 역시 돼지고기에 지나지 않는다. 그러니 어디는 좋은 부위이고, 어디는 나쁜 부위인가? 어디는 먹으면 사람이 상하는 부위이고, 어디는 먹으면 사람이 살찌는 부위인가?

이는 사량 분별에 의하여 인위적으로 나누는 것이지 분별이 끊어지고 번뇌가 잠을 잔 공(空)의 견지에서는 똑같은 것이다. 이 공을 바탕으로 하고 뿌리 하여 나타난 모든 현상들이 어찌 피차(彼此)가 있고 물아(物我)가 있으며 정추(精麤)가 있고 염정(染淨)이 있겠는가? 모두가 분별이나 망상에 의하여 세워진 가상(假像)이요, 허상(虛像)에 지나지 않는 것이다.

이렇게 이분법적인 사고에 의하여 나누는 분별만 여의면 처자가 바로 불보살이요, 사택(舍宅)이 곧 법당이며 정애가 바로 자비요 은혜인 것이니, 어찌 멀리 떠나고 호구(虎口)의 근심이 있다고 꺼려할 필요가 있겠는가? 또한 외현(外現)된 상황만을 보고 판단하여 나누는 것은 어설픈 생각이 주체가 되어 작용을 한 결과라고 볼 수밖에 없는 것이요, 열린 생각 열린 마음을 가진 사람은 일안관물(一眼觀物)하는 것이다.

범부란, 설익은 사람 곧 미숙한 사람이다. 덜 다듬어진 사람이다. 허물을 안고 있는 사람이다. 보고 아는 눈이 덜 뜨인 사람이다. 이러한 사람이 어찌 우주가 태허(太虛)하고 건곤이 진공(眞空)한 이치를 알리요, 이러한 이치를 모르는 사람이 어찌 자출(自出)의 길을 모색할 수 있을 것인가?

그러므로 범부는 반드시 이 문에 들어 배우고 익히며 공부하고 수행하여 공한 원리를 깨닫고 피차(彼此)가 통해(通解)되고 물아(物我)가 융회(融會)되는 도리를 안다면 출중(出衆)의 장부가 되기에 충분하리라.

4 종미일송(終尾一頌)

情愛聖賢慈惠恢　　정애성현자혜회
法堂弘殿弊家培　　법당홍전폐가배
凡夫妻子眞情佛　　범부처자진정불
牢獄消亡極樂開　　뇌옥소망극락개

정애란 성현의 자비와 은혜를 넓힘이요,
법당인 큰 집은 낡은 집을 북돋음이네.
범부나 아내나 자식이 진정한 부처요,
뇌옥이 사라지고 없어지면 극락이 열리리.

제24장

色欲障道 색욕장도

색욕은 도에 듦을 막는다.

1　원문해역(原文解譯)

佛言－愛欲莫甚於色이니 色之爲欲이 其大無外[1]니라 賴有一矣[2]요 若使二同[3]이면 普天之人[4]이 無能爲道[5]者矣리라.

부처님이 말씀하셨다.

애욕이란 색보다 더 심한 게 없으니 색에 대한 욕심이 그 크기가 바깥이 없음이라, 하나가 있음에 힘입을 것이요, 만일 둘이 같이 하게 된다면 넓은 하늘 아래 사람이 능히 도를 이룰 자가 없게 되나니라.

2　단어(單語) 및 숙어(熟語) 풀이

1) 其大無外(기대무외)

너무 커서 바깥이 없다. 다시 말하면, 정욕이 너무나 크기 때문에 바깥을 추정하거나 측량할 수가 없다.

2) 賴有一矣(뇌유일의)

(1) 하나이다. 하나가 작용을 한다. 다행스럽게 색욕이 다만 하나일 뿐이다.

(2) 색욕의 주체자가 하나뿐이다.

3) 若使二同(약사이동)

(1) 둘이 같이 한다. 즉 색욕이 하나여서 다행이지 똑같은 상황이

둘이 된다면 도에 나아가는데 대단히 어렵다.

(2) 색욕의 주체자가 둘이 된다.

4) 普天之人(보천지인)

넓은 하늘 아래 모든 사람. 즉 온 세상에 사는 사람. 또는 온 천하에 살아가는 사람.

5) 無能爲道(무능위도)

능히 도를 이루지 못한다. 즉 색욕에 침미(浸迷)하여 도를 이루기가 대단히 어렵다.

3 해의(解義)

『능엄경(楞嚴經)』에 '음탕한 마음을 제거하지 아니하면 티끌에서 나오지 못한다(淫心不除 塵不可出).'고 하였다. 즉 남녀의 색욕에 대한 마음을 스스로 제거하고 제재하지 못하면 절대로 티끌 세계, 악도의 세계, 죄고의 세계, 육도의 세계에서 탈출할 수가 없고 해탈을 이룰 수도 없다는 것이다.

인간의 식색(食色)은 본능(本能)이라고 할 수 있다. 하지만 여기에 욕심(慾心)이라는 한 마귀가 보태지면서 죄고를 낳는 악녀(惡女)로 변하여 무수한 고통을 유발하게 되는 것이다.

특히 이 글에서는 부처님께서 애욕, 즉 색욕에 대한 말씀을 통해서 도를 이루려면 색욕을 제거하라고 강조를 하여 주신 것이다. 다시 말하면, 색욕을 가지고는 도를 이루기가 어렵다는 것을 일러주신 것이다. 다행스럽게 하나여서 그러하지 만일 둘이라면 하늘 아래에 사는 모든 사람은 도를 이루기가 어려울 것이라고 하였다.

옛날에 어느 수도하는 사람이 음심(淫心)을 도저히 제거할 수가 없어서 고민에 고민을 거듭하다가 결국 퇴속하려고 마지막으로 스승을 찾아가서 하직인사 겸 그간의 사실을 말씀을 드렸다. 이 말씀을 들은 스승은 '면도칼' 하나를 주면서 만일에 음심이 나오고 색심(色心)이 나오면 이 면도칼로 그 여자를 긋고 짜개서 그 속에 무엇이 들었는가를 찾아보라고 하였다.

이에 그는 칼을 항상 곁에다 두고 음심이 나올 때마다 칼을 들고 여자의 몸을 이리 긋고 저리 짜개어 보니, 그 속에는 피고름이 들어 있고 똥오줌이 들어 있으며 뼈다귀가 들어 있을 뿐 아름다움이나 매력은 하나도 없었다. 다시 말하면, 마음을 빼앗길만한 요소는 하나도 없이 자신 혼자 망상과 분별을 일으켜 괴로워했다는 사실을 알고 깨우치게 되니 자연 이러한 경계를 벗어나게 되었다.

또 하나 이야기 하자면 "파자소암(婆子燒庵)"이라는 유명한 화두가 있다.

『오등회원(五燈會元)』이라는 책에 보면 '옛날에 노파가 있었는데 한 암주를 공양하여 20년이 경과하였다. 항상 한 16세 가량 되는 여자에게 밥을 보내 모시도록 하였는데 하루는 여자에게 안기면서 말을 하라 하였다.

"정말 이러할 때는 어떠합니까?"

암주가 대답을 한다.

"마른 나무가 차가운 바위에 의지하니 겨울처럼 따뜻한 기운이 없도다." 한다.

여자가 노파에게 이러한 사실을 이야기 하니 노파가 말하기를,
"내가 20년을 한 속한을 공양하였구나!" 하고 드디어 내보내고 암자를 불질러버렸다(昔有婆子 供養一庵主 經二十年 常令一二八女子 送飯給侍 一日令女子抱定 曰"正恁麽時如何"主曰"枯木依寒巖 三冬無暖氣"女子擧似婆 婆曰"我二十年之供養得個俗漢"遂遣出 燒却庵).'고 하였다.

수도하는데 있어서 어떻게 하는 것이 색(色)의 경계를 당하여 그 경계에 끌리지 않고 중도(中道)의 수행을 할 수 있을까?

암주의 입장에서 여자는 분명 색의 경계이다. 마음을 앗아갈 수 있는 가장 가까운 경계요, 또한 음심(淫心)을 가지면 범과(犯過)할 수 있는 기회이기도 하다.

과연 이러한 색의 경계에 마음도 빼앗기지 않고 여자는 물론 노파의 마음도 상하지 않게 처신할 수는 없는가?

정말 수도라는 게 어떤 것인가. 고고(孤高)하고 청징(淸澄)한 것인가?

한 번쯤 여자를 반갑게 맞아주어서는 안 되는 것인가. 아니면 수도자의 처지를 일러주어 달래야 하는 것인가?

또한 노파는 어떤 이유로 여자로 하여금 안겨보라 하였으며, '마른 나무가 차가운 바위에 의지하니 겨울처럼 따뜻한 기운이 없다.'라고 한 암주의 말을 전해 듣고 바로 속한이라고 몰아내고 이어서 암자까지 불을 질러 버렸을까?

과연 색의 경계가 도를 이뤄 나가는데 정말로 방해가 되는 것인가.

색을 뛰어넘거나 아니면 포용하여 동행(同行)은 안 되는 것일까?

안아주고 어깨를 토닥거리며 그간 고생하였다고 위로할 수는 없

는가?

　인간의 상호간 정(情)이라는 게 도로 승화(昇華)시킬 수는 없는 것
인가?

　어떤 자세, 어떤 수도가 되어야 노파가 집을 태우지 않았을까?

4　종미일송(終尾一頌)

食色本能何故抽　식색본능하고추
淫心數起怎麼休　음심삭기즘마휴
觀身不淨自然滅　관신부정자연멸
志道絕非魔窟投　지도절비마굴투

식색이 본능이라지만 어찌 뽑아내며,
음탕한 마음 자주 일어나면 어떻게 쉴까?
몸이 깨끗하지 않다 관하면 자연 소멸되고,
도에 뜻하면 절대로 마귀 굴에 던져지지 않으리.

제**25**장

欲火燒身 욕화소신

욕심의 불은 몸을 태운다.

佛言－愛欲之人이 猶如執炬[1]하야 逆風而行[2]이니 必有燒手之患[3]이니라.

부처님이 말씀하셨다.

애욕을 가진 사람은 마치 횃불을 잡고 바람을 거슬려 가는 것과 같은 것이니, 반드시 손을 태워질 근심이 있게 되나니라.

1) 猶如執炬(유여집거)

횃불을 잡은 것과 같다. 어둠을 밝히는 게 횃불이니 횃불을 잡으면 아무리 어두운 밤이라도 어려움이 없이 오갈 수가 있다.

2) 逆風而行(역풍이행)

바람을 거슬려 간다는 의미로 바람을 등지고 가는 것이 빠른 것인데 거슬려서 나아가니 얼마나 힘이 들고 또 어렵겠는가?

3) 燒手之患(소수지환)

손을 태울 걱정 곧 재앙이 있다. 바람을 거슬려 횃불을 잡고 나아가면 손을 비롯하여 옷과 몸까지도 태워질 염려가 있는 것이다.

3 해의(解義)

불이란, 밝음의 상징으로 우리의 생활에 없어서는 안 될 귀중한 보배이다. 그러나 잘못하여 성질을 부리게 되면 무엇이든지 닥치는 대로 태워서 찌꺼기인 재만 남기고 사라진다. 무섭게 타오르는 불은 순식간에 집을 태우고 나무를 태우며 산을 태운다.

애욕이란, 마치 불길과 같다. 한 번 치성하게 되면 재물을 태우고 집을 태우며 결국에는 사람까지도 태우는 것이다. 즉 애욕이 마음속에서 부글부글 끓어 오르면 이것이 불길이 되어 오장육부를 태우고 수족을 태우며 결국은 몸까지도 남김이 없이 태우고 마는 것이다.

더 나아가 이 애욕은 도를 닦고 도를 이루려는 마음까지도 태워서 길이 퇴화(退化)의 길로 나아가도록 만들고 마는 것이다.

옛 글에 '술이 사람을 취하게 하는 것이 아니라 사람이 스스로 취하고, 색이 사람을 미혹하게 하는 것이 아니라 사람이 스스로 미혹한다(酒不醉人人自醉 色不迷人人自迷).' 하였다.

사실이다. 술을 먹은 사람이 스스로 취하는 것이지 술이 사람을 취하게 하는 것은 아니다. 마시면 사람이 취하고 안마시면 술이 혼자 취하는 것은 아니다. 이처럼 남녀 간의 색이라는 것도 색 자체에 사람을 미혹하게 하는 농염(濃艶)이 있는 것이 아니라, 사람이 정신을 차리지 못하고 색에 홀려서 미혹한 나락(奈落)으로 굴러가고 마는 것이다.

이러한 현상이 바로 횃불을 들고 바람을 거슬려 가는 것과 같은 것으로 자신이 색의 농염에 의하여 태워지고 마는 것과 무엇이 다름이 있겠는가.

그래서 공자는 『논어(論語)』 계씨(季氏)에서 이러한 이야기를 하였다.

'군자가 세 가지 경계하여야 할 것이 있다. 젊을 때에는 혈기가 아직 안정되지 않았으므로 경계를 하여야 할 것이 색에 있고, 장년이 되어서는 혈기가 바야흐로 강한지라 경계하여야 할 것이 싸움에 있으며, 늙어서는 혈기가 이미 쇠퇴한지라 경계하여야 할 것이 탐득(貪得)에 있다(子曰君子有三戒 少之時 血氣未定 戒之在色 及其壯也 血氣方剛 戒之在鬪 及其老也 血氣旣衰 戒之在得).'고 하였다.

이렇게 보면 유가의 성현이 되었든 불가의 성현이 되었든 남녀의 색에 대해서 경계한 것은 똑같은 의미가 있다고 보아야 한다. 특히 젊어서 혈기만 믿고 남색(濫色)을 일삼으면 정신의 혼미(昏迷)를 불러들이고 또한 노년이 되어서는 추루(醜陋)한 모습으로 변모를 하는 것이니 절제를 하는 것이 제일이다.

더욱이 도를 닦는 사람의 입장에서는 절색(絕色)을 하여야 한다.

공자는 '나는 덕 좋아하기를 색 좋아하는 것 같이 하는 사람을 보지 못하였다(子曰吾未見好德 如好色者也).' 하였으니, 우리가 도를 좋아하기를 색을 좋아하듯이 하여야 도를 이룰 수 있는 것이다.

4 종미일송(終尾一頌)

執 炬 逆 風 燒 手 衣 　 집거역풍소수의

沈潛愛欲覆心暉　침잠애욕부심휘
能交好色如歡道　능교호색여환도
不遠將來得佛機　불원장래득불기

횃불을 잡고 바람 거스르면 손과 옷을 태우고,
애욕에 빠지고 잠기면 마음의 밝음이 덮인다네.
능히 색 좋아하기를 번갈아 도를 즐김같이 하면,
머지않은 장래에 부처님의 대기(大機)를 얻으리라.

제 26 장

天魔嬈佛 천마요불

온갖 마구니들이 부처님을 희롱하다.

1 원문해역(原文解譯)

天神¹⁾獻玉女²⁾於佛하야 欲壞佛意³⁾라 佛言－革囊衆穢⁴⁾로
爾來何爲오 去하라 吾不用하리라 하시니 天神愈敬하고 因問道
意어늘 佛爲解說하사 卽得須陀洹果하니라.

천신이 옥녀를 부처님께 드려서 부처님의 뜻을 허물어지게 하려는
지라 부처님이 말씀하셨다.

'가죽 주머니의 뭇 더러운 것으로 너희가 무엇을 하려고 왔는고?
가거라. 나는 쓰지 아니하리라' 하시니라

천신이 더욱 공경하고 인하여 도의 뜻을 묻거늘, 부처님이 해설하
여 주자 바로 수다원과를 얻었나니라.

2 단어(單語) 및 숙어(熟語) 풀이

1) 天神(천신)

여기서 말하는 천신은 바로 마왕(魔王)의 우두머리인 파순(波
旬)을 말한다. 그는 8만 4천의 부하를 거느리고 있다. 마왕인 파
순은 부처님께서 도를 이룰 때에 갖가지 방법으로 방해를 하고
또 제재를 하였다. 신통과 변화를 잘 부리고 따라서 어느 곳이든
지 도를 닦는 사람이 있으면 방해를 놓아 도를 이루지 못하도록
하는 마구니이다.

2) 玉女(옥녀)

아름다운 여자. 미모(美貌)를 갖춘 여자. 즉 마왕인 파순이가 부처님의 수도를 방해하기 위하여 바치는 천녀(天女)로 가장 아름답고 요염(妖艶)한 여자들 세 명을 보냈다는데, 낙견(樂見)과 우수(憂愁)와 갈애(渴愛)라는 왕녀를 보냈다고 한다.

3) 欲壞佛意(욕괴불의)

부처님의 뜻, 곧 마음을 무너뜨린다는 의미로 옥녀를 보내어 음욕(淫慾)으로 부처님의 수도와 원력(願力)을 파괴하고 방해하려는 것이다.

4) 革囊衆穢(혁낭중예)

혁낭은 '가죽 주머니' 라는 뜻으로 곧 우리의 육신을 의미하고, 중예는 온갖 더러운 것으로 우리의 육신 속에 들어있는 똥이나 오줌이나 피 등을 말한다. 즉 우리의 몸에는 뭇 더러운 것이 다 들어 있다.

3 해의(解義)

호사다마(好事多魔)라 한다. 즉 좋은 일에는 반드시 방해를 놓는 마장(魔障), 곧 마구니가 있다는 말이다.

하물며 삼계를 인도하는 큰 스승〔三界導師〕이 되고 사생의 자비로운 어버이〔四生慈父〕가 되기로 서원하고, 수도하는 사람들을 마왕(魔王)인 파순(波旬)이가 가만 놓아둘 리가 만무하다. 그러기 때문에 수도하는 사람에게 악착같이 달라붙어 온갖 방법을 총동원하여 방해를 하는 것이다.

천신(天神)이란, 좋은 의미로 부처님을 호위하고 부처님의 법을 지키는 신장(神將)을 말하지만, 여기서는 마왕인 파순이를 말한다. 이 마왕이 부처님의 수도를 방해하기 위하여 세상뿐만 아니라 천상에서도 가장 아름답고 요염한 옥녀들인 낙견(樂見)과 우수(憂愁)와 갈애(渴愛)를 보내어 수도를 방해하도록 하였다.

수도하는 사람이 타락(墮落)하고 환속(還俗)하며 파계(破戒)하고 지탄(指彈)이 되는 데는 남녀의 문제가 항상 첫째로 등장을 한다. 출가한 사람이 세상의 형제자매와 부귀영화는 물론이지만 어버이까지 잊고 떠나와서 우주의 본래 이치와 인생의 근원을 알기 위하여 서원을 세우고 수도하는 사람이 색의 경계를 떨쳐버리지 못하면 결국 수도와 멀어질 수밖에 다른 도리가 없는 것이다.

그래서 파순이는 부처님을 시험하려고 옥녀를 보냈다. 즉 음욕(淫慾)을 통해서 부처님의 심지(心地)를 교란(攪亂)시켜 그 뜻을 꺾으려 한 것이다.

그러나 부처님이 누구인가? 옥녀에 의하여 마음이 흔들려 본분사(本分事)를 놓거나 잊을 분이 아니다. 부처님은 단호히 말씀하신다.

'이 똥자루야! 너희들이 와서 어쩌려고, …가거라.'

추상같은 호령에 천상이 울리고 세상이 뒤집히며 고막이 터지니 그 여자들이 더 이상 달려들지 못하고 걸음아 날 살리라면서 도망을 쳐버린다. 이러한 광경을 멀리서 보고 있던 천신은 어떠한 방법을 다 동원한다 할지라도 부처님의 마음은 흔들 수 없다는 사실을 깨닫고, 바로 부처님에게 달려와서 사과하고 더욱 공경하는 마음을 내어 부처님에게 도를 물으니, 부처님이 자비를 발현하여 자세하게 가르쳐

주는지라, 이 말씀을 듣고 바로 수다원(須陀洹)의 열매를 얻게 되었
다.

4 종미일송(終尾一頌)

天神玉女佛前貽　천신옥녀불전이
大定淸心不入披　대정청심불입피
風颯重巖巖未動　풍삽중암암미동
波旬邪術意無危　파순사술의무위

천신이 옥녀를 부처님 앞에 바쳤지만
크게 정한 맑음 마음 헤치고 들어갈 수 없네.
바람이 무거운 바위에 불지만 바위 움직이지 않듯,
파순의 삿된 술법으로는 뜻대로 위협하지 못하리.

제**27**장

無著得道 무착득도

집착이 없어야 도를 얻는다.

佛言－夫爲道者는 猶木在水니 尋流而行[1]에 不觸兩岸[2]하고 不爲人取[3]하며 不爲鬼神所遮[4]하고 不爲洄流所住[5]하며 亦不腐敗[6]하면 吾保此木이 決定入海하리라 學道之人이 不爲情欲所惑[7]하고 不爲衆邪所嬈[8]하며 精進[9]無爲하면 吾保此人이 必得道矣리라.

부처님이 말씀하셨다.

도를 성취하려는 사람은 나무가 물에 있어서 흐름을 찾아 행하는 것과 같아서 양쪽 언덕에 부딪치지도 아니하고 사람이 취하지도 아니하며, 귀신이 막지도 아니하고 소용돌이에 머무르지도 아니하며, 또한 썩지도 아니하면 나는 이 나무가 틀림없이 바다에 들어간다고 보장하리라. 도를 배우는 사람이 정욕에 미혹한바 되지 아니하고 뭇 삿됨에 희롱한바 되지 아니하며 정진하여서 함이 없다면 나는 이 사람이 반드시 도를 얻는다고 보장을 하리라.

2 단어(單語) 및 숙어(熟語) 풀이

1) 尋流而行(심류이행)

흘러갈 수 있는 길을 찾아서 걸리지 않고 흘러간다.

2) 不觸兩岸(불촉양안)

양쪽 언덕에 부딪치지 않는다. 즉 나무가 계곡을 흘러가면서 양쪽 언덕에 부딪치지 않고 흐르는 물을 따라 순리적으로 바다를 향하여 떠내려간다.

3) 不爲人取(불위인취)

사람이 취하지 않는다. 다시 말하면, 사람이 계곡을 떠내려가는 나무를 건지지 않는다는 의미로 결국 바다에 무사히 닿는다.

4) 不爲鬼神所遮(불위귀신소차)

귀신이 가리지 않는다. 보이지 않는 귀신이 작용하여 나무를 바다로 흐르지 못하도록 신력(神力)을 부리지 않는다.

5) 不爲洄流所住(불위회류소주)

회류란 말은 소용돌이라는 뜻이다. 이 소용돌이란 물이 돌면서 빨려 들어가는 것을 말하는데, 나무가 이 소용돌이에 들어 그 속에 머물러 뱅뱅 돌기만 하지 않는다.

6) 腐敗(부패)

(1) 부패균에 의해 단백질 및 유기물이 유독한 물질과 악취를 발생하게 되는 변화.

(2) 법규 · 제도 등이 문란해 바르지 못함.

7) 情欲所惑(정욕소혹)

정욕 즉 남녀 간의 색욕에 의하여 마음이 맑고 밝지 못하고 혼탁하고 미혹하게 되는 것.

8) 衆邪所嬈(중사소요)

온갖 삿된 것들에 희롱당하지 않는다. 일체의 무명이나 업장이나 나태(懶怠)나 망상 등 뭇 삿된 것에 의하여 희롱을 당하지 않고 능히 헤쳐 나간다.

9) 精進(정진)

⑴ 성불하려고 노력하는 보살이 수행하는 육도(六度)의 하나.

⑵ 수행을 게을리 아니하고 항상 용맹하게 나아가는 것.

⑶ 세속의 인연을 끊고 재계하고 소식(素食)하면서 불도(佛道)에 몸을 바치는 것.

⑷ 용맹스럽게 선법을 닦고 악법을 끊는 마음의 작용(勇猛修善法 斷惡法之心作用也)을 말한다.

⑸ 『보행(輔行)』 2에 '법에 물듦이 없음을 정이라 하고, 생각마다 나아가 구함을 진이라 한다(於法無染曰精 念念趣求曰進).' 고 하였다.

⑹ 자은(慈恩) 『상생경소(上生經疏)』 하에 '정이란 정순으로 악에 섞임이 없음을 이름이요, 진이란 승진으로 게으르지 않음을 이름이다(精謂精純無惡雜故 進謂昇進不懈怠故).' 고 하였다.

⑺ 『화엄대소(華嚴大疏)』 5에 '정진이란 마음을 법에 단련하는 것을 정이라 하고, 정심으로 목적을 달성하기에 힘쓰는 것을 진이라 한다(精進 練心於法 名之爲精 精心務達目之爲進).' 고 하였다.

⑻ 『유마경(維摩經)』 불국품(佛國品)에 '정진이라 이에 보살의

정토이다(精進是菩薩淨土).'고 하였다.

3 해의(解義)

정욕(情慾)이 수도(修道)의 방해꾼이라고 하였다. 다시 말하면, 정욕이 도에 들어가는 문로(門路)를 막아서 들어가지 못하게 하고 있으니 어찌 못된 훼방꾼이 아니겠는가? 이러한 의미로 볼 때 정욕만 해결이 된다면 도에 들어가는 것은 식은 죽을 먹는 것처럼 쉬운 것이라고 할 수 있다.

이러한 상황을 부처님은 물에 떠서 바다로 나아가는 나무로 비유를 들어주셨다. 하나의 나무가 있는데 이 나무가 계곡을 떠내려갈 때 두 언덕에 걸리지 않고, 또한 사람이 건지지 않으며, 또한 귀신이 막지도 않고, 또한 소용돌이에 머물지 않으며, 또한 썩어 문드러지지 않는다면 틀림없이 바다까지 이르는 것을 보장하겠다는 것이다.

여기서 말하는 두 언덕이란 무엇일까?

바로 정(情)과 욕(慾)이다. 남녀 간의 애정과 지나치게 취하고자 하는 욕심이다. 이 둘이 두 언덕을 이루어 그 사이로 지나가는 모든 것들은 간섭을 받지 않을 수 없게 되었다.

또한 이 정욕에는 견사정욕(見思情慾)과 무명정욕(無明情慾)이 있다. 견사정욕이란 생사(生死)에 집착하는 것이니 이것이 한 언덕을 차지하는 것이요, 또 무명정욕이란 열반(涅槃)에 집착하는 것으로 한 언덕을 이루고 있다.

결국 정욕은 집착을 낳아서 현실의 물질은 물론이지만 심지어 열반까지도 집착으로 인하여 참 열반을 이룰 수 없도록 방해를 하고 있다.

수도하는 사람의 목적은 "부처님의 도를 이루어 영원토록 복락과 지혜가 마르지 않게 하는 것(能成佛道 永劫不渴於福慧)"이 아니겠는가? 이렇게 복락과 지혜가 구족한 부처를 이루어 가는 데 있어서 정진(精進)이라는 과정을 절대로 빼놓을 수가 없다. 진리가 근본적으로 깨어있고 본성이 근본적으로 어둡지 않은 상근기(上根機)는 모르지만 중하(中下)의 근기는 반드시 정진이라는 과정을 통하여 불보살이 되는 것이다.

그렇다면 정진이란 무엇인가?

이것은 다른 게 아니라 "용맹스럽게 선법을 닦고 악법을 끊는 마음의 작용(勇猛修善法 斷惡法之心作用也)"을 말한다. 즉 용맹스럽게 불도를 이루는 길을 잘 닦아나가고 악법에 대해서는 사정없이 끊어나가는 마음의 작용이라고 할 수 있다.

다시 말하면, 부처님의 가르침을 따르고 도를 배워서 원래 갊아 있는 자신의 불성(佛性)을 다시 일으켜 세울 수 있도록 하는 길은 모두가 선법(善法)이 되는 것이요, 반면에 부처를 이루는 길이 아닌 외도(外道)나 사술(邪術)로 나아가는 것은 모두가 악법이 되는 것이니, 이러한 악법을 여의고 선법으로 나아가고, 중생의 나락으로 빠져드는 길을 놓고 불보살의 세계로 들어가며, 집착의 질곡(桎梏)을 놓고 해탈의 달관(達觀)으로 나아가도록 하는 것이 바로 정진인 것이다.

그러므로 수도에 목적을 두고 사는 사람들은 두 언덕에 걸리지 않고 사람이 가져가지 않으며, 귀신이 가리지 않고 소용돌이에 머물지

않으며, 썩지도 않으며 반드시 물 위에 뜬 나무는 바다에 이르게 되
는 것을 보장하겠다는 부처님의 말씀을 따라서 정욕에 미혹(迷惑)하
지 아니하고 뭇 사술에 농락을 당하지 아니하여 끊임없이 정진하면
틀림없이 불도를 이룬다고 하였으니, 우리는 "수시정진(隨時精進)·
일일정진(一日精進)·일월정진(一月精進)·일년정진(一年精進)·일
생정진(一生精進)·영겁정진(永劫精進)"을 통하여 부처님의 도를 꼭
이루도록 다 함께 서원을 세우고 공부를 하여야 할 것이다.

4 종미일송(終尾一頌)

吾 等 希 求 佛 祖 成　오등희구불조성
勤 修 學 道 此 途 征　근수학도차도정
情 欲 斷 根 迷 惑 鑠　정욕단근미혹삭
精 進 無 惛 目 的 迎　정진무혼목적영

우리들의 바라고 구함은 부처를 이룸이니,
부지런히 닦고 도를 배워 이 길로 나아가세.
정욕의 뿌리를 끊고 미혹을 녹이는 데에,
정진하여 흐리멍덩함이 없으면 목적을 맞으리.

제 **28** 장

意馬莫從 의마막종

뜻(생각·마음)이란 말과 같으니 쫓지 말라.

① 원문해역(原文解譯)

佛言－愼勿信汝意[1]니 汝意不可信이면 愼勿與色會[2]니 色
會卽禍生[3]이라 得阿羅漢已라야 乃可信汝意니라.

부처님이 말씀하셨다.

삼가 너의 뜻을 믿지 말라. 너의 뜻을 가히 믿지 못하겠으면 삼가 색으로 더불어 만나지 말지니, 색과 만나면 바로 재앙이 생기는 것이라, 아라한의 마침을 얻어야만 이에 가히 너의 뜻을 믿을지니라.

② 단어(單語) 및 숙어(熟語) 풀이

1) 勿信汝意(물신여의)

내가 내 자신을 믿을 수 없다. 내 뜻, 내 생각, 내 몸, 내 마음을 내가 믿을 수 없다는 것은 정말 불행한 일이다.

2) 勿與色會(물여색회)

남녀 간에 만나지 말라. 수도하는 사람으로 남녀의 문제에 자신이 없으면 차라리 만나지 않는 것이 상책이 된다.

3) 色會卽禍生(색회즉화생)

남녀 간에 만나는 게 별것은 아니지만 수도에 뜻을 둔 사람으로 자신이 서 있지 않으면 만나지 않음이 좋다. 만일 자신이 없는

데 만나면 문제가 발생할 수 있는 소지(素地)가 많기 때문이다.

3 해의(解義)

빙탄불상용(氷炭不相容)이라는 말이 있다. 이 말은 사물이 서로 화합하기 어려움을 말하는 것이다. 즉 기름과 물이 서로 섞일 수 없고, 독약(毒藥)과 양약(良藥)이 나란히 놓일 수 없는 것이며, 정법(正法)과 사법(邪法)이 한 길을 걷고 불보살과 외도(外道)가 손을 잡을 수 없는 것과 같은 의미이다.

다시 말하면, 기름은 기름이지 물이 아니요, 독약은 독약이지 양약은 아닌 것이며, 정법은 정법이요 사법이 아닌 것이며, 불보살과 외도가 어떻게 손을 잡고 나란히 갈 수가 있을 것인가. 이러한 것들이 만일 섞이게 되면 불상(不祥)의 문제가 반드시 생겨나게 될 것이기 때문에 절대로 한 무리가 될 수는 없는 것이다.

세상에 믿는다는 것은 인간과 인간이 살아가고 돌아가는 가운데 가장 필요한 조건(條件)이다. 마치 기계와 기계가 돌아가는 그 사이에 들어 있는 기름과 같아서 기름이 기계 사이에 적셔 있지 않으면 그 기계는 서로 마모(磨耗)가 되어 제 수명을 다하지 못하고 반드시 파괴를 부르게 될 것이다.

그런데 인간과 인간의 믿음, 또는 인간과 권력의 믿음, 또는 인간과 종교의 믿음, 또는 인간과 신불(神佛)의 믿음, 또는 인간과 만물의 믿음까지는 혹 경우에 따라 믿음을 거두어들일 수가 있다. 즉 이러한 상황을 거두어들인다고 하여 자기 생을 엮어가는 데 크게 불편한 점은 없을 것이다.

그러나 내가 나를 믿지 못한다는 것은 자기의 삶에 엄청난 사건이 아닐 수 없다. 내가 나를 믿지 못한다면 나라는 물건은 무엇인가 잘못 곧 죄악을 짓고 만들어낼 수 있는 요소를 가지고 있다고 보아야 한다. 마치 화약고(火藥庫)와 같아서 조금만 건드려도 터질 수 있는 여건이 분명히 내재(內在)되어 있는 위험한 물건이 걸어 다니고 있는 것이나 다름이 없다.

부처님은 분명히 자기를 믿지 말라 하셨다. 자신의 뜻, 자신의 생각, 자신의 마음을 함부로 믿어서는 안 된다고 하셨다. 아라한(阿羅漢)을 얻은 뒤에 비로소 자기가 자기를 믿으라 하셨다. 아라한을 이루지 못하면 아무리 나이를 먹고 경험을 많이 쌓은 인생이라고 할지라도 믿어서는 안 된다고 강력히 강조를 하셨다.

『수능엄경(首楞嚴經)』이라는 부처님의 경전이 있다. 이 경전의 처음에 이러한 이야기가 있다. 이 이야기를 간추리면 다음과 같다.

부처님이 사위성(舍衛城)에 계셨는데 제자들은 부처님의 법에 도취(陶醉)되어 세월이 가는 줄도 모르고 있었다.

그때 바사익(波斯匿) 왕은 부친의 기일(忌日)을 맞이하여 재(齋)를 지내면서 부처님과 보살들을 모두 초청하였다. 그래서 부처님은 많은 제자들을 거느리고 바사익 왕의 궁전으로 떠나게 되었지만 사촌이요, 제자인 아난다(阿難陀)는 다른 일이 있어 멀리 갔으므로 승차 대회(僧次大會)에 참석하지 못하고 홀로 남게 되었다. 따라서 아난다의 용모는 여느 여자들이 볼지라도 빠지지 않을 수 없도록 미려(美麗)하였다. 그래서 홀로 걸식을 나갔지만 가는 곳마다 밥을 주는 사람이 없었다.

아난다는 마을 한복판을 지나면서 '지금부터 제일 첫 집에 들어가 식사를 하리라. 그 집이 어떤 집이든지 상관하지 않고 더럽다거나 깨끗함을 묻지 않으리라.' 하고 생각하면서 길을 걸어가다가 어느덧 창녀(娼女)인 마등가(摩登伽)의 집 앞을 지나고 있었다. 마등가는 벌써부터 아난다의 용모에 매료되어 만날 기회만 노리고 있던 차에 제 발로 찾아온 아난다를 보자 기쁨이 용솟음을 쳤다. 그녀는 이미 외도인 카필라 선인으로부터 사람을 유혹하는 주문까지 배워두었기에 아난다를 보자 주문을 외우며 유혹하였다. 이에 아난다는 자기도 모르는 사이에 주문에 끌려 마등가의 침실까지 끌려가 결국 법의(法衣)까지 벗겨지게 되었다.

부처님의 이러한 사실을 멀리서 보시고 문수보살을 보내시어 마등가의 집에서 구제하여 부처님 앞에 불려 나왔다.

"아난다여! 내 모습이 보이느냐?"

부처님의 말씀에 비로소 마등가의 육욕굴(肉慾窟)에서 벗어났음을 실감하였다.

아난은 부처님의 사촌 동생이며 십대제자의 한 사람이다. 다문제일(多聞第一)이요, 경전의 결집(結集)에 중요한 역할을 한 사람이다. 이러한 아난도 마등가의 유혹에 넘어갈 정도의 내공(內功)이나 내력(內力)이 부실(不實)하였다고 보아야 한다. 즉 자기 자신이 자기를 통제할 수 없었고 또한 믿을 수도 없었다.

정말 부처님의 계도(啓導)가 아니었으면 재앙(災殃)의 나락(奈落)에 빠질 수도 있는 상황에서 다시 구제를 받은 것이나 마찬가지이다.

우리는 남들이 나를 믿어주기 이전에 '내가 내 마음을 믿고, 내가

내 생각을 믿고, 내가 내 행동을 믿고, 내가 내 뜻을 믿는 사람이 되어야 한다.'

4 종미일송(終尾一頌)

火 藥 倉 前 未 可 親　화약창전미가친
水 流 急 落 弗 爲 臻　수류급락불위진
自 身 不 信 自 身 念　자신불신자신념
艶 色 遠 離 非 覆 塵　염색원리비부진

화약을 쌓은 창고 앞은 가까이 아니 해야 하고,
물 흐름이 급히 떨어지는 데는 가면 안 되네.
자신이 자신의 생각을 믿을 수 없다면,
농염한 색을 멀리 여여야 티끌에 덮이지 않으리.

제 29 장

正觀敵色 정관적색

바르게 관조(觀照)함이 색의 경계를 대적
하는 것이다.

1 원문해역(原文解譯)

佛言−愼勿視女色[1]하며 亦莫共言語하라 若與語者인댄 正
心思念[2]이니 我爲沙門이라 處於濁世[3]라도 當如蓮花[4]하야 不
爲泥汚[5]니라 하야 想其老者如母[6]하고 長者如姉[7]하며 少者如
妹[8]하고 稚者如子[9]하야 生度脫心[10]하면 息滅惡念[11]이리라.

부처님이 말씀하셨다.

삼가 여색을 보지 말며 또한 함께 말하지 말라. 만일 더불어 말을
할진댄 바른 마음으로 생각할지니 "나는 사문이라 혼탁한 세상에 처
할지라도 마땅히 연꽃과 같아서 진흙에 더럽힘이 되지 않으리라" 하
여 그 늙은이는 어머니로 여기고, 어른은 윗누이로 여기며, 젊은이는
아래 누이로 여기고, 어린이는 자식처럼 생각하여 제도하고 해탈시
키려는 마음을 낸다면 악한 생각은 쉬고 소멸되게 되나니라.

2 단어(單語) 및 숙어(熟語) 풀이

1) 女色(여색)

  (1) 여자의 모습이나 얼굴색.

  (2) 미인(美人). 미색(美色).

  (3) 여자와의 육체적 관계.

2) 正心思念(정심사념)

올바른 마음과 생각.

3) 濁世(탁세)

(1) 풍교(風教)가 어지럽고 더러운 세상.

(2) 이 세상. 속세.

(3) 오탁악세(汚濁惡世).

4) 蓮花(연화)

(1) 연꽃.

(2) 인도에는 네 가지 종류의 연꽃이 있다. 우발라화(優鉢羅華)·
구물두화(拘物頭華)·분다리화(芬陀利華)·파두마화(波頭摩
華)가 이것이다. 또한 니려발화(泥慮鉢華)를 합하여 다섯 종
류라고도 한다.

(3) 보통으로 연화라 하는 것은 분다리화(芬陀利華)인 백련화(白
蓮華)를 말한다.

5) 泥汚(니오)

(1) 진흙.

(2) 진흙탕.

(3) 진흙이 있는 더러운 곳.

6) 老者如母(노자여모)

나보다 나이가 많고 늙은 여자는 모두 어머니 정도로 생각하
고 또 알아야 한다.

7) 長者如姊(장자여자)

나보다 나이가 조금 많고 어른 정도에 이른 여자는 손위의 누
이로 생각하고 알아야 한다.

8) 少者如妹(소자여매)

나보다 나이가 적고 또 젊은 여자는 모두 아래 누이 정도로 생각하고 알아야 한다.

9) 稚者如子(치자여자)

나보다 훨씬 나이가 적은 어린 여자는 자식 정도로 생각하고 알아야 한다.

10) 生度脫心(생도탈심)

제도하고 해탈시키려는 마음을 낸다. 즉 어머니·윗누이·아래 누이·아들들을 모두 기어이 제도를 시키고 해탈을 시키려는 마음을 낸다면 다른 마음은 나오지 않을 것이다.

11) 息滅惡念(식멸악념)

악한 생각이 쉬고 소멸한다. 여기서 악념이라고 하는 것은 주로 음욕심(淫慾心)을 말한다.

3 해의(解義)

상구보리(上求菩提)하고 하화중생(下化衆生)이 모든 수도인의 책임이요 목표며 의무이다. 즉 위로는 깨달음을 통해서 부처를 이루고 아래로는 중생을 제도하여 낙원(樂園)을 건설하자는 것이다.

다시 말하면, 깨달음의 범주는 지극히 개인적인 것이지만 이 깨달음을 이룸에 따라 무량한 은혜(恩惠)와 자비(慈悲)와 인애(仁愛)가 자신에게 갖추어지고 풍부해져서 새로운 인격이 형성되어 누구에게나 이덕(利德)을 나누어 줄 수 있는 불보살로 거듭 태어나는 것이다.

또한 제도라는 것도 단지 사람 하나 개조하여 새 사람이 되게 하였다 하여 끝나는 것이 아니라, 세상의 전쟁(戰爭)과 무지(無知)와 질병(疾病)과 기근(饑饉)과 반목(反目)과 기만(欺瞞) 등등 수많은 위리(違理)들을 깨끗이 씻어내어 양(洋)의 동서(東西)나 인(人)의 흑백(黑白)을 가릴 것 없이 어울려 잘 살아나가야 참으로 제도가 이루어졌다고 말할 수 있을 것이다.

그러한 의미에서 부처님의 제자가 되어 수도하는 사람은 남녀를 가릴 것 없이 색(色)에 대한 관심과 호기심과 음심(淫心)을 버리고 저 늙은 어머니나 아버지쯤 되는 사람으로부터 자식 같은 어린아이까지 항상 삼가고 조심하라고 하였다.

또한 연꽃이 되라고 하였다. 연꽃이란 진흙 속에서 나오지만 진흙이 묻지 않는 부처님의 꽃이다. 이처럼 우리도 어지럽고 더러운 이 세상에서 살아가지만 물들거나 가려짐이 없이 연꽃이 되어 살아간다면 수도하는 사문의 본분을 잃지 않고 세상의 빛이 되고 꽃이 되어 향내를 풍기고 길을 비춰주는 역할을 톡톡하게 할 것이다.

우리는 여기에서 삼폐(三閉)를 생각해 볼 수 있다. 폐(閉)란 '닫고, 끊고, 지키고, 잠그고, 막고, 자물쇠' 등의 여러 가지 의미가 있는 글자임을 알 수가 있다. 즉 이 세 가지를 '닫고, 끊고, 지키고, 잠그고, 막고, 자물쇠'를 채우자는 것이다.

그렇다면 무슨 세 가지를 '닫고, 끊고, 지키고, 잠그고, 막고, 자물쇠' 하자는 것일까?

첫째, 폐안(閉眼)이다. 즉 눈을 '닫고, 끊고, 지키고, 잠그고, 막고, 자물쇠'를 채우자는 것이다. 우리의 눈은 밖에 달려 있기 때문에 바깥을 보려고 한다. 세상에 아무리 아름다운 것이 많이 있다고 할지라도 사람같이 아름다운 동물이 없기 때문에 사람으로서 사람에게 눈길이 가는 것은 어쩌면 당연하고 자연스러운 상황인지도 모르지만 수도하는 사문(沙門)의 입장에서는 삼가서 눈 팔지 말라고 부처님은 경계를 하시었다.

둘째, 폐구(閉口)이다. 즉 입을 '닫고, 끊고, 지키고, 잠그고, 막고, 자물쇠'를 채우자는 것이다. 입이란 두 가지 역할을 한다. 하나는 먹는 역할이고 또 하나는 말하는 역할이다. 특히 말이란 상대를 따라 얼마든지 꾸밀 수가 있기 때문에 이 3치의 혀에 의하여 엄청난 비리나 죄악을 범하는 수가 얼마든지 있다. 사람이 사람을 상대하면서 어떤 금은 보화로 사람을 홀리기도 하지만, 부드럽고 정겨운 한마디 말에 의하여 넘어가는 수가 허다하므로 수도하는 사문의 입장에서는 삼가서 입을 함부로 놀리지 말라고 부처님은 경계를 하셨다.

셋째, 폐심(閉心)이다. 즉 마음(생각·뜻)을 '닫고, 끊고, 지키고, 잠그고, 막고, 자물쇠'를 채우자는 것이다. 마음이란 마치 땅과 같아서 온갖 생각들이 끊임없이 일어난다. 우리가 땅 위에 살면서 땅을 다스리지 않으면 온갖 풀이나 나무들이 나고 자라 그 땅은 결국 황폐화가 되고 마는 것처럼, 우리도 심지(心地)에서 잡다하게 일어나는 마음을 늘 정리를 하지 않으면 어떤 마음이 튀어나와 못된 일을 저지를 줄 모르기 때문에 마음을 다스리는 것이 무엇보다도 급선무임을 알아서 수도하는 사문의 입장에서는 삼가서 마음이나 생각을 함부로 내어 돌리지 말라고 부처님은 경계를 하셨다.

위에서 말한 '상구보리(上求菩提) 하화중생(下化衆生)'이 수도하는 사문의 목적이 된다고 할 때, 이 일은 '나(我)'로부터 시작이 되는 것이니 내가 연꽃이 되고, 눈을 닫으며, 입을 잠그고, 마음을 지켜서 정진(精進)한다면 그 목표의 길이 열리게 되는 것이다.

4 종미일송(終尾一頌)

謹 愼 非 覿 女 色 嬈　근신비유여색요
小 心 不 語 丈 夫 囂　소심불어장부효
沙 門 修 道 度 汚 世　사문수도도오세
放 馥 蓮 華 惡 念 銷　방복연화악념소

삼가서 여색의 아리따움을 넘겨보지 말고,
조심하여 사내와 지껄이며 말하지 말게.
사문으로 수도하여 더러운 세상 제도하고,
향내 풍기는 연꽃으로 악한 생각 녹이리라.

제30장

欲火遠離 욕화원리

욕심의 불을 멀리 여의어야 한다.

1   **원문해역(原文解譯)**

佛言－夫爲道者는 如被乾草[1]하야 火來須避[2]니 道人見欲하면 必當遠之니라.

부처님이 말씀하셨다.

대범 도를 공부하는 사람은 마른 풀을 입는 것과 같아서 불이 오면 모름지기 피할지니, 도를 하는 사람은 욕망을 보면 반드시 마땅히 멀리하여야 하나니라.

2   **단어(單語) 및 숙어(熟語) 풀이**

1) 乾草(건초)

(1) 베어서 말린 풀.

(2) 겨울에 소나 염소를 먹이기 위하여 주로 어린 풀을 베어서 말린다.

2) 火來須避(화래수피)

(1) 불이란, 닥치는 대로 태워버리는 성질이 있으므로 피해야 한다.

(2) 불이란, 곧 수도를 방해하는 애욕(愛欲), 곧 정욕(情欲)이니 피해야 한다.

(3) 불이란, 육경(六境)이다. 곧 색(色) · 성(聲) · 향(香) · 미(味) ·

촉(觸)·법(法)의 여섯 경계로 육진(六塵)이라 하며 피하여야
한다.

3 해의(解義)

백유경(百喩經)에 보면 이러한 이야기가 있다.

옛날에 어떤 아이가 육지에서 놀다가 큰 거북을 잡았는데 죽이고
자 하였으나 방법을 알 수가 없어서 사람들에게 물었다.

'어떻게 하면 죽일 수가 있습니까?'

사람들이 대답을 한다.

'네가 물에다 던져버리면 바로 죽을 것이다.'

이에 아이는 그 말을 믿고 거북이를 물속에다 던져주니 깊이 들어
가 버렸다.

범부들도 이와 마찬가지이다. 육근을 수호하여 공덕을 닦으려 하
지만 그 방법을 알지 못하고 사람들에게 묻는다.

'어떠한 인연으로 해탈을 얻을 수 있습니까?' 삿된 견해를 가진 외
도(外道)와 천마(天魔)인 파순(波旬)이와 악지식(惡知識)을 가진 사람
들이 대답을 한다.

'네가 다만 지극히 육진(六塵 : 色·聲·香·味·觸·法)을 뜻(마
음)대로 받아들이고, 오욕(五欲 : 財·色·食·名·睡)을 제멋대로
즐길지니, 내가 말한 대로 하면 반드시 해탈을 얻을 것이다.'

어리석은 사람들은 생각하여 보지도 아니하고 그 말대로 따르다가

결국 몸이 허물어지고 목숨을 잃은 뒤에는 삼악도에 떨어지게 될 것이니, 저 어린아이가 거북이를 죽이려고 사람들의 말을 듣고 물속에 던진 것과 무엇이 다르겠는가?

　우리가 도를 이루고 닦는다는 것은 안으로 자신의 본원(本源)을 안다는 것이고 밖으로 우주의 운리(運理)를 터득한다는 의미이다. 다시 말하면, 안으로 자기의 본래 성품을 확연히 보아 무명이나 업장의 가림을 받지 않는다는 뜻이요, 밖으로 만유의 근원이 되는 진리를 깨쳐서 모든 일과 이치에 걸림이 없이 자유자재를 한다는 뜻이리라.
　이렇게 내성무폐(內性無蔽)하고 외리득각(外理得覺)을 이루면 도를 성취하였다고 할 수 있을 것이다.
　그런데 이러한 도 이룸을 방해하는 요소가 있다면 아마 삼독(三毒)과 오욕(五欲)이라고 말할 수 있다. 즉 독욕(毒慾)이 기인이 되어 도를 이루는데 크게 방해가 되는 것이니, 이 삼독과 오욕을 요리하고 녹이고 벗어날 수만 있다면 도에 나아가는데 어려움이 없을 것이다.
　따라서 이 욕심이란 마치 불과 같아서 닥치는 대로 태워 없애기 때문에 항상 조심하고 가까이해서는 안 된다. 즉 육근(六根)이란 마치 건초(乾草)와 같은 것이요, 육진(六塵)이란 열화(烈火)와 같은 것으로 육근인 눈·귀·코·입·몸·마음이 상대하는 보고·듣고·맡고·맛보고·부딪치고·생각하는 여섯 경계를 요리하지 못하여 끌리고, 잡히고, 분별하려 하기 때문에 그 맹렬한 불길에 태워지고 녹아나는 것이다.
　이와 같이 욕심이라는 것이 마치 불과 같은지라, 닥치는 대로 태워 재로 만들기 때문에 수도에 욕심의 근원을 끊고 또 욕심을 부리지 않는 것이 상책이 된다고 말할 수 있다.

어리석은 어린아이에게 거북이를 죽이는 방법으로 물속에 던져버리면 된다고 하니 그 아이가 거북이를 물속에 던져버렸다. 그 아이는 물속에 던져버리므로 거북이는 죽었다고 판단을 한 것이다.
우리는 일과 이치에 걸림이 없는 해탈(解脫)의 도를 이루기 위하여 수행을 한다. 사실 해탈을 이루는 부처님의 바른 가르침이 있건만 그 가르침을 알지 못할 뿐만 아니라 받아들이지 아니하고 외도나 마왕이나 악지식의 말을 듣고 육진(六塵)을 마음대로 요리하고 오욕(五慾)을 부리는데 정신을 쏟아야만 도를 빨리 이룰 수 있다는 그른 가르침을 받아서 무지하게 부려 쓰다가 정말 도에서 더욱 멀어져가는 어리석은 수행자는 되지 말아야 할 것이다.

어리석다는 것은 자기의 판단(判斷)이 올바르지 않다는 의미이다.
다시 말하면, 모든 사리(事理)를 대하여 투득(透得)하고 요해(了解)할 능(能)을 얻지 못하여 본의를 파악하지 못하고 변애(邊涯)를 두드리고 조잘거린다는 뜻이다. 즉 자기지(自己智)가 계발(啓發)이 안 되어 남의 지식에 의한 자기 알음알이가 밖으로 나타나기 때문이다.

4 **종미일송(終尾一頌)**

落 花 飛 蝶 自 然 殤 낙화비접자연상

澌 水 游 魚 結 局 亡　시수유어결국망
五 慾 慳 貪 爰 道 遠　오욕간탐원도원
火 來 速 避 不 身 傷　화래속피불신상

꽃이 떨어지면 날던 나비도 자연히 죽고,
물이 잦아들면 헤엄치던 고기 결국 죽네.
오욕을 아끼고 탐하면 이에 도는 멀어지고,
불이 오면 빨리 피하여야 몸 상하지 않으리.

제31장

心寂欲除 심적욕제

마음이 고요하면 욕심은 자연 제거된다.

佛言 — 有人患淫不止[1]하야 欲自斷陰[2]이어늘 佛謂之曰 "若
斷其陰이 不如斷心[3]이니 心如功曹[4]라 功曹若止하면 從者都
息이요 邪心不止하면 斷陰何益이리요" 佛爲說偈[5]하시니 "欲
生於汝意하고 意以思想生[6]이니 二心各寂靜하면 非色亦非
行[7]이라" 佛言 — 此偈是迦葉佛[8]說이니라.

부처님이 말씀하셨다.

어떤 사람이 음욕이 그치지 않음을 걱정하여 스스로 음경을 끊고자하거늘 부처님이 그에게 말씀하셨다.

"만약 그 음경을 끊는 것이 마음을 끊는 것만 같지 못하나니, 마음이란 공조와 같아서 공조가 만일에 그치면 따르는 자가 모두 쉴 것이요, 삿된 마음이 그치지 아니하면 음경을 끊은들 무슨 이익이 있으리요."

부처님은 위하여 게를 설하시었다.

"욕망은 너의 뜻(마음)에서 생기고 뜻은 사상에서 생기는 것이니 두 마음이 각각 고요해지면 색도 아니고 또한 행도 아니니라."

부처님이 말씀하셨다.

"이 게송은 가섭불의 말씀이니라." 하시니라.

2 단어(單語) 및 숙어(熟語) 풀이

1) 患淫不止(환음부지)

음욕이 일어나 그치지 않음을 근심한다. 즉 음탕한 마음이 항상 심지(心地)에서 씨앗처럼 솟아나는 것이 괴롭고 걱정이 된다.

2) 欲自斷陰(욕자단음)

스스로 자신의 음경을 끊으려 한다. 즉 음욕(淫慾)이 한번 일어나면 도저히 그치지 않으므로 음경을 끊음으로 해결을 보려 한다.

3) 若斷其陰 不如斷心(약단기음 불여단심)

음경을 끊는 것이 마음을 끊는 것만 못하다. 즉 색에 대한 그리운 마음이 일어나 음경에 영향을 미치므로 마음을 끊는 것이 제일이다.

4) 功曹(공조)

공조란 한(漢)나라의 관명(官名)으로 사서(史書) 벼슬의 하위직이다. 각 군에 속한 벼슬이다. 즉 비록 하위직이라고 할지라도 한 분야를 마음대로 할 수 있는 직책이다.

5) 偈(게)

⑴ 경(經)·론(論) 가운데 귀글로써 부처님의 공덕을 찬미한 노래.

⑵ 교리(教理)를 요약하여 기록한 약문(約文).

⑶ 가타(伽陀). Gāthā. 번역하여 송(頌)이라 한다. 글자는 4자(字)요, 4구(句)로 짜임이 기본이요, 원칙이지만 3언(言), 4언, 내지 8언이나 다언(多言)도 있다. 송이란 아름다운 노래〔美歌〕

라는 의미로 아름다운 말을 이어서 공덕을 칭송하고 노래하는 것을 말한다.

(4) 천태(天台)의 『인왕경소중(仁王經疏)』 중에 '게란 다함이다. 뜻을 추어 잡아 다하는 것이다. 그러므로 게라 한다(偈者 竭也 攝義盡 故名爲偈).'고 하였다.

(5) 과거 칠불(七佛)의 게송이나 33조사의 게송(偈頌) 등등.

6) 欲生於汝意 意以思想生(욕생어여의 의이사상생)

(1) 음욕이란 너의 뜻에서 나오고 뜻은 사상에서 생긴다. 즉 음욕이라는 것은 밖에서 들어오는 것이 아니라 안으로 자신의 뜻에서 일어나는 것이요, 그 뜻은 결국 생각으로 말미암아 생기는 것이므로 음욕을 끊고자 하면 사상을 끊어야 확실하게 끊어진다.

(2) 사상(思想)이란 생각이나 사유(思惟)나 사념(思念)이나 의견을 말하고, 판단이나 추리를 거쳐서 생긴 의식 내용을 말한다. 또한 상(想)이란 객관 경계의 차별상을 취해 무엇 무엇이라 이름을 붙이는 작용을 말하고, 사(思)란 뜻을 움직여 선악(善惡)을 짓게 하는 심리작용을 말한다.

7) 非色亦非行(비색역비행)

색도 아니요 또한 행도 아니다. 즉 색욕이 본래부터 있었거나 또한 종자가 본래 있었던 것이 아니다. 따라서 행위도 처음부터 있었던 것이 아니다.

8) 迦葉佛(가섭불)

(1) 범어로는 kāśyapa. 파리어로는 kassapa라 한다. 가섭(迦攝) · 가섭파(迦葉波 · 迦攝波)라 음역하고 음광(飮光)이라는 뜻으로 번역한다.

⑵ 과거칠불의 한 분으로 인수(人壽) 2만세 때에 나신 부처님.
종성(種姓)은 바라문이요, 성은 가섭이며 아버지는 범덕(梵
德)이고, 어머니는 재주(財主)며 아들은 집군(集軍)이다. 파비
(파라비)왕의 서울 바라나에서 나서 니구굴 나무 아래서 정각
(正覺)을 이루고 1회 설법으로 제자 2만인을 제도하였다 한
다.

3 해의(解義)

『신약성경(新約聖經)』의 〈마태복음〉에는 이러한 글이 실려 있다.

'간음하지 말라 하였다는 것을 너희가 들었으나, 나는 너희에게 이
르노니 여자를 보고 음욕을 품는 자는 마음에 이미 간음하였느니라.
만일 네 오른 눈이 너를 실족(失足)케 하거든 빼어 버려라. 내 백 체
중 하나가 없어지고 온몸이 지옥에 던져지지 않는 것이 유익하며, 또
오른손이 너로 하여금 실족케 하거든 찍어 버려라. 네 백 체 중 하나
가 없어지고 온몸이 지옥에 던져지지 않는 것이 유익하니라.'

설에 의하면, 이러한 말씀에 의하여 수세기 동안 간음을 안 하기
위해 성기를 잘라 버린 사람도 있고, 또한 이런 구절을 보고 실지로
눈을 뽑아 버린 사람도 있었다고 한다.

과연 외현(外現)의 미려(美麗)를 보고 내정(內情)을 통제(統制)할
수 있을까? 또 외형(外形)의 자색(姿色)에 의하여 내심(內心)이 출렁
이지 않을 수 있을까? 또 외염(外艶)의 나타나는 자태에 내의(內意)
가 흔들림 없이 질정(質定)할 수가 있을까?

아마 이러한 현상은 정도의 차이는 있을지라도 대개는 영향을 받지 않을 수 없을 것이다. 다시 말하자면, 눈에 보이는 미색(美色)을 보고 눈길을 빼앗겨 감정의 통제가 어려울 수 있을 것이요, 또한 미려한 자태에 홀려 침을 흘릴 수도 있을 것이며, 또한 요염한 모습을 보고 마음의 동요를 감지(感知)할 수도 있을 것이다.

이렇게 자신의 감정을 억제하지 못하고 발산하다가 자칫 죄악을 짓고 또 구렁텅이에 빠져 헤쳐 나오지 못하는 수가 보통의 삶을 꾸려 가는 부류에게는 특별한 게 아닌 비일비재(非一非再)의 일상이라고 아니할 수 없다.

그러나 도에 뜻을 두고 또 자신의 본모습에 돌아가려는 사람들에게는 첫째의 마장으로 애욕을 꼽지 않을 수 없다. 수도하는 사람으로서 이것만 잘 조절하여도 수도에 상당한 진전이 있으리라는 생각이 든다.

우리가 산을 오르다보면 가장 어려운 고비를 만나는 수가 있다. 이런 어려운 고비에 힘을 다하여 무사히 넘기면 다음에 약간 어려운 고비가 또 닥친다고 할지라도 쉽게 넘어갈 수가 있다. 이는 다름이 아니라 이미 자신에게 자신(自信)이 생겼기 때문이다.

이와 같이 우리가 수도를 하여 나아가는 입장에서 보면 재(財)와 색(色)의 통제가 어렵다. 그 중에서도 젊은 수도자에게는 재보다는 색을 절제한다는 것이 더욱 어려울 것이다. 이렇게 어려운 상황을 한 번 잘 넘기면 다음의 어려움은 저절로 넘어가는 수가 얼마든지 있다.

그래서 결국은 고내향심(顧內向心)이 절대 필요하다. 즉 안으로 자기의 마음을 향하여 돌아보는 것이 중요하다는 이야기이다. 곧 근원

을 향하여 돌아보자는 의미이다. 밖으로 나타나는 모든 상황은 마음
이라는 화사(畵師)가 들어서 그려놓은 그림에 불과한 것이니, 그 자
신의 마음을 돌아보아 그 근원을 차단시키면 어찌 바깥으로 나타나
는 형세가 차단이 되지 않겠는가?

그래서 부처님은 마음을 그치지 아니하고 자신에게 학대(虐待)를
가해보았자 소용이 없다고 말씀을 하신 것이다. 마치 물을 막는 사람
이 윗물의 근원은 막지 아니하고 밑에서 막은들 아무 소용이 없는 것
과 무엇이 다르다 할 것인가?

마음을 다스려야 한다. 마음이 다스려지지 않고 외형만 통제를 한
다 해서 그 상황이 극복될 수는 없는 것이다. 마음의 통제를 통해서
외형을 요리하여야 부작용이 없이 상황이 원만하게 해결이 될 것이
다.

부처님은 결론적으로 가섭 부처님의 게를 들어 설명을 하신다.

애욕이란 본래부터 있는 게 아니라 자신의 뜻에서 생긴다. 뜻이라
는 것도 처음부터 있는 것이 아니라 쉴 사이 없이 일어나는 생각에서
나오는 것이다. 만일에 뜻과 생각의 두 마음이 고요하게 되어 찾는다
거나 잡을 수가 없다면 색이라는 경계도 없고 또한 행동으로 옮길 필
요도 없는 것이라고 가르침을 펴신다.

4 　종미일송(終尾一頌)

木 長 抑 制 首 刌 根　　목장억제수완근

水 逝 遲 遲 先 遏 源　수서지지선알원
不 似 斷 陰 心 起 斷　불사단음심기단
功 曹 若 止 逐 人 屯　공조약지축인둔

나무 자람을 억제하려면 먼저 뿌리를 끊고,
물 흐름 더디게 하려면 먼저 근원을 막아라.
음을 끊음이 마음 잃을 끊음만 같지 못하나니,
공조가 만일 그치면 따르던 사람도 멈춘다네.

제32장

我恐怖滅 _{아공포멸}

나는 모든 두려움이 소멸되었다.

 원문해역(原文解譯)

佛言－人從愛欲生憂[1]하고 從憂生怖[2]하나니 若離於愛하면
何憂何怖리요.

부처님이 말씀하셨다.

사람이 애욕을 쫓음으로 근심이 생기고 근심으로 쫓아 두려움이
생기나니, 만일 애욕을 여의게 되면 무엇을 근심하고 무엇을 두려워
하리요.

 단어(單語) 및 숙어(熟語) 풀이

1) 愛欲生憂(애욕생우)

애욕에서 근심이 생긴다. 즉 애욕이 있으면 그 애욕을 실현함
으로 인하여 근심이 자연 따르게 되는 것이다.

2) 從憂生怖(종우생포)

근심을 쫓아 두려움이 생긴다. 즉 마음에 걱정되고 근심되는
사건이 없으면 세상이나 사람에게 무슨 두려움이 있을 것인가?

3 해의(解義)

사람이 근본적으로 걱정과 수심과 두려움과 위태로움(憂·愁·恐·懼)이 있는 것은 아니다. 즉 평온(平穩)한 마음, 청징(淸澄)한 마음, 명랑(明朗)한 마음, 정정(定靜)한 마음, 명경지수(明鏡止水) 같은 마음 등등, 마음을 원천적으로 가지고 있기 때문에 걱정이나 두려움이 있을 수가 없는 것이다.

그렇다면 두려움이나 걱정은 어디에서 오고 어디에서 생기는 것일까?

부처님은 오직 애욕을 따라서 와지고 또 생기는 것이라고 하였다. 이 말씀을 뒤집으면 애욕이 없으면 걱정과 수심과 두려움과 위태로움이 없을 것이다.

그러나 사람의 삶이란 결코 단순한 것이 아니다. 도를 닦는다는 것도 역시 마음대로 되어지는 것이 절대 아니다. 이러한 상황에서 맞물려 돌아가는 톱니바퀴가 되어 갖가지 우수(憂愁)와 공구(恐懼)가 생겨나기 마련이다.

여기에는 크게 두 가지 여건 때문에 생겨난다고 본다.

하나는, 한량없는 세월을 살아오면서 사대(四大 : 地·水·火·風)를 자기의 영원한 신상(身相)으로 삼고 있다는 사실이다. 세상에 아무리 귀중한 보배가 있다고 할지라도 자신의 몸같이 귀중한 게 또 어디 있겠는가. 결국 지·수·화·풍으로 흩어져버릴 몸이지만 먹이고 입히고 기르는데 집착하여 내려놓을 줄을 모르고 견지(堅持)를 하기 때문에 여기에서 파생되는 우수와 공구는 한량이 없는 것이다.

다시 말하면, 지수화풍이 어찌 영원할 수가 있겠는가. 절대로 흩어지지 않고 상여(常如)할 수 있겠는가? 아니다. 아닌 것인데 긴 것으로 착견(錯見)하기 때문에 우수와 공구가 생기는 것이다.

또 하나는, 한량없는 세월을 살아오면서 육진(六塵 : 色·聲·香·味·觸·法)의 그림자 같은 경계를 영원한 자신의 심상(心相), 곧 자신의 마음에서 형상(形相) 지은 것으로 착각을 하고 있다는 사실이다.

즉 자신의 육근(六根 : 眼·耳·鼻·舌·身·意)의 대상이 되는 여섯 경계가 눈으로 좋은 색깔만 보는 것이고, 귀로 좋은 소리만 듣는 것이며, 코로 좋은 냄새만 맡는 것이고, 입으로 좋은 음식만 먹는 것이며, 몸으로 좋은 촉감만 접하는 것이고, 뜻(마음)으로 좋은 생각만 하는 것이라고 집착하여 내려놓을 줄을 모르고 견지를 하기 때문에 여기에서 파생되는 우수와 공구가 한량이 없는 것이다.

다시 말하면, 어찌 여섯 경계가 나〔六根〕에게 딱 맞을 수가 있겠는가? 또한 나에게 좋을 대로 전개가 되겠는가. 아닐 것이다. 아닌 것을 긴 것으로 착시(錯視)하기 때문에 우수와 공구가 생기는 것이다.

그러므로 이 사대와 육진이란 영원하지 않다는 사실을 빨리 깨우쳐야 우수와 공구가 사라진다.

또 사대와 육진이 본래 텅 비어 나타난 것은 허상(虛像)임을 알아야 우수와 공구가 사라진다.

또 사대와 육진이 시초부터 무상하다는 상황을 감지(感知)하여야 우수와 공구가 사라진다.

4 종미일송(終尾一頌)

元 無 愛 欲 與 憂 愁　원무애욕여우수
亦 絕 怖 畏 兼 亂 浮　역절포외겸란부
恒 守 淸 心 捐 執 着　항수청심연집착
內 房 極 樂 永 生 遊　내방극락영생유

원래는 애착이나 욕심, 걱정이나 근심이 없고,
또한 두려움과 아울러 어지럽고 들뜸도 끊겼네.
항상 맑은 마음을 지켜서 집착을 버린다면,
안방의 극락에서 기나긴 생을 노니리라.

제33장

智明破魔 지명파마

지혜가 밝으면 마군을 파멸시킨다.

1 원문해역(原文解譯)

佛言－夫爲道者는 譬如一人이 與萬人戰이라 挂鎧出門[1]하
야 意或怯弱[2]하며 或半路而退[3]하고 或格鬪而死[4]하며 或得
勝而還[5]이니 沙門學道에 應當堅持其心[6]하야 精進勇銳[7]하며
不畏前境[8]하고 破滅衆魔[9]하야 而得道果니라.

부처님이 말씀하셨다.

무릇 도를 공부하는 사람은 비유하자면 한 사람이 만 사람과 싸우는 것과 같은 것이라, 갑옷을 걸치고 성문을 나와서 뜻(마음)에 혹 겁이 나서 약해지며, 혹 절반쯤의 길에서 물러서고, 혹 격렬하게 싸우다 죽으며, 혹 승리를 얻어 돌아오듯이 사문도 도를 배움에 응당 그 마음을 굳게 가져서 용감하고 예리하게 정진하며 앞의 경계를 두려워하지 않고 뭇 마군을 부수고 소멸하여야 도의 열매를 얻을 수 있나니라.

2 단어(單語) 및 숙어(熟語) 풀이

1) 挂鎧出門(괘개출문)

갑옷을 걸쳐 입고 문밖을 나온다. 즉 전쟁을 하기 위하여 완전

무장을 갖추고 적을 맞아 싸울 준비를 하고 성문 밖으로 나와 대비하고 있다.

2) 意或怯弱(의혹겁약)

뜻(마음)이 겁약해진다. 즉 막상 적을 맞아 싸우려고 생각하니 겁이 나고 나약한 마음이 들어 그만 두고 싶어진다.

3) 半路而退(반로이퇴)

중도이폐(中道而廢)라는 말과 같은 의미로 하다가 말면 처음부터 안 한 것과 같은 것이다.

4) 格鬪而死(격투이사)

싸움에 이르러 죽는다. 적군을 맞아 용감하게 싸우다가 죽을지라도 절대로 물러서지 않으리라는 각오를 가지고 싸우다가 죽는다.

5) 得勝而還(득승이환)

이기고 돌아온다. 싸움이란 싸우지 않고 이기는 것이 최고가 되지만 그렇지 않을 경우 겁부터 먹으면 반드시 지게 되고 죽더라도 싸우면 반드시 승리의 기쁨을 누리게 되는 것이다.

6) 堅持其心(견지기심)

마음을 굳게 가지자. 즉 본래 출가하여 세운 원심(願心)을 굳게 간직하고 수행하자.

7) 精進勇銳(정진용예)

앞으로 나아가는데 용감하자. 즉 공부를 하는데 꾸준하게 정진하는 것이 제일이요, 여기에다 용맹한 마음으로 정진을 한다면 성공은 반드시 따를 것이다.

8) 不畏前境(불외전경)

앞의 경계를 두려워하지 않는다. 즉 공부를 하는데 어찌 마장
이 없을 것인가. 어떠한 마장이 앞을 가로막고 또 온갖 방법을
동원하여 괴롭힌다고 할지라도 두려움이 없이 정진하겠다는 각
오를 가지자.

9) 破滅衆魔(파멸중마)

뭇 마군을 파멸시킨다. 수도란 결국 마군과 자신과의 싸움이
기 때문에 내가 마군을 이기면 도의 열매를 얻을 것이요, 지게
되면 중생으로 전락하게 되는 것이니, 마군을 쳐부수는 그날까
지 쉼 없이 정진을 하여야 한다.

3 해의(解義)

『금강경(金剛經)』에서 '진주항망(眞住降妄)하라.' 하였다. 즉 '참
에 머물러 망령을 항복 받으라' 는 의미이다. 참이란 진성(眞性)이요,
진공(眞空)이며 진혜(眞慧)요, 진심(眞心)이며 진념(眞念)이다. 또 망
이란 가성(假性)이요, 폐공(蔽空)이며 미혜(迷慧)요, 망심(妄心)이며
사념(邪念)이다.

다시 말하면, 항복기심(降伏其心) 하라는 것은 일체중생의 구류(九
類)를 항복 받으라는 것으로, 구류란 '난생(卵生)·태생(胎生)·습생
(濕生)·화생(化生)·유색(有色)·무색(無色)·유상(有想)·무상(無
想)·비유상비무상(非有想非無想)'을 무여열반(無餘涅槃)에 들게 하
여 멸도(滅度)시켜야 한다고 하셨다.

도고일장 마고일장(道高一丈 魔高一丈)이라는 말이 있다. 이 말은 도가 높으면 따라서 마군도 높아진다는 의미로, 공부의 진취를 따라 그만큼 마군도 진취되어 수도를 방해하는 것이다.

다소 역설적일지는 몰라도 하근(下根)의 무지몽매(無知蒙昧)한 상황에서는 도라는 것이 없고 마군의 판이지만, 어느 정도 공부를 하는 사람의 입장에서 중마(衆魔)가 치성(熾盛)하다는 것은 그만큼 공부가 되어지고 있다는 뜻으로, 더욱 수도에 힘을 쏟으면 능히 모든 마군을 항복받아 불보살의 경지에 오르게 될 것이다.

맹자(孟子)가 양혜왕[梁惠王 : 위후(魏侯)인 앵(罃)을 말한다. 참칭 (僭稱)하여 왕이 되었다]과 담론을 하는 가운데 이러한 이야기가 있 다.

양혜왕이 말한다.

'과인이 나라에 마음을 다할 뿐입니다. 하내가 흉년이 들면 그 백 성을 하동으로 옮기고 그 곡식을 하내에 옮기며 하동이 흉년이라도 그러합니다. 이웃 나라의 정치를 살펴보면 과인의 마음 씀과 같지 아 니한데 이웃 나라의 백성이 더 적어지지 않고 과인의 백성이 더 많아 지지 않는 것은 어떠함입니까?(寡人之於國也, 盡心焉耳矣. 河內凶, 則移其民於河東, 移其粟於河內. 河東凶亦然. 察鄰國之政, 無如寡人 之用心者. 鄰國之民不加少, 寡人之民不加多, 何也)'

맹자가 대답한다.

'왕이 싸움을 좋아하니 청하건대, 전쟁에 비유할까 합니다. 북소리 가 울려 병기의 날이 이미 접하거든 갑옷을 버리고 병기를 이끌고 달 아나되, 혹 백 보를 간 뒤에 그치고, 혹 오십 보를 달아난 뒤에 멈추 어서 오십 보로 백 보를 비웃는다면 어찌 하렵니까?(王好戰, 請以戰

喻. 塡然鼓之, 兵刃既接, 棄甲曳兵而走. 或百步而後止, 或五十步而後
止. 以五十步笑百步, 則何如)'

양혜왕이 대답한다.

'옳지 않습니다. 다만 백 보가 아닐 뿐이지, 이도 또한 달아난 것입
니다(不可, 直不百步耳, 是亦走也).'

이 이야기에서 의미를 찾고자 하는 것은 싸움(戰爭)이라는 의미이
다. 도를 닦는 사람이 생이지지(生而知之)한 상상근기(上上根機)로
생을 받아 나왔다면 모든 마군을 자연스럽게 항복받아 싸울 필요가
없지만 그 이외의 근기들은 마군과 자신과의 싸움을 하지 않을 수 없
다. 즉 싸움을 통하여 자신의 성장을 이루어 나아가야 한다.

그런데 싸우는 사람이 미리서 겁을 집어먹고 중간에 도망을 친다
면 과연 그 전쟁의 승리를 얻을 수 있겠는가? 아마 패망의 쓴 고통을
받을 수밖에 다른 도리가 없을 것이다. 결국 승리란 끝까지 싸워 이
기는 사람의 소유인 것이다.

『논어(論語)』 옹야(雍也)에 보면, 염구(冉求)라는 제자가 여쭙는다.
'스승님의 도를 즐겨하지 않음이 없으나 힘이 부족합니다.'
공자가 대답한다.
'힘이 부족한 사람은 중도에서 폐지하는데, 지금 너는 선을 그어
놓았구나.'
('非不說子之道, 力不足也' 子曰 '力不足者, 中道而廢. 今女畫')

혹 우리가 공부하면서 고비를 넘기 어렵다고 중도에 스스로 그만 두
지는 않는지 생각해 보아야 한다. 분명히 조금만 넘으면 충분히 넘을
수 있건만 스스로 한계를 지어 놓고 이 이상은 안된다고 하는 사람은
절대로 그 선을 넘어갈 수 없는 것이다. 오직 용맹 정진의 마음을 발

휘하여 나아가면 득도(得道)의 열매를 따게 될 것이다.

부처님도 도를 이룰 때 마군과 싸우셨다. 이것이 곧 팔상(八相)의 하나인 수하항마상(樹下降魔相)이다. 마왕인 파순이가 8만 4천의 마졸(魔卒)을 이끌고 갖가지 수단과 방법을 다하여 보리수 아래에서 수도하는 부처님을 공격하고, 또는 회유하며 위협을 하였지만 부처님은 흔들림이 없이 결국 승리의 깃발을 높이 들어 올리셨던 것이다.

그렇다면 항마란 무엇인가? '악마를 항복받는다(降伏惡魔)는 의미이다. 부처님이 정각(正覺)을 이루시려고 보리수 아래 보리도량(菩提道場)에 앉았을 때에 욕계(欲界) 육천(六天)의 악마들이 갖가지 방법으로 방해를 하였다. 혹 부드럽고 따뜻한 말로 얼리기도 하고 포악하게 핍박도 하였지만 부처님은 모두 항복을 받아내었으니 이것을 항마라 하는 것이다.'

즉 부처님은 항마를 한 고비를 통해서 삼계의 대도사가 되고 사생의 자부가 된 것이다.

『손자(孫子)』모공편(謀攻篇)에 보면 '상대를 알고 나를 알면 백 번 싸울지라도 위태롭지 않고, 상대를 알지 못하고 나를 알면 한 번은 이기기도 하고 한 번은 지기도 하며, 상대도 알지 못하고 나도 알지 못한다면 매양 싸움마다 패한다(知彼知己 百戰不殆 不知彼而知己 一勝一負 不知彼不知己 每戰必敗).'고 하였다.

싸움도 상대인 적을 알고 따라서 우리 군대의 힘도 헤아려서 싸워야 한다. 상대를 헤아리지 않고 내 힘만 믿고 싸운다면 좀처럼 승리하기가 어렵다.

이와 같이 우리가 공부하는데 있어서 겁부터 내지 말고 죽더라도 전장에서 죽겠다는 각오를 가지고 싸운다면 반드시 뭇 마군을 항복 받아 도의 열매를 얻게 될 것이다.

다시 말하면 "공부하다가 죽자"는 것이다.

그러므로

마강법약(魔强法弱)이면 중생의 길이요, 법강마약(法强魔弱)이면 불보살의 길이며,

마고도저(魔高道低)면 중생의 길이요, 법고마저(法高魔低)면 불보살의 길이며, 마력복심(魔力伏心)이면 중생의 길이요, 심력복마(心力伏魔)면 불보살의 길이며,

성마부혜(盛魔覆慧)면 중생의 길이요, 혜검살마(慧劍殺魔)면 불보살의 길이다.

4 종미일송(終尾一頌)

一 人 相 對 萬 人 爭　일인상대만인쟁
出 怯 生 畏 半 路 傾　출겁생외반로경
死 力 降 魔 勝 幟 揷　사력항마승치삽
滿 懸 道 果 佛 陀 成　만현도과불타성

한 사람이 만 사람을 상대하여 싸운다면,
겁이 나고 두려움이 생겨 절반 길에서 기울리.
죽을힘으로 마구니 항복 받아 승리 깃발 꽂으면,
도의 열매 가득 달려 부처가 이뤄지리라.

제34장

處中得道 처중득도

중도(中道)에 처하여야 도를 얻는다.

沙門夜誦迦葉佛遺敎經[1]할새 其聲悲緊[2]하야 思悔欲退[3]라
佛問之曰 "汝昔在家하야 曾爲何業고" 對曰 "愛彈琴[4]이니
다" 佛言 "絃緩如何오" 對曰 "不鳴矣니다" "絃急如何오"
對曰 "聲絶矣니다" "急緩得中如何오" 對曰 "諸音普矣니
다" 佛言 "沙門學道亦然이니 心若調適[5]이면 道可得矣리라
於道若暴[6]하면 暴卽身疲하고 其身若疲하면 意卽生惱[7]하고
意若生惱하면 行卽退矣리라 其行旣退하면 罪必加矣리라 但
淸淨安樂[8]하면 道不失矣리라"

사문이 밤에 가섭불의 『유교경』을 외우는데 그 소리가 슬프고 긴
장되어 후회스럽게 생각하며 물러나고자 하였다.

부처님이 그에게 물으셨다.

"네가 옛날 집에 있으면서 일찍이 무슨 일을 하였느냐?"

대답하기를 "거문고 타기를 좋아하였나이다."

부처님이 말씀하셨다.

"줄이 늦으면 어떠하더냐?"

대답하기를 "울리지 않나이다."

부처님이 말씀하셨다.

"줄이 급하면 어떠하더냐?"

대답하기를 "소리가 끊어지는 듯 하나이다."

부처님이 말씀하셨다.

"급하고 늦음이 맞으면 어떠하더냐?"

대답하기를 '모든 소리가 넓게 퍼지나이다."

부처님이 말씀하셨다.

"사문으로 도를 배우는 것도 또한 그러하나니 마음이 만일 골라 맞으면 도를 가히 얻게 되리라. 도를 만일 급작스럽게 하면 급작스러움으로 곧 몸이 피곤하게 되고, 그 몸이 만일에 피곤하면 뜻(마음)에 곧 번뇌가 생겨나고, 뜻에 만일 번뇌가 생기면 수행이 곧 물러나게 되고, 그 수행이 이미 물러나면 죄가 반드시 더해질 것이라, 다만 맑고 조촐하고 편안하고 즐거우면 도를 잃지 않나니라."

2 단어(單語) 및 숙어(熟語) 풀이

1) 遺敎經(유교경)

『유교경』이란 『불수반열반약설교계경(佛垂般涅槃略說敎誡經)』의 이명(異名)이다. 즉 부처님이 열반할 때에 내려준 유계(遺誡)이다. 이 경을 혹은 대승(大乘)이라고 하고, 혹은 소승(小乘)이라고도 한다. 천태가(天台家)에서는 대승이라 하여 열반부의 결론이 되는 경전이라고 한다.

2) 悲緊(비긴)

슬프고 긴장되다. 공부하러 온 사람이 퇴속(退俗)을 하려고 생각하니 자연 슬픔이 생기고 긴장이 되어진다.

3) 思悔欲退(사회욕퇴)

후회스럽게 생각하여 물러나려 한다. 즉 출가하여 도를 이루겠다고 한 그 자체가 후회스러워서 기어이 물러나려고 마음을 단단히 먹고 있다.

4) 愛彈琴(애탄금)

거문고를 사랑한다. 즉 집에 있으면서 거문고 타기를 즐겨하여 손에서 거문고를 내려놓지 않을 정도로 좋아하였다.

5) 心若調適(심약조적)

마음이 골라 맞는다. 음악을 연주하는데 높은 음과 낮은 음이 골라져야 하모니가 이루어지고 아름다운 소리가 나오듯이 마음도 잘 골라 맞아야 도를 쉽게 이룰 수가 있다.

6) 於道若暴(어도약폭)

도를 갑작스럽게 한다. 즉 도를 단번에 이루려고 밤낮이나 물불을 안 가리고 공부를 하게 되면 결국 피곤이 온다. 피곤이 오면 몸에 병이 생기고 병이 생기면 꾸준한 공부를 할 수가 없고 꾸준히 공부하지 않으면 도를 이루지 못한다.

7) 意卽生惱(의즉생뇌)

뜻(마음·생각)에 번뇌가 생긴다. 마음이 움직여 일어난 것이 뜻인데, 이 뜻에 번뇌나 망상이 생기면 뜻이 안정되지 아니하고, 뜻이 안정되지 않으면 결국 마음도 안정을 얻지 못하는 것이다.

8) 淸淨安樂(청정안락)

맑고 편안하며 즐겁다는 뜻이다.

즉 청정하다는 것은,

(1) 죄업이나 번뇌의 더러움에서 벗어난 깨끗함을 말하고

(2) 계행(戒行)이 깨끗함을 말하며

(3) 더럽거나 속되지 않고 맑고 깨끗함을 말하고

(4) 악행의 과실을 여의고 번뇌의 티끌에 물든 여임을 청정이라 이른다(離惡行之過失 離煩惱之垢染 云淸淨)고 하였다.

(5) 『탐현기(探玄記)』 4에 '삼업(身 · 口 · 意)에 허물이 없음을 청정이라 이른다(三業無過云淸淨).'고 하였다.

안락이란,

(1) 몸이 편안하고 마음이 즐거움(身安心樂)을 말한다.

(2) 『문구(文句)』 8에 '몸에는 위험이 없음으로 편안하고, 마음에는 걱정과 번뇌가 없음으로 즐겁다(身無危險故安 心無憂惱故樂).'고 하였다.

(3) 마음과 기운이 편안하고 걱정이 없는 즐거움을 말한다.

3 해의(解義)

'백아절현(伯牙絶鉉)' 또는 '백아파금(伯牙破琴)'이라는 고사가 있다.

『열자(列子)』의 탕문편(湯問篇)에 나오는 이야기이다. 백아(伯牙)가 친구의 죽음을 슬퍼하여 거문고 줄을 끊어버리고 다시는 타지 않았다는 고사이다.

춘추전국시대에 거문고의 명수로 이름 높은 백아(伯牙)에게는 그 소리를 누구보다 잘 감상해주는 친구인 종자기(鍾子期)가 있었다. 백

아가 거문고를 타며 높은 산과 큰 강의 분위기를 그려내려고 시도하면 옆에서 귀를 기울이고 있던 종자기의 입에서는 탄성이 터져 나왔다.

'좋도다. 우뚝 솟음이여! 마치 태산 같구려(善哉峨峨兮若泰山).'

'훌륭하다, 넘칠 듯이 흐름이여! 마치 황하 같구려(善哉洋洋兮若江河).'

두 사람은 그토록 마음이 통하는 연주자였고 청취자였으나 불행히도 종자기가 먼저 병으로 죽고 말았다.

그러자 백아는 절망한 나머지 종자기의 묘소에 나아가서 평소 종자기가 좋아하였던 곡을 연주하고는 거문고 줄을 끊고 다시는 연주를 하지 않았다고 한다.

과연 백아가 거문고를 잘 탄 이유는 어디에 있을까? 물론 기본적으로 마음이 청아하고 음색(音色)을 잘 알며 손재주가 타인에 비해 월등하고 이에 걸맞는 연습이 있었을 것이다.

그러나 제일 중요한 것은 자신이 연주하고자 하는 곡조를 이해하여 주고 감상하여 주며 칭찬하여 주는 친구가 곁에 있었다는데 있을 것이다.

거문고의 울림은 줄의 이완(弛緩)과 안족(雁足)의 고저(高低)에 따라 다양한 소리가 나온다. 느려진 소리도 나오고 급박한 소리도 나오며, 짧은 소리도 나오고 긴 소리도 나오게 된다. 만일 줄이 팽팽한데 느린 소리를 내려고 하면 소리가 울리지 않을 것이요, 줄은 느린데 높은 소리를 내고자 하여도 역시 소리가 울리지 않을 것이다. 즉 줄의 이완이 중도에 맞고 안족 또한 중립이 되어서 제자리에 있어야 연주자가 울리고자 하는 소리가 제대로 나올 것이다.

도를 닦는 공부도 이와 다를 바가 없다고 부처님께서 감지(感知)하신 것이다. 즉 공부에는 긴장(緊張)과 이완(弛緩)이 필요하다. 곧 잡음과 놓음이 있어야 한다. 너무 긴장만 한다거나 잡기만 하면 법박(法縛)이 되어 옹졸(壅拙)하기 쉽고, 너무 이완한다거나 놓아버리면 산만(散漫)하여 걸 넘기가 쉬운 것이다.

도라는 것이 한때 주야를 불철(不撤)하고 정진불퇴(精進不退)의 독공(篤工)에 의하여 이루어지는 것도 아니요, 그렇다고 방심(放心)하고 유적(遊適) 한다 하여 이루어지는 것도 아니다. 너무 지나치게 잡아매면 중도이폐(中道而廢)하기 쉬울 것이요, 너무 느리면 나태심(懶怠心)이 나오게 되어 도와는 멀어질 수도 있는 것이다.

우리가 공부를 하는데 있어서 크게 경계를 하여야 할 것이 두 가지가 있다. 하나는 '육신의 학대(虐待)'이고, 또 하나는 '번뇌(煩惱)의 기생(起生)'이다.

육신을 한번 생각해 보자. 우선 내 마음〔性稟〕이 어디에 담겨 있는 것인가. 허공에 담긴 것도 아니요, 땅속에 묻힌 것도 아니다. 결국 육척미만(六尺未滿)의 이 육신 속에 마음이 담겨서 이 마음을 통하여 견문각지(見聞覺知)를 하고, 이 마음을 통하여 지혜를 닦으며, 이 마음을 통하여 복락을 쌓고, 더 나아가 이 마음을 통하여 불보살을 이루어가는 것이니, 이 육신을 떠나서는 혜복(慧福)이나 불보살을 이루어낼 수가 없는 것이다.

그러므로 이 육신을 너무 피곤하게 하고 너무 학대하고 너무 고행(苦行)을 시켜 결국 고해(苦海)의 원조(元祖)라고 매도하지 말자. 항상 중도를 잡아서 병이 생기지 않도록 조절을 하여야 한다.

즉 파거불행(破車不行)이요, 노인불수(老人不修)라 하였다. 수레나 자동차가 부서지면 달리거나 구르지 못하고 사람이 늙고 병들면 아무리 공부를 하고 싶어도 어려운 것이니, 이에 어느 정도의 섭생을 통해서 불인(不仁)한 몸이 되지 않도록 하여야 한다.

다음으로 번뇌가 기생(起生)하는 문제이다. 과연 번뇌의 실체(實體)라는 게 있는 것인가. 번뇌가 나오는 한 구멍이 있어서 필요에 따라 이 번뇌 저 번뇌가 번갈아 들어갔다 나갔다 하는 것인가? 아니면 마왕인 파순(波旬)이 8만 4천의 마병(魔兵)을 거느리고 있다가 나누어 배치하는 것인가?

아마 없다고 보아야 한다. 원래 없는 것이기 때문이다. 나〔我〕라는 것을 위주로 하기 때문에 번뇌도 따라서 일어나는 것이지, 나만 없다면 어디에 번뇌가 뿌리를 내릴 수가 없을 것이다.

저 하늘을 찌르는 열대림(熱帶林)을 보더라도 땅이라는 데 뿌리를 내리고 무성하게 자라는 것이지 땅의 바탕에 뿌리가 닿지 않으면 자라날 수가 없는 것이다.

그러므로 번뇌를 소멸시키는 것은 확실하게 무아(無我)임을 철오(徹悟)하였을 때 이루어지는 것이요, 또한 이 육체를 잘 보존하여야 도도 이루고 불보살도 이룰 수 있는 것이다.

4 종미일송(終尾一頌)

絃 急 彈 琴 不 美 鳴　현급탄금불미명
緊 遲 中 的 響 淸 聲　긴지중적향청성

功 夫 如 此 執 邊 立   공부여차집변립
少 力 多 成 佛 陀 生   소력다성불타생

줄이 급박한데 거문고 타면 아름답게 울리지 않고,
긴장과 느림이 적중하여야 맑은 소리가 울리리라.
공부도 이와 같이 갓을 잡아서 (中道에) 세우면,
적은 힘으로 많이 이루어 부처가 나오게 되는 것이라네.

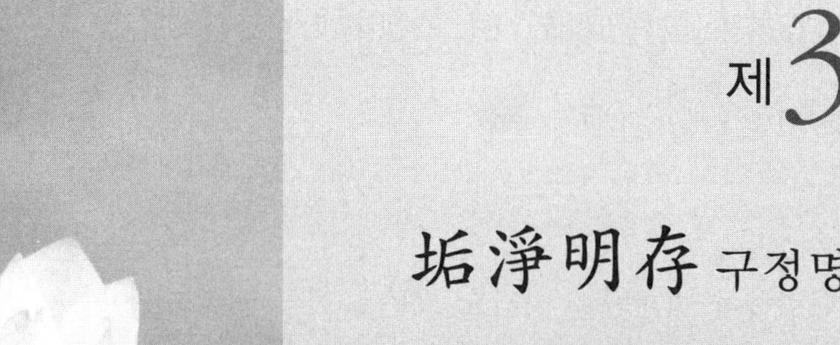

제35장

垢淨明存 구정명존

때를 씻어 맑아야 밝음이 존재한다.

佛言－如人鍛鐵[1]에 去滓成器[2]라야 器卽精好이듯 學道之 人이 去心垢染[3]하면 行卽淸淨矣리라.

부처님이 말씀하셨다.

사람이 쇠를 단련하여 찌꺼기를 버리고 그릇을 이루어야 그릇이 곧 정교하게 되는 것처럼 도를 배우는 사람이 마음에 때와 오염을 버리면 수행이 바로 맑고 조촐하게 되나니라.

2 단어(單語) 및 숙어(熟語) 풀이

1) 鍛鐵(단철)

쇠를 달구어 단련한다. 쇠를 불모화로에 넣었다 빼냈다 하면서 두드려 잡철을 제거하는 작업. 연철(鍊鐵)과 같은 의미.

2) 去滓成器(거재성기)

쇠를 단련하여 찌꺼기를 빼내고 그릇을 만든다. 쇳덩어리를 가지고는 그릇을 만들 수가 없다. 그 쇠를 달구어 두드려야 좋은 그릇을 만들 수가 있다.

3) 去心垢染(거심구염)

마음에 때와 물듦을 제거한다. 즉 쇠를 단련하여 좋은 그릇을

만들듯이 마음에 일체의 때와 오염(汚染)과 사재(渣滓)를 버리고
청정한 마음을 이룩한다.

3 해의(解義)

점철성금(點鐵成金)이라는 말이 있다. 쇠를 달구고 두드려서 일체
의 잡철을 털어내고 정금(精金)을 이룬다는 말이다. 원철(原鐵)이라
는 것은 찌꺼기가 함께 섞여 있는 쇳덩어리를 말한다. 이러한 원철을
가지고는 수저도, 자동차도, 시계도 만들 수가 없다. 이 쇠를 불모화
로에 넣고 단련을 시켜야 시계나 자동차를 만들어낼 수가 있는 것이
다.

점목성금(點木成金)을 한다거나 점석성금(點石成金)을 할 수는 없
다. 즉 나무를 두드리고 단련하여 쇠를 얻을 수 없고, 돌을 두드리고
단련하여 쇠를 얻을 수는 절대로 없다. 나무나 돌은 쇠의 성분이 들
어 있지 않기 때문이다.

이와 마찬가지로 우리가 부처가 되고 도를 이루는 것도 오직 우리
의 마음을 단련하여 이루는 것이지, 몸을 단련한다거나 기운을 단련
하여 이루어지는 것은 아니다. 즉 마음 외의 타물(他物)을 단련하여
도를 이루었다는 말은 들어본 적이 없다. 오직 마음에 의하여 부처가
되고 도가 이루어지는 것이다.

사마외도(邪魔外道)는 도를 이룰 수가 없다. 또한 마왕 파순(波旬)
도 도를 이룰 수가 없다. 천신(天神)이나 아수라(阿修羅)도 도를 이룰
수가 없다.

　　그래도 우치(愚癡)하고 몽매(蒙昧)한 사람으로서 중생이라야 도를
이루고 부처가 될 수 있다. 비록 중생이라고 할지라도 그 속에는 마
음이 들어 있기 때문이다. 이 마음에 덮여 있는 업장(業障)이나 무명
(無明)이나 망념(妄念)들로 인하여 잠깐 매(昧)한 것이니 이들을 털어
버리고 제멸(除滅)하여 버리면 바로 청정(淸淨)한 본원 자리를 회복
하는 것이 되므로 부처가 되는 것이다.

　　'우리 부처님께서 적멸장 가운데에서 처음으로 바른 깨달음을 이
루고 사자후를 토하시되 "기특하고 기이하다. 널리 일체 중생을 보
니 여래의 지혜와 덕상이 갖추어 있다." 하시고, 또 이르시기를 "일
체 중생의 갖가지 환화가 다 여래의 뚜렷하게 깨달은 오묘한 마음에
서 나온다." 하시고, 다만 망상과 집착 때문에 증득하지 못한다(我迦
文 於寂滅場中 初成正覺 作獅子吼 "奇哉奇哉 普觀一切衆生 具有如
來智慧德相" 又云 "一切衆生種種幻化 皆生如來圓覺妙心" 但以妄想
執着 而不證得).'고 하셨다.
　　이런 말씀에서 보더라도 천신이나 수라나 사마악귀들이 부처를 이
루는 것이 아니라 오직 마음을 가지고 있는 하열(下劣)하고 못난 중
생이 부처를 이루는 것이다. 즉 지금의 중생은 그 내면에 여래의 지
혜와 덕상이 갊아 있고 원각의 묘심이 장재(藏在)되어 있기 때문에
부처가 되는 것이다.

　　『지장경(智藏經)』경애탄품(經哀嘆品)에 보면, '비유하자면 다리와
같은 것이니, 모든 사람이 다니면 혹 무겁고 혹 가벼움을 따르지만
다리는 더하고 덜함이 없다. 중생의 도의 성품도 또한 이와 같은 것
이다(譬如橋梁 隨諸行人 或重或輕 以是橋梁 無有增減 衆生道性 亦復

如是).'고 하였다.

중생에게 갊아 있는 도성(道性), 곧 중생의 본래 심성은 무염무구(無染無垢)한 진성(眞性)이기 때문에 일여(一如)한 것이다. 다리에 사람이 다니는데 가벼운 사람이 가든 무거운 사람이 가든 다리 자체가 여여한 것처럼 중생의 심성도 여여할 뿐이다.

『혜사어록(慧思語錄)』에 보면, 지공선사가 사람을 시켜 말을 전하기를 '어찌 산을 내려가 중생을 교화하지 않고 눈으로 은하수만 바라면서 무엇을 합니까?' 혜사선사가 대답하기를, '삼세의 모든 부처님을 내가 한 입으로 삼켜서 다해버렸는데 어디에 다시 중생이 있어 교화를 하라 하는가?(因志公令人傳語曰 '何不下山敎化衆生 目視雲漢作什麼?' 師曰 '三世諸佛 被我一口吞盡 何處更有衆生可化)'라 하였다.

이런 어록의 말씀을 보더라도 본래 중생이 없는데 공연한 분별을 지어서 부처와 중생을 나누어 본 것에 불과하다. 대저 중생이 없다. 분별과 망상으로 인하여 구분을 짓는 것이지 원래 중생이 어디 있는가. 만일 부처가 있다면 중생도 있는 것이지만 모든 부처를 한 입에 다 삼켜 버렸는데 어디에 부처가 있다는 말인가. 그래서 중생이 없으면 부처도 없고 부처가 없으면 중생도 없다.

좋은 그릇을 만들려면 쇠를 많이 달구어 두들겨야 하듯이 도를 배우는 사람, 곧 중생도 마음을 덮고 있는 구진(垢塵)과 염오(染汚)를 씻고 버리면 청정한 자성을 회복할 수 있는 것이다.

4 종미일송(終尾一頌)

原 鐵 冶 鎔 眞 鐵 成　원철야용진철성
精 金 做 器 實 傳 名　정금주기실전명
大 心 藏 體 衆 生 性　대심장체중생성
卽 拂 垢 塵 淸 淨 明　즉불구진청정명

원래의 쇠 두들기고 불려 진짜 쇠를 이루고,
정밀한 쇠로 그릇 만들면 참된 이름 전해지네.
큰마음을 바탕에 깊은 중생의 품성이니,
바로 때와 티끌을 털면 맑고 밝으리라.

제36장

輾轉獲勝 전전획승

엎치락뒤치락하다 보면 수승을 얻게 된다.

佛言－人離惡道[1]하야 得爲人難[2]이요 旣得爲人하야 去女
卽男難[3]이며 旣得爲男하야 六根完具難[4]이요 六根旣具하야
生中國難[5]이며 旣生中國하야 値佛世難[6]이요 旣値佛世하야
遇道者難[7]이며 旣得遇道하야 興信心難[8]이요 旣興信心하야
發菩提心難[9]이며 旣發菩提心하야 無修無證難이니라.

부처님이 말씀하셨다.

사람이 악도를 여의고 사람됨을 얻기가 어려운 것이요,

이미 사람됨을 얻었으나 여자를 버리고 곧 남자 되기가 어려우며,

이미 남자 됨을 얻었으나 육근이 완전히 구족하기 어려운 것이요,

육근이 이미 구족하였으나 중앙의 나라에 나기가 어려운 것이며,

이미 중앙의 나라에 났으나 부처님 세상 만나기가 어려운 것이요,

이미 부처님 세상을 만났으나 도 있는 사람을 만나기가 어려운 것이며,

이미 도 있는 사람 만남을 얻었으나 믿는 마음을 일으키기가 어려운 것이요,

이미 믿는 마음을 일으켰으나 보리심을 발하기가 어려운 것이며,

이미 보리심을 발하였으나 닦을 것도 없고 증득할 것도 없게 되기가 어렵나니라.

1) 人離惡道(인리악도)

사람이 악도를 여의다. 즉 사람으로서 최소한 아귀(餓鬼), 축생(畜生), 지옥(地獄)의 삼악도를 벗어나야 한다.

2) 得爲人難(득위인난)

사람 되기 어렵다. 즉 육도 가운데에 사람의 몸을 얻어 세상에 태어나기란 한강의 모래밭에서 바늘을 찾는 것보다 훨씬 어려운 것이다.

3) 去女卽男難(거녀즉남난)

여자보다는 남자 되기 어렵다. 이는 차별을 두고 하는 이야기가 아니라, 세상에서 활동을 여자보다는 남자들이 많이 하기 때문이요, 앞으로는 남녀의 동등한 권리와 의무가 같아질 것이다.

4) 六根完具難(육근완구난)

육근을 완전하게 갖추어 가지기가 어렵다. 즉 공해나 약물 중독 등에 의하여 선천적으로 태중에서 눈과 귀와 코와 입과 몸과 뜻(마음 · 생각)을 완전하게 지니고 태어나기가 어렵고, 후천적으로도 온갖 문명의 이기(利器)에 의해 사고를 당하여 온전한 육신을 간직하고 살기가 대단히 어렵다.

5) 生中國難(생중국난)

나라 가운데 나기가 어렵다. 즉 문명의 혜택이 적은 변두리나 가난과 기아(饑餓)에 시달리는 저 변지의 나라에 나기는 쉬워도 문명을 누리고 부유를 얻을 수 있는 중심지나 수도(首都)에 나기가 어려울 뿐만 아니라 살기도 어려운 것이다.

6) 値佛世難(치불세난)

부처님 세상을 만나기 어렵다. 즉 여기서 말하는 부처님이란 당래(當來)하신 주세불(主世佛)을 말하는 것으로, 이러한 주세 성자와 함께 한 국토에 태어나서 모시고 따르고 그 가르침을 받기가 어렵다는 것이다.

7) 遇道者難(우도자난)

도 있는 사람을 만나기 어렵다. 즉 마음에 도를 갖추고 남에게 가르침을 펼 수 있는 스승으로서 이러한 법력(法力)을 가진 참 스승, 곧 선지식(善知識)을 만나 가르침을 받기가 어려운 것이다.

8) 興信心難(흥신심난)

믿는 마음을 일으키기 어렵다. 즉 부처님 세상을 만나고 법 있는 스승을 만났다고 할지라도 정말 마음 깊은 곳에서 믿음을 일으켜 따르기가 어렵다.

9) 發菩提心難(발보리심난)

깨달음을 내기 어렵다. 즉 여기에는 두 가지 측면이 있다. 하나는 내가 실지로 깨닫고자 하는 강한 의지를 갖기가 어렵고, 다음으로는 진리의 근원지처(根源之處)를 완전하게 깨닫기가 어려운 것이다.

3 해의(解義)

만물이 이 세상에 나온다는 것은 우연은 아니다. 무엇인가 필연이 있어서 나온 것이기 때문에 두 말을 하면 잔소리가 된다. 이 가운데

서 사람으로 태어난다는 것은 더욱 어려운 것이다. 즉 삼악도(三惡
道 : 地獄·餓鬼·畜生)를 벗어나 존엄(尊嚴)한 사람이 된다는 것이
결코 쉬운 일이 아니다.

사람으로 태어났으면 여자보다는 남자가 되기가 어렵다고 하였다.
또 육근에 어떤 결함이 있는 것보다는 육근이 완전하기가 어렵다. 또
는 변방보다는 문화나 경제나 정치가 중심이 되는 데서 살기가 어렵
다. 또 부처님 세상 만나기는 정말 어렵고 선지식을 만나기도 제법
어렵다. 더욱 어려운 것은 신심(信心)을 일으키는 것이요, 결국 보리
심(菩提心)을 발하여 닦을 것도 없고 증득할 것도 없는 경지에 드는
것은 더욱 어려운 것이다.

여기서 우리가 주목을 하여야 할 것은 신심(信心)의 문제이다. 신
심이란 무엇인가, 어떤 것을 신심이라 하는가.

경전에 보면,

첫째, 스승을 의심하지 않는 것이다. 이는 비록 천만 사람이 천만
가지로 그 스승을 비방할지라도 거기에 믿음이 흔들리지 아니하며,
혹 직접 보는 바에 무슨 의혹되는 점이 있을지라도 거기에 사량심(思
量心)을 두지 않는 것이다.

둘째, 스승의 모든 지도에 오직 순종할 따름이요, 자기의 주견(主
見)과 고집(固執)을 세우지 않는 것이다.

셋째, 스승이 혹 과도(過度)한 엄교중책(嚴敎重責)을 하며, 혹 대중
의 앞에 허물을 드러내며, 혹 힘에 과한 고역을 시키는 등 어떠한 방
법으로 대하더라도 다 달게 받고 조금도 불평(不評)이 없는 것이다.

넷째, 스승의 앞에서는 자기의 허물을 도무지 숨기거나 속이지 아
니하고 사실로 직고하는 것이다.

이 네 가지가 구비하게 되면 특별한 신심으로 능히 불조(佛祖)의 법기(法器)를 이루게 되는 것이라고 하였다.

이러한 의미로 볼 때 불가(佛家)에서 신심을 강조하는 것은 신심이 있어야 스승의 가르친 법을 온전히 받아들여서 일호의 의심이 없고, 또 불보살을 이룰 수 있는 바탕이 되기 때문이다.

다시 말하면, 나무가 땅에 뿌리를 하듯이 중생도 불보살의 진리나 법에 뿌리를 내려야 큰 공부가 이루어지고 큰 복락을 누리게 되는 것이다.

또한 『금강경(金剛經)』 정신희유분(正信希有分) 제6에 수보리가 부처님께 여쭙기를,

'세존이시여 자못 중생이 있어 이와 같은 언설과 장구를 얻어듣고 진실한 믿음을 내겠습니까?'

부처님이 수보리에게 고하시기를,

'이러한 말을 하지 말아라. 여래가 멸한 후 오백 세에 계행을 가지고 복을 닦는 자가 있어 이 장구에 능히 믿음의 마음을 내어 이것으로 진실을 삼을 것이라 마땅히 알아라. 이런 사람은 한 부처, 두 부처 셋, 넷, 다섯 부처님에게 선근을 심은 것만이 아니라 이미 무량한 천만의 부처님 처소에 모든 선근을 심어놓아 이런 장구를 듣고 내지 한 생각에 바른 신심을 낸 사람이니라(須菩提 白佛言 '世尊 頗有衆生 得聞如是言說章句 生實信不' 佛告須菩提 '莫作是說 如來滅後後五百 歲 有持戒修福者 於此章句 能生信心 而此爲實 當知是人 不於一佛二 佛三四五佛 而種善根 已於無量千萬佛所 種諸善根 聞是章句 乃至一 念生正信者').'고 하셨다.

2500여 년이 지난 지금인데 부처님의 경전을 보고 환희봉대(歡喜

奉戴)하고 신수봉행(信受奉行)하는 것이 한때의 신심으로 되는 것은 아니요, 다생겁래(多生劫來)에 정말 불발(不拔)의 바른 신심을 심어 놓은 선근(善根)이 아니면 절대로 불가능한 일이다.

또 '믿음은 도의 근원이요 공덕의 어미이며, 성태와 모든 선근을 장양한다(信爲道源功德母 長養聖胎諸善根).'고 하였으니, 신이 근본 이 되어야 공덕을 심을 수 있고 성태도 장양할 수 있다.

또 '신이란 믿음을 이름이니 만사를 이루려 할 때 마음을 정하는 원동력이다.' 하였으니, 정말 세상에 큰일을 이루려고 하면 믿음을 통하여 마음을 굳게 정하고 추진하면 이루어지지 않을 일이 없다.

『태평어람(太平御覽)』 진보부(珍寶部) 금중(金中)에 '지극한 인은 친함이 없고, 지극한 믿음은 쇠도 부순다(至仁無親 至信碎金).'고 하 였다. 즉 참 어짊이란, 한 사람이나 한 물건에게만 친하고 미쳐가는 게 아니라 두루 이른다는 것이요, 지극한 믿음 또는 신념(信念)을 가 지면 쇠라도 부술 수 있는 능력이 갖춰지게 되어 이루지 못할 일이 없는 것이다.

경전에 보면, 도가에서 공부인의 신성(信誠)을 먼저 보는 것은 신 (信)이 '법을 담는 그릇이 되고(盛法之器皿), 모든 의두(疑頭)를 해결 하는 원동력이 되며(解決一切疑團之原動力), 모든 계율을 지키는 근 본(守行一切戒律之根本)이 되기 때문이니, 신이 없는 공부는 마치 죽 은 나무에 거름하는 것과 같아서 마침내 결과를 보지 못한다.'고 하 였다.

이러한 말씀을 보더라도 도가에서 신을 저버리고 무시하는 것은
종교 생명(生命)의 원천을 잃어버린 것과 같아서 장생(長生)할 수가
없다.

다시 말하면, 법기(法器)되기 어렵고, 공안(公案)을 참구(參究)하기
어려우며, 수계(守戒)하기가 어려운 것이다.

4 종미일송(終尾一頌)

棄 惡 爲 人 不 易 看　기악위인불이간
六 根 完 具 活 中 難　육근완구활중난
多 生 永 劫 非 離 信　다생영겁비이신
無 證 無 修 鴻 路 攤　무증무수홍로탄

악도를 버리고 사람됨을 쉽게 볼게 아니요,
육근을 완전히 갖추어 중앙에 살기도 어렵네.
많은 생 긴긴 세월에 신심을 여의지 아니하면,
증득할 것도 없고 닦을 것도 없는 큰 길 열리리.

제37장

念戒近道 염계근도

계율을 염원하면 도가 가까워진다.

佛言 – 佛子離吾數千里라도 憶念吾戒[1]하면 必得道果요 在吾左右하야 雖常見吾라도 不順吾戒[2]하면 終不得道니라.

부처님이 말씀하셨다.

불자들이 나를 수천 리 떠났을지라도 나의 계율을 생각하면 반드시 도의 열매를 얻을 것이요, 나의 좌우에 있어서 비록 항상 나를 볼지라도 나의 계율을 따르지 않으면 마침내 도를 얻지 못하나니라.

1) 憶念吾戒(억념오계)

나의 계율을 생각하라. 수도인의 행동에 표준이 되는 계율을 늘 생각하고 산다면 삶에 손가락질은 받지 않아서 참된 수행인이 될 것이다.

2) 不順吾戒(불순오계)

나의 계율을 따르지 않는다. 수도인의 행동 표준이 되는 계율을 무시하고 자행자지(自行自止) 하면 남의 손가락질을 받아 참된 수도자가 되지 못할 것이다.

  사람이 세상을 상대하여 사는데 종교인이 되었든 비종교인이 되었든 간에 지켜가고 실행해가는 룰(rule) 곧 규칙이 있다. 이 규칙을 잘 지키면 상생(相生)이 되지만 잘 지키지 않으면 지탄을 받게 되고 함께할 수가 없으며, 배신자로 낙인이 찍혀서 상극(相剋)의 씨가 맺히게 되는 것이요, 이 상극은 결국 죄악을 부르고 죄악은 파멸(破滅)이 따라 붙어서 참 인생을 구가(謳歌)하지 못하고 길가에 시든 이름 없는 풀포기가 되고 말 것이다.

  다시 말하면, 사람과 사람, 사람과 만물, 사람과 진리 등 사람이 정당하게 지켜가야 할 상도(常道)를 벗어던지고 자행자지(自行自止) 한다면 관계와 관계가 좋은 방향으로 형성되지 못하고 괴리(乖理) 되어 결국 서로 헤어지고 말 것이다.

  그래서 부처님께서 육신을 버리시려고 할 때 제자들의 물음에 '以戒爲師(이계위사)' 즉 '계율로써 스승을 삼으라.'고 하셨는지도 모른다. 공부하는 사람이 스승을 모시고 사는 것은 자기의 잘못에 대한 지적을 바로 받고, 잘한 점에 대하여 바른 점검을 받아서 일취월장으로 공부의 농도를 짓게 하여 나가자는 것인데, 부처님이 막상 세상을 떠나시면서 규율이나 규칙으로 규정(規程)을 정하여 놓지 않으면 개인의 행동은 무너지고 교단도 풍비박산(風飛雹散)이 될 가능성이 있기 때문에 결코 소홀하게 다룰 수는 없는 문제였는지도 모른다.

  그리하여 비구(比丘)에게는 250계라는 엄청난 계율을 주어 지키게 하였고, 비구니(比丘尼)에게는 348계라는 역시 엄청난 계율을 주어 자신을 점검하도록 하신 것이 아니겠는가? 즉 질적으로 갖추어진 제자들이라면 무계(無戒)일수도 있겠지만 후래(後來)를 생각할 때에 정법(正法)에 대한 확신이 무너져간다면 무엇으로 다잡을 수가 있겠는가? 결국 계율이라는 고삐가 아니면 방심자행(放心恣行)을 추어 잡을 수가 없음으로 방편으로써의 계행을 만들지 않을 수가 없는 것이다.

그렇다면 계율이란 과연 무엇일까?

불제자로서 살아나가는 방향로(方向路)를 설정하여 놓은 것이다. 즉 부처님의 제자로서 살아갈 길을 제시하여 준 것이니, 적어도 부처님의 제자가 되었다면 이렇게 살아야 한다고 미리 길을 제시하여 준 것이다.

1] 계율의 조목이란 죄를 범하지 못하게 하는 규정을 조목으로 정한 것이니, 불교의 오계(五戒)·십계(十戒)·이백오십계(二百五十戒)·삼백사십팔계(三百四十八戒), 그리스도교의 십계명(十誡命), 산상수훈(山上垂訓) 등 여러 가지 형태가 있다.

2] 개인에 있어서 악습을 고쳐 악업을 방지하고 중생심을 제거하여 본연성(本然性)에 이탈하지 않게 하며 항마입성(降魔入聖)케 하는 동시에 참다운 자유를 누리게 하는 초보적인 공부로서 사회에 있어 불안과 무질서의 근원을 불식(拂拭)하고 행복과 평화를 유지하는 근본이다.

3] 계율의 조문이란 죄악을 범하지 못하게 하는 규정이다. 계란 범어로 Sila. 경(經)·율(律)·론(論) 삼장(三藏) 중 율장으로 불교 도덕의 총칭을 말한다. 계는 소극적으로는 방비지악(防非止惡)의 힘이라면, 적극적으로는 만선(萬善)을 발생할 수 있는 근본이라고 할 수 있다.

계는 계법(戒法)·계체(戒體)·계행(戒行)·계상(戒相)의 네 가지로 설명을 할 수 있는데 계법은 부처님이 제정한 법이요, 계체는 계를 일러주는 각 법에 의해서 마음에 받아들인 법체로서 방비지악 하는 작용이 있는 것을 말하고, 계행은 계체를 낱낱이 행동에 나타내는 것이며, 계상은 그 행에 따른 여러 가지 차별상(差別相)으로 불교 신자들은 이 계율을 실천하지 않으면 안 된다.

부처님이나 조사들이 계에 대해 이야기 한 것을 몇 가지만 들어 보자.

『법구경(法句經)』 애신품(愛身品)에 '사람이 계를 가지지 않으면 넝쿨 뻗음이 등나무와 같은 것으로 색정이 왕성하고 욕심이 지극하여 악한 행동이 날로 더하게 된다(人不持戒 滋蔓如藤 逞情極欲 惡行日增).'고 하였다.

또 『생경(生經)』5에 '부처님의 경전과 계율이란 비유하자면 보배로운 병과 같은 것이니, 처음에 듣고 정진하면 원하는 바를 반드시 얻을 것이요, 뒤에 조금이라도 게을러서 경전을 잊어버리고 계율을 잃게 되면, 비유하자면 부서져 버린 병과 같아서 다시 얻을 바가 없게 된다(佛之經戒 譬如寶瓶 初聞精進 所願必得 後小懈慢 忘經失戒 譬如瓶破 無所復得也).'고 하였다.

또 『지도론(智度論)』13에 '파계하는 사람이란 착한 사람과는 다른 것이니 나귀가 소의 무리에 있는 것과 같은 것이요, 파계하는 사람이 정진하는 무리에 있는 것은, 비유하자면 허약한 아이가 건강한 사람 가운데 있는 것과 같은 것이 된다(破戒之人 與善人異 如驢在牛群 破戒之人 在精進衆 譬如瘦兒 在健人中).'는 등 여러 가지의 말씀이 있다.

계율에 얽힌 이야기가 있다.

신라시대의 고승으로 자장율사(慈藏律師, 590~658)가 있었다. 성은 김씨, 속명은 선종랑(善宗郎) 무림(茂林)의 아들이다.

무림은 진골 출신으로 신라 17관등 중 제3위에 해당하는 소판(蘇判)의 관직에 있었다. 늦게까지 아들이 없었던 그는 불교에 귀의하여 아들을 낳으면 시주하여 법해(法海)의 진량(津梁)이 되게 할 것을 축원하면서 천부관음(千部觀音)을 조성하였다. 어느 날 어머니가 별이 떨어져 품안으로 들어오는 태몽을 꾸고 석가모니 부처님이 탄생한 4월 초파일에 자장을 낳았다. 천성이 맑고 슬기로워 학문을 깊이 닦아 익혔으며, 어버이를 여읜 뒤부터 세속의 번거로움을 싫어하여 처자를 버리고 홀로 깊은 산으로 들어가 고골관(枯骨觀)을 닦았다. 조그만 집을 지어 가시덤불로 둘러막고 벗어버린 몸으로 그 속에 앉아 움직이기만 하면 곧 가시에 찔리도록 하였고, 끈으로 머리를 천장에 매달아 정신의 혼미함을 물리쳤다.

그때 조정의 재상 자리가 비어 그를 기용하려 하였으나 부름에 응하지 않았으므로, 왕은 취임하지 않으면 곧 목을 베라는 엄한 명을 내렸다. 그는 칙명을 듣고, "내 차라리 하루라도 계를 지키다가 죽을지언정 백 년을 파계하고 살기를 원하지 않는다(吾寧一日持戒死 不願百年破戒而生)."고 하였다. 이 말을 전해들은 왕은 출가를 허락하였다.

그 뒤 더욱 깊은 산속으로 들어가 수행하였는데, 그때 이상한 새가 과일을 물고 와서 공양하였고, 천인(天人)이 와서 5계를 주는 꿈을 꾸었다는 유명한 이야기가 회자되고 있다.

4   종미일송(終尾一頌)

❶ 守 戒 朝 朝 樂   수계조조락
   犯 過 夜 夜 憂   범과야야우
   馴 牛 心 使 用   순우심사용
   宜 制 勿 生 羞   의제물생수

계문을 지키면 아침마다 즐겁고,
허물을 범하면 밤마다 근심이네.
소를 길들임은 맘대로 부려 쓰자는 것,
적당히 제재하여 삶을 부끄럽게 말지니라.

❷ 守 戒 分 分 樂   수계분분락
   犯 過 日 日 憂   범과일일우
   救 群 生 主 佛   구군생주불
   常 侍 弗 徒 羞   상시불도수

계문을 지키면 분마다 즐겁고,
허물을 범하면 날마다 근심이네.
뭇 생령을 구원하시는 주세의 부처님,
항상 모시는 신도로 부끄럽지 않으리라.

❸ 守 戒 時 時 樂   수계시시락
   犯 過 月 月 憂   범과월월우
   編 生 如 踞 刃   편생여거인
   非 愼 刻 身 羞   비신각신수

계문을 지키면 때때로 즐겁고,

허물을 범하면 달마다 근심이네.
생을 엮어감이 칼날에 걸터앉음 같나니,
삼가지 않으면 몸에 부끄러움 새겨지리.

❹ 守 戒 年 年 樂　수계연년락

　　犯 過 永 永 憂　범과영영우

　　我 曹 遭 正 法　아조조정법

　　傚 敎 不 餘 羞　효교불여수

계문을 지키면 해마다 즐겁고,
허물을 범하면 길이 근심이네.
우리들은 바른 법을 만났으니,
가르침 본받아 부끄러움 남기지 않으리.

❺ 守 戒 生 生 樂　수계생생락

　　犯 過 劫 劫 憂　범과겁겁우

　　得 人 成 佛 事　득인성불사

　　來 逝 滅 心 羞　내서멸심수

계문을 지키면 생마다 즐겁고,
허물을 범하면 겁마다 근심이네.
사람 몸을 얻어 부처님 사업 이루어야,
오나가나 마음에 부끄러움 소멸되리.

제38장

生卽有滅 생즉유멸

생겨나면 곧 소멸됨이 있다.

佛問沙門하사대 "人命¹⁾在幾間고" 對曰 "數日間²⁾이니다"

佛言 "子未知道³⁾로다" 復問一沙門하사대 "人命在幾間고"

對曰 "飯食間⁴⁾이니다" 佛言 "子未知道로다" 復問一沙門하

사대 "人命在幾間고" 對曰 "呼吸間⁵⁾이니다" 佛言 — "善哉⁶⁾라

子知道矣⁷⁾로다"

부처님이 사문에게 물으셨다.

"사람의 목숨이 얼마 동안에 있겠느냐?"

대답하기를 "며칠 사이입니다."

부처님이 말씀하셨다.

"너는 아직 도를 알지 못하였다."

다시 한 사문에게 물으셨다.

"사람의 목숨이 얼마 동안에 있겠느냐?"

대답하기를 '밥 먹는 사이입니다."

부처님이 말씀하셨다.

"너는 아직 도를 알지 못하였다."

다시 한 사문에게 물으셨다.

"사람의 목숨이 얼마 동안에 있느냐?"

대답하기를 "숨 쉬는 사이입니다."

부처님이 말씀하셨다.

"훌륭하도다! 네가 도를 알았구나."

2 단어(單語) 및 숙어(熟語) 풀이

1) 人命(인명)

 (1) 사람의 목숨.

 (2) 사람으로서 이 세상에 존재하기까지 가지고 있는 생명.

2) 數日間(수일간)

　2-3일 정도. 2-3일 쯤 되는 사이.

3) 子未知道(자미지도)

 (1) 너는 아직 도를 확실하게 알지 못한다.

 (2) 사람의 목숨이 짧다는 사실을 아직은 알지 못하였다.

4) 飯食間(반식간)

 (1) 밥 한 그릇 먹는 사이.

 (2) 간격이 있다.

5) 呼吸間(호흡간)

 (1) 숨 쉬는 사이.

 (2) 아주 짧은 순간.

6) 善哉(선재)

 (1) 범어(梵語)로 ‘사도(娑度)’ sădhu. 의역으로 ‘선재(善哉)’라
　　하는데 ‘칭찬(稱讚)한다’는 의미이다.

 (2) 『지도론(智度論)』에 ‘기뻐서 칭찬하는 말로 선재, 선재라 한

다. 두 번 말하는 것은 기쁨이 지극하기 때문이다(歡喜讚言 善哉善哉 再言之者 喜之至也).'라 하였다.

(3) 『승만경(勝鬘經)』에 '선이란 좋다는 것의 별칭이고 재란 말을 도와주는 말이다(善是好別稱 哉是助語之辭).'라 하였다.

(4) 『법화경(法華經)』 비유품(譬喻品)에 '선재, 선재라, 그대의 말한 바와 같다(善哉善哉 如汝所言).'고 하였다.

7) 子知道矣(자지도의)

(1) 너는 도를 확실하게 알았다.

(2) 사람의 목숨이 얼마나 짧다는 사실을 정확하게 깨달았다.

3 해의(解義)

만유 생명의 원처(源處)는 우주의 진리와 동격(同格)이다. 즉 오고 감이 없고 죽고 남도 없다. 그래서 불생불멸(不生不滅)이요, 불거불래(不去不來)이다. 이렇게 알고 이렇게 깨달으면 자신이 이 세상에 나옴은 우주 생명의 한 조각을 빌려 육신이라는 집 속에 넣고 육신의 집이 다 허물어질 때까지 운전하고 다니는 것이 아니겠는가?

이렇게 생명이 육신의 집에 있으면서 이 집이 다 허물어질 때까지의 기간을 우리들은 보통 '삶'이라고 부른다. 그 기간은 1년이 될 수도 있고 10년이 될 수도 있으며, 50년이 될 수도 있고 100년이 될 수도 있지만, 이 가운데서 잠자는 절반의 시간을 계산한다면 50년 살아야 25년을 살고, 100년을 살아야 50년을 살게 되는 것일 뿐 영원히 존재할 수 없다는 사실은 명약관화(明若觀火)하여 나타나는 것이다.

결국은 무상(無常)이다. 무상이 이 우주에 존재하는 이상 어떤 유

형이나 또한 물상(物象)은 이 무상의 지배를 받아 장구한다는 생각이
나 추리(推理)는 절대로 할 수가 없다. 즉 어떤 유형이든지 이 무상의
바람에는 깜박거리는 등불이 되어 결국 꺼지고 마는 것이요, 이 무상
의 입속에 먹히고 마는 것이니 그래서 무상살귀(無常殺鬼)라고 예부
터 일러온 것이다.

　그러하기 때문에 수도하는 사람은 이 생명을 담보로 하여 영원한
생명을 얻으려고 노력을 하는 부류라고 보아야 한다. 즉 현상이라는
생명에 대한 한계를 분명히 알고 있기 때문에 이 한계를 넘어 단절이
되거나 변역이 되지 않는 생명을 가지려고 고통을 참아가며 근원을
추구하고 있는 것이다.

　『법구경(法句經)』 생사편(生死篇)에 '정신이 형상의 몸속에 사는
것이 새가 그릇(새장)에 갇힌 것과 같다. 그릇이 부서지면 새가 날아
가듯이 몸이 무너지면 정신이 떠나서 살게 된다(精神居形軀 猶雀藏
器中 器破雀飛去 軀壞神逝生).'고 하였다.

　부처님은 왕궁의 태자시절에 사문유관(四門遊觀)을 하셨다. 즉 동
문관로(東門觀老)하고, 남문관병(南門觀病)하였으며, 서문관사(西門
觀死)하고, 북문관승(北門觀僧)을 통하여 인생의 무상을 더욱 깊이
느끼고 출가를 굳히게 되었던 것이다.

　다시 풀어 말하면, 동문 밖으로 놀러 갔다가 늙게 된다는 사실을
알게 되고, 남문에서는 병든 사람을, 서문에서는 죽은 사람을 보았
고, 북문에서는 수행하는 승려를 통하여 영원한 생명을 얻으려는 발
심의 동기가 자연 부여되게 되었던 것이다.

　즉 생(生)·로(老)·병(病)·사(死)라는 인간을 비롯한 만유의 자연

스런 현상을 통하여 이를 순리적(順理的)으로 받아들이지 않고 역리
(逆理)로 받아들여 영원한 생명을 찾고자 하였던 것이다. 그래서 결
국 부처님은 영원히 소멸하지 않는 진리의 대생명(大生命)을 얻어 삼
계의 대도사가 되시고, 사생의 대자부가 되신 것이다.

분명 삶과 죽음을 초탈(超脫)하고 유월(踰越)한 생명의 근원이 있
는 것이니, 이 근원을 얻으려고 수도하는 사람은 현실의 삶과 죽음에
얽매이거나 걸리지 아니하고, 적공(積功)을 한다면 반드시 유종(有
終)의 미(美)를 거둘 날이 올 것이다.

죽음에 대한 옛사람들의 말을 들어 보자.
노자(老子)는 말한다.
'나에게 커다란 걱정이 있는 까닭은 나의 몸이 있기 때문이다. 나
의 몸이 없음에 미치면 나에게 어찌 걱정이 있으리요(吾所以有大患
者 爲吾有身 及吾無身 吾有何患).'
또 말한다.
'죽어서도 (도를) 잃지 않으면 장수를 하는 것이다(死而不亡者壽).'
이런 두 말에서 보더라도 내가 있고 내 몸이 있기 때문에 종내 죽
음이라는 것이 걱정이 되고, 또한 평소는 물론 죽게 된다고 할지라도
도를 갖추었다면 그런 사람은 죽은 것이 아니라 살아있는 것이나 마
찬가지라고 보는 것이다.

장자(莊子)는 말한다.
'죽음과 삶이란 천명(天命)이며 밤과 낮이 떳떳하게 있는 것은 하
늘의 (도리)이다(死生 命也 其有夜旦之常 天也).'

또 말한다.

'만물이 한 곳집이요, 죽음과 삶이 한 모양이다(萬物一府 死生同狀).'

또 말한다.

'장자의 아내가 죽었다. 장자는 슬퍼하지 않고 동이를 두드리면서 노래를 불렀다(鼓盆而歌). 혜자(惠子)가 조상(弔喪)을 가서 너무한 게 아니냐고 말하였다.

장자는 대답한다.

'그렇지가 않네. 그가 처음 죽었을 때 내가 어찌 슬퍼하지 않았겠는가? 그 처음을 살펴보니 본래 생명이 없었네. 생명이 없었을 뿐만 아니라 본래 형체도 없었네. 형체도 없었을 뿐만 아니라 본래 기운도 없었네. 흐릿하고 아늑한 사이에 섞여 있다가 변하여 기가 생기고, 기가 변하여 형체가 생기고, 형체가 변하여 생명이 있게 되었다가 지금 또 죽음으로 변한 것이네. 이것은 서로 춘하추동의 사시가 행하는 것이네. 사람은 또한 편안하게 (천지의) 큰 방에서 자는 것이네. 그런데 내가 큰소리로 따라서 운다면 스스로 천명에 통하지 못한 것이 됨으로 그쳤네(不然. 是其始死也, 我獨何能無槩然! 察其始而本無生, 非徒無生也而本無形, 非徒無形也而本無氣. 雜乎芒芴之間, 變而有氣, 氣變而有形, 形變而有生, 今又變而之死, 是相與爲春秋冬夏四時行也. 人且偃然寢於巨室, 而我嗷嗷然隨而哭之, 自以爲不通乎命, 故止也).'

열자(列子)는 천서(天瑞)에서 말한다.

'사람이 남으로부터 마침에 이르기까지 크게 변화되는 것이 네 번인데 어린이요, 젊음이요, 늙음이요, 죽음이다(人自生至終 大化有四 嬰孩也 少壯也 老耄也 死亡也).'

회남자(淮南子)는 정신훈(精神訓)에서 말한다.

'남이란 붙이는 것이요, 죽음이란 돌아가는 것이다(生 寄也, 死 歸
也).'

『화엄경(華嚴經)』 37 십지품(十地品)에서 말한다.

'남과 죽음이란 모두 마음으로 말미암아 일어나는 것이니, 마음이
만일 멸하면 남과 죽음도 다하는 것이다(生死皆由心所作 心若滅者生
死盡).'

『무자이혹론(牟子理惑論)』에서 말한다.

'몸이란 비유하자면 오곡의 뿌리와 잎사귀 같은 것이요, 혼백과 정
신이란 오곡의 종자인 열매이다. 뿌리와 잎은 나면 반드시 죽지만 종
자인 열매는 어찌 마치고 죽음이 있으리요(身譬如五穀之根葉 魂神五
穀之種實 根葉生必當死 種實豈有終亡).'

『대혜어록(大慧語錄)』에서 말한다.

'이미 온 곳을 알지 못하니 이것이 생대요, 이미 갈 곳도 알지 못하
니 곧 이것이 사대이다. 무상이 신속하므로 생사의 일이 크다고 이르
는 것이다(既不知來處 即是生大 既不知去處 即是死大, 謂之無常迅速
生死事大).'

『상서(尙書)』의 홍범(洪範)에서 말한다.

'오복이란 첫째 수요, 둘째 부며, 셋째 강녕이요, 넷째 유호덕이요,
다섯째 고종명이다(五福 一曰壽 二曰富 三曰康寧 四曰攸好德 五曰考
終命).'

『석명(釋名)』에서 말한다.
 '죽음이란 잦아드는 것이다(死者 澌也).'

오봉호씨(五峰胡氏)는 말한다.
 '만물의 생사란 이치이다. 이치란 만물의 곧음이다. 남이란 모임으
로 볼 수가 있으니 유요, 죽음이란 흩어짐으로 볼 수가 없으니 무이
다. 본다는 것은 만물의 형체요, 만물의 이치도 항상 없는 게 아니다
(物之生死 理也 理者 萬物之貞也 生聚而可見則爲有 死散而不可見則
爲無 見者物之形也 物之理則未常有無也).'

『한문제유조(漢文帝遺詔)』에서 말한다.
 '내가 들으니 천하의 만물은 싹이 나오면 죽지 않는 것이 없다. 죽
음이란 천하의 지극한 이치요 만물의 자연이니 어찌 슬퍼 하리요(朕
聞之 天下萬物之萌生靡不有死 死者天下之至理 物之自然 奚足甚哀).'

영계기(榮啓期)는 말한다.
 '죽음이란 사람의 마침이니 떳떳하게 살면서 죽음을 기다리니, 어
찌 즐겁지 아니 하리요(死者人之終 居常而待終 何不樂乎).'

『능엄경(楞嚴經)』3에서 말한다.
 '생사사생, 생생사사가 불 수레바퀴가 도는 것과 같아서 쉼이 없다
(生死死生 生生死死 如旋火輪 未有休息).'

『비장보약(秘藏寶鑰)』 상에서 말한다.
 '낳고 낳으며 낳고 남이란 어두운데서 남으로 시작하는 것이요, 죽

고 죽으며 죽고 죽음이란 어두운데서 죽는 것으로 마침이다(生生生
生暗生始 死死死死冥死終).'

4 종미일송(終尾一頌)

❶ 老病過程踏　노병과정답
　臨終死滅門　임종사멸문
　莫悲春節盡　막비춘절진
　翌歲美花繁　익세미화번

늙고 병들어 지나가는 길을 밟아서,
마침내 죽어 소멸하는 문에 다다르네.
봄 시절 다 하였다고 슬퍼하지 말라,
다음 해에는 아름다운 꽃 번성하리라.

❷ 無常之殺鬼　무상지살귀
　恒俟我門前　항사아문전
　越閾房中察　월역방중찰
　日日未寧全　일일미령전

무상이라는 죽음의 귀신이,
항상 우리의 문 앞에서 기다리며,
문지방을 넘어 방안을 살피니,
날마다 편안하고 온전할 수 없네.

❸ 莊子夫人死　장자부인사

鼓 盆 唱 樂 謳　고분창락구
本 鄕 無 苦 痛　본향무고통
何 故 送 歡 不　하고송환부

장자의 부인이 죽으니,
동이 두드리며 즐겁게 노래 불렀네.
본래 고향은 괴롭고 아픔이 없는데,
어찌하여 보내면서 기뻐하지 아니하랴!

❹ 一 念 消 時 死　일념소시사
壹 慮 起 卽 生　일려기즉생
浮 雲 無 實 體　부운무실체
來 去 亦 同 程　내거역동정

한 생각 사라질 때가 죽음이요,
한 생각 일어나면 바로 낢일세.
뜬구름은 실체가 없는 것,
오고(生) 감(死)도 또한 같은 길이네.

❺ 本 來 無 一 物　본래무일물
死 去 亦 非 存　사거역비존
本 始 空 拳 易　본시공권역
能 脫 愛 怨 藩　능탈애원번

본래 한 물건도 없는데,
죽어가지만 또한 가진 게 아니네.
본래부터 빈주먹으로 바뀌는 것이니,
능히 애착과 원착의 울타리 벗어던져라.

제39장

教誨無差 교회무차

가르치는 데는 차등이 없다.

佛言－學佛道¹⁾者는 佛所言說을 皆應信順²⁾이니 譬如食
蜜³⁾에 中邊皆甛⁴⁾이라 吾經亦爾⁵⁾니라.

부처님이 말씀하셨다.

부처님의 도를 배우는 사람은 부처님의 말씀하신 바를 모두 당연히 믿고 따라야 하나니, 비유하자면 꿀을 먹음에 가운데나 갓이 다 단것과 같음이라 나의 경전도 또한 그러하나니라.

2　단어(單語) 및 숙어(熟語) 풀이

1) 佛道(불도)

(1) 불과(佛果). 보리(菩提)의 과덕(果德).

(2) 불과에 이르는 길.

(3) 부처님이 말씀하신 교법(敎法).

(4) 보리(菩提)에 대해서는 19장 '단어 및 숙어풀이'를 참조.

(5) 도에는 세 가지 종류가 있는데, 첫째, 성문(聲聞)의 얻은 바(聲聞之所得)가 있고, 둘째, 연각(緣覺)의 얻은 바(緣覺之所得)가 있으며, 셋째, 부처님의 얻은 바(佛之所得)가 있는데, 지금 부처님께서 얻은 바가 무상보리(無上菩提)이므로 "불도(佛道)"라고 하는 것이다.

(6) 『법화경(法華經)』 서품(序品)에 '항하사 모래와 같은 보살들
이 갖가지 인연으로 불도를 구한다(恒沙菩薩 種種因緣 而求
佛道).'고 하였다.
(7) 『법화경(法華經)』 방편품(方便品)에 '모든 세존들이 일승법을
설해서 무량한 중생을 교화하여 하여금 불도에 들어가게 한
다(是諸世尊 皆說一乘法 化無量衆生 令入於佛道).'고 하였다.
(8) 길장 『법화소(法華疏)』 2에 '보리를 도라 이르는데 무상정변
지의 과도이다(菩提云道 無上正遍知果道也).'고 하였다.

2) 信順(신순)

(1) 믿고 따른다.
(2) 믿는다는 것은 의심(疑心)하지 않는다는 뜻이요, 따른다는 것
은 자기의 주견(主見)을 앞세우지 않는다는 의미이다.

3) 食蜜(식밀)

꿀을 먹는다.

4) 中邊皆甛(중변개첨)

(1) 가운데나 갓이 모두 달다.
(2) 꿀을 먹으면 혀 바닥의 가운데가 되었든 갓이 되었든 모두 달
게 느껴진다.

5) 吾經亦爾(오경역이)

(1) 나의 경전도 또한 이러하다.
(2) 부처님께서 설하신 모든 경전이 꿀을 먹으면 단것처럼 누구
에게나 부처를 이루고 자성을 밝히는 길잡이가 된다.

경전마다 거의 말미(末尾)에 '신수봉행(信受奉行)' 또는 '개대환희(皆大歡喜)' 라는 어구가 붙어 있다. 즉 부처님의 말씀이 맞혀지면 모든 청중들이 '믿고 받아 가지며 받들어서 행한다.'고 하였고, 또 '모두가 크게 환영하고 기뻐하였다.'는 의미이다. 이는 다름이 아니라 부처님의 한 말씀 한 말씀이 모든 중생들의 영겁을 살아가는데 지남(指南)이 되고 조두(勺斗)가 될 수 있는 가치가 충분히 갖추어 있기 때문이다.

다시 말하자면, 부처님이 바로 진리요, 진리가 부처님이다. 그래서 부처님의 입을 통해 나온 게 모두 진체(眞體)요 중도(中道)며, 실상(實相)이요 반야(般若)며, 공(空)이요 연기(緣起)이며, 정법안장(正法眼藏)이다.

이러한 가르침이 갖가지 비유와 방편(方便)과 권실(權實)을 통하여 문자가 되었고 도상(圖相)이 되었으며 행화(行化)가 되었던 것이다.

이러한 경전이 꿀을 먹으면 혀의 갓이나 중간이 다 달고, 또한 모든 사람의 입에 맞듯이 모든 중생에게 맞는 맞춤옷과 같은 것이다. 즉 병이 있는 사람이 약을 먹듯 응병여약(應病與藥)의 수기설법(隨機說法)이 심장(深藏)되어 있는 것이다.

부처님께서 가르치는 도를 배우려면 제일 중요한 것이 '부처님의 말씀'을 믿는 것이다. 즉 신순(信順)하자는 것이다. 신(信)이란 믿는다는 의미로 부처님의 말씀에 대하여 일호의 사심(私心)이나 사심(邪心)이나 의심(疑心)이 없이 액면 그대로 받아들여 일체의 사량 분별을 하지 않고 신수(信受)하자는 것이며, 순(順)이란 따른다는 의미로 부처님의 가르침에 대하여 자기의 지견(知見)이나 주견(主見)이나 고집(固執)이 없이 순심(純心)으로 순종(順從)하자는 것이다.

다시 말하면, 부처님의 언설(言說)이나 행화(行化)에 믿음을 가짐이 첫째요, 그대로 따름이 둘째인 것이다.

경다반미(經多反迷)라는 말이 있다. 즉 '경을 많이 보면 도리어 미혹(迷惑)해진다.'는 의미이다. 다시 말하면, 우리가 어떤 불교의 경전이든 유교의 경전이든 여타 다른 경전을 보더라도 배우려는 마음이나 신행(信行)하려는 뜻을 가지고 접근을 한다면 소득이 있겠지만 어떤 우위(優位)를 비교하고 우열(優劣)을 가르는 등 아전인수(我田引水)의 해석을 가한다면, 도리어 사량지(思量知)만 늘어나고 해석지(解釋知)만 쌓이며 건해지(乾海知)만 모이고 비판지(批判知)만 발달하여 상식이나 지식은 갖춰질지 몰라도 자성지(自性智)나 원천지(源泉智)가 이루어지기가 대단히 어려운 것이다.

그러므로 우리는 경을 통해 자신의 근본지(根本智)나 반야지(般若智)를 개발하는데 준칙(準則)을 삼고 교선(橋船)은 삼을지언정 경의(經義)를 다득(多得)하는 것으로 능사를 삼아서 지식상(知識商)이 되고 지해노(知解奴)가 되며 식광(識狂)이 되어서는 절대로 안될 것이다.

『경덕전등록(景德傳燈錄)』에 보면 '강주 사자인 이발이 귀종지상 선사에게 물었다.

"교중에서 말하기를 '수미산에 개자가 들었다.'는 것은 저로서는 의심하지 않지만 '개자에 수미산이 들었다.'는 것은 이게 망령 되는 말이 아닙니까?"

지상선사가 대답한다.

"사람들이 전하기를, 그대가 만권의 서적을 읽었다 하니 또한 그러한가 아닌가?"

이발이 "그러합니다."

지상선사가 말한다.

"머리에서 발끝에 이르기까지 야자나무처럼 크다지만, 만권의 책이 어느 곳을 향하여 붙였는고."

이발이 머리를 숙일 뿐이다(江州刺史李渤問歸宗智常禪師曰 "敎中所言 '須彌納芥子' 渤卽不疑. '芥子納須彌' 莫是妄譚否" 師曰 "人傳使君讀萬卷書籍 還是否" 李曰 "然" 師曰 "摩頂至踵如椰子大 萬卷書向何處著" 李俯首而已).'

이와 같이 외형적이 책이 비록 많다고 할지라도 그것을 읽고 보는 것은 결국 마음이라 마음속에 저장되고 기록되어 있는 것이다. 그러나 그 책을 찾아보면 한 글자도 찾을 수 없지만 풀어 쓰면 만권의 책이 나오는 것이다.

다시 말하면, 경전이라는 것이 중생제도의 원력(願力)을 가지신 부처님의 마음에서 나온 것이므로 누구에게나 맞아지는 것이 꿀이 입에 들어가면 다 단맛을 아는 것과 같은 이치이다.

또한 옛 글에 '나에게 한 권의 책이 있으니 종이나 먹으로 된 것이 아니라, 펼치면 한 글자도 없지만 항상 큰 광명을 나투네(我有一卷經 不因紙墨成 展開無一字 常放大光明).'

이도 무형한 심원(心源)에서 나오는 경전이라 이 경전은 종이나 먹으로 그리고 쓴 것이 아니라 펼쳐보면 글자 하나 보이지 않고 그림 하나 없지만, 우주와 만유가 그 가운데 다 들어 있어서 돌아가는 대로 연출(演出)이 되는 것이다.

경전이나 서책에 관한 몇 가지만 들어본다.

『화엄경(華嚴經)』 24에 '갖가지 경서를 구하면 마음에 피곤이 없어지고 그 의취를 얻고 알아서 능히 세상을 따라 실행하여야 하나니라(求種種經書 心無有疲倦 得解其意趣 能隨世而行).'라 하였다.

『속근사록(續近思錄)』 12 계경(戒警)에 주자(朱子)가 말하기를, '책을 열어보고 문득 성현으로 더불어 서로 비슷한 곳이 있지 않다면 어찌 가히 스스로 채찍질을 하지 아니 하리요(開卷便有與聖賢不相似處 豈可不自鞭策).'라 하였다.

섭수심(葉水心 : 南宋大臣葉適, 字正則)이 말하기를, '글을 읽어 전통의 실마리와 접근할 줄을 알지 못한다면 비록 많을지라도 이익이 없는 것이라, 글을 해서 가르치는 일에 관여하지 않는다면 비록 공교(工巧)할지라도 이익이 없는 것이라, 돈독한 행동이 대의에 합해지지 않는다면 비록 고상할지라도 이익이 없는 것이라, 뜻을 세움이 세상을 걱정하는데 있지 않으면 비록 어질지라도 이익이 없는 것이니라(讀書不知接統緖 雖多無益也. 爲文不能關敎事 雖工無益也. 篤行不合于大義 雖高無益也. 立志不存于憂世 雖仁無益也).'고 하였다.

서정직(徐禎稷 : 明人 字厚源)이 치언(恥言)에서 말하기를, '논어란 강학의 원조격인져! 이치를 말하면서 인사를 여의지 아니하고 마음을 말하면서 천하를 떠나지 아니 하였다. 성품과 천도를 말함이 모두 드문 것이라, 내 어찌 감히 성인이 드물게 여긴 바를 말하리요(『論語』者 講學之祖乎. 言理不離人事 言心不離天下. 性與天道之言 皆罕之也. 吾何敢言聖人所罕乎).'고 하였다.

남송(南宋)의 주희(朱熹)는 『주자어류(朱子語類)』 11에서 말하기를,

'무릇 글을 보면 모름지기 마음을 비워서 볼 것이요 선입견(先入見)의 말을 세워서는 안 된다. 한 단락의 떨어짐에 요달(了達)이 있은 연후에 또한 한 단락을 보아야 한다. 모름지기 사람이 송사할 말을 받는 것과 같아서 그 말 듣기를 다한 연후에 바야흐로 결단을 내려야 한다. 앞 사람의 문자만 보고 그 뜻을 해득하지 못하면서 문득 용이하게 말을 세운다면 단절되어 일에 해롭게 된다. 대개는 이미 바른 이치를 얻지 못하고 또한 심력을 헛되게 허비하는 것이라, 마음을 비우고 고요히 본다면 곧 함양하고 구색하는 공력만 같지 못하는 것이니 하나를 들면 둘을 얻게 되는 것이다(凡看書 須虛心看 不要先立說. 看一段有下落了 然後又看一段 須如人受詞訟 聽其說盡 然後方可決斷. 看前人文字 未得其意 便容易立說 殊害事. 蓋旣不得正理 又枉費心力. 不若虛心靜看 卽涵養 究索之功 一擧而兩得之也).'고 하였다.

『잠부론(潛夫論)』 사현(思賢)에 '최상의 의사는 나라를 다스리고 그 다음 아래 의사는 병증을 다스린다. 무릇 사람이 나라를 다스림은 진실로 몸을 다스리는 것으로 상징이 되는 것이다. 병이란 몸의 병이요 난리란 나라의 병이다. 몸의 병은 의사를 기다려 낫고 나라의 난리는 어진 이를 기다려 다스린다. 몸을 다스림에는 황제의 의술이 있고 세상을 다스리는 데는 공자의 경전이 있다(上醫醫國, 其次下醫醫疾. 夫人治國, 固治身之象. 疾者, 身之病；亂者, 國之病也. 身之病, 待醫而愈 國之亂, 待賢而治. 治身有黃帝之術, 治世有孔子之經).'고 하였다.

 종미일송(終尾一頌)

敎化群生我佛生　교화군생아불생
聖言金口諸經成　성언금구제경성
皆應信順疑心捨　개응신순의심사
滿發法華塵世盈　만발법화진세영

뭇 생령을 교화하시려고 우리 부처님 나오시고,
금 입의 성스러운 말씀 모든 경전을 이루었네.
다 응하여 믿고 따라 의심하는 마음 놓아버리면,
법의 꽃이 가득히 피어 티끌 세상에 가득 차리라.

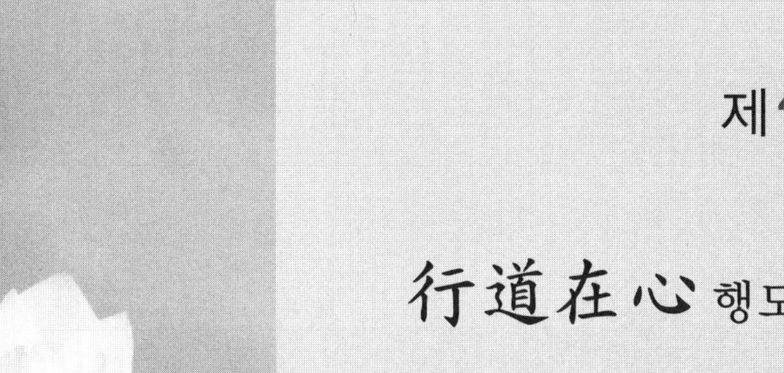

제40장

行道在心 행도재심

도를 행함이 마음에 있다.

^{불언} ^{사문행도} ^{무여마우} ^{신수행도} ^{심도불행}
佛言-沙門行道¹⁾가 無如磨牛²⁾니 身雖行道나 心道不行³⁾

^{심도약행} ^{하용행도}
이라 心道若行하면 何用行道⁴⁾리요.

부처님이 말씀하셨다.

사문이 도를 행하는 것이 맷돌을 가는 소와 같아서는 안 되는 것이니, 몸은 비록 도를 행하나 마음은 도를 행하지 않음이라, 마음이 도를 만일 행한다면 어찌 도 행함을 쓰리요.

2 단어(單語) 및 숙어(熟語) 풀이

1) 行道(행도)

도를 행한다. 도를 깨달아야 참다운 행동이 나투어진다.

2) 磨牛(마우)

(1) 맷돌을 돌리는 소. 즉 연자방아를 돌리는 소.

(2) 종일토록 돌고 있는 범위를 벗어날 수가 없다.

(3) 한 곳에 고착되어 융통을 부리지 못하고 반복한다.

3) 心道不行(심도불행)

(1) 마음이 도를 행하지 않는다.

(2) 마치 몸이 종일토록 한 범위를 지키고 흐트러짐이 없이 도는

소는 도를 행하는 것 같지만 마음으로는 도를 행하지 않는다.

4) 何用行道(하용행도)

(1) 어찌 도 행하기를 쓰리요. 즉 도를 따로 행할 필요가 없다.
(2) 마음으로 도를 행하면 되는 것이지, 따로 도를 행하려는 공력을 쓸 필요가 없는 것이다.

3 해의(解義)

맷돌을 돌리는 소는 아무리 몸부림을 치고 야단을 쳐도 자기가 돌리고 있는 맷돌의 범주를 벗어날 수가 없다. 거꾸로 돌고 뛰면서 돌지라도 자신의 발자국에서 한 걸음도 벗어나지 못한다. 이러한 현상을 겉으로 보기에는 조금이라도 흐트러지거나 꾸미거나 사념망상이 없이 도를 잘 행하는 것 같이 보인다.

그러나 이는 일상(日常)의 습관으로 그렇게 하는 것이지, 실지의 도를 행하는 것은 절대 아니다. 즉 이러한 습성으로 도를 이루려 한다면, 이는 일상성(日常性)에 빠져 참 도의 진경(眞境)은 터득할 수 없고 타성에 젖어 사는 수행자가 되고 말 것이다.

부처님은 수행하는 사문(沙門)들이 이렇게 되지 말라고 경계를 하신 것이다. 사문들이 습화(習化)된 수도인이 된다면 겉으로는 의젓하고 도태(道態)가 나며 언설에 도액(道液)이 묻어 나오고 행동이 묵직한 것 같지만, 이는 외장(外裝)을 잘 하고 외식(外飾)을 잘한 것이지 내면을 잘 다듬은 것은 아니기 때문이다. 즉 몸은 도를 행하는 것 같지만 마음은 음욕(淫慾)이나 망상(妄想)이 가득하여 도와는 십만 팔천 리나 멀어져 간다면 어찌 수도인의 자세라고 할 수 있겠는가?

그러므로 마음으로 도를 행하여야 한다. 마음이 도를 행하면 몸은 자연히 따라서 도를 행하는 것이다. 만일에 마음이 도를 행하지 않으면 몸도 자연 도를 행하지 아니하여 법도나 줄에 맞는 행동이 되지 못하고 자행자지(自行自止)하여 방탕한 수행자로 빠지고 마는 것이다.

그래서 이러한 부류들이 흔히 하는 말이 '행도행음불해보리 음주식육무방반야(行盜行淫不害菩提 飮酒食肉無妨般若)'라고 한다. 즉 이 말은 '도둑질을 행하고 음행을 저지를지라도 보리에는 해가 되지 않고, 술을 마시고 고기를 먹을지라도 반야에는 방해가 되지 않는다.'고 하여 방자하게 나서서 격외적(格外的)이고 무애적(無礙的)인 수행을 표방하고 있다. 사실 깨달음을 이룬 성자의 입장에서 이런 무애행(無礙行)을 한다면 혹 이해하고 긍정을 할 수도 있지만, 설익은 수행자가 이렇게 객기를 부리면 이는 오만(傲慢)이요, 무지(無知)요, 몽매(蒙昧)여서, 뒷날 별로 보잘 것이 없게 되어 타락의 나락으로 들어가 다시 나오기 힘이 든 하류(下類)가 되고 말 것이다.

사실 수행은 일관심(一貫心)이 중요하고 일여행(一如行)이 중요하다. 다시 말하면, 꾸준하게 나아가서 끊어지거나 쉬어짐이 없어야 한다. 하다 말다 한다거나 가다 오다 한다면 심력(心力)이 쌓이지 않고 허력(虛力)이 생겨 수도와 점점 멀어져가고 말 것이다. 그래서 일이관지(一以貫之)하는 마음과 일여지행(一如志行)의 초의(初意)가 필요한 것이다.

일초직입여래지(一超直入如來地)라는 말이 있다. 즉 한 번 뛰어서 여래의 경지에 오른다는 뜻이다. 물론 전생부터 많이 닦아온 최상의 근기들이 행하는 길이다. 보통 사람들로서는 꿈도 꾸어보지 못할 정말 난중난사(難中難事)인 것만은 틀림이 없다. 그렇지만 수도인이 굳게 작심(作心)하고 기어이 이루어보기로 마음을 먹고 일직심으로 일여행을 한다면 자신도 모르는 사이에 시절인연(時節因緣)이 도래하여 솟아날 수 있는 길이 열리는 것이니, 결코 나만은 어렵다고 단언하여 포기하기에는 이른 감이 있다고 보아야 한다.

저 맹자(孟子)의 말처럼 '내 힘으로는 족히 삼백 근의 무게를 들지만, 그러나 족히 깃털 하나도 들 수 없다(吾力足以擧百鈞 而不足以擧一羽).'고 한다면 누구든지 믿지 않을 것이다.

이처럼 하면 할 수가 있는데 못한다고 한다면, 이는 삼백 근의 몇만 분의 하나도 안 써서 깃털을 못 드는 것이요, 힘이 없어서 못 드는 것은 아닌 것이다.

이렇게 볼 때 우리의 근원에는 도를 이룰 수 있는 능력이 있고 그것도 일초직입의 능력이 원초적으로 갖추어 있는 것이니, 하지 아니하여 이루지 못하는 것이지 못하여 이루지 못하는 것은 아님을 알아야 한다.

4 종미일송(終尾一頌)

一 超 直 入 坐 如 來　　일초직입좌여래
莫 用 方 便 卽 道 材　　막용방편즉도재

行 似 磨 牛 心 旣 遠 행사마우심기원

千 年 苦 待 未 登 臺 천년고대미등대

한 번 뛰어 바로 들어 여래 위에 앉을 것이요,
방편을 가지고 도에 나아가는 재료로 활용하지 말라.
행동은 맷돌을 가는 소와 같지만 마음이 이미 멀어지면,
천 년의 세월을 괴롭게 기다려도 연화대(蓮花臺)에 오르지 못하리.

제**41**장

直心出欲 직심출욕

올곧은 마음이라야 욕심의 굴에서 뛰쳐나
온다.

1 원문해역(原文解譯)

佛言－夫爲道者는 如牛負重[1]에 行深泥中[2]이니 疲極[3]하야 不敢左右顧視[4]라가 出離淤泥하야 乃可蘇息[5]이니라 沙門當 觀情欲에 甚於淤泥하니 直心念道[6]하면 可免苦矣리라.

부처님이 말씀하셨다.

무릇 도를 하는 사람은 소가 무거운 것을 짊어지고 깊은 진흙 속을 가는 것이니, 피곤함이 극도에 달하여 감히 좌우를 돌아보지 않다가 진흙에서 나와서 이에 가히 숨을 쉬어 깨어나는 것과 같은 것이라, 사문도 마땅히 정욕이 진흙보다 심하다고 보아서 올곧은 마음으로 도를 생각한다면 가히 괴로움을 면하게 되나니라.

2 단어(單語) 및 숙어(熟語) 풀이

1) 如牛負重(여우부중)

소가 무거운 짐을 진다. 즉 소가 자기의 힘에 버거운 짐을 지고 앞으로 나아가는 것과 같다.

2) 行深泥中(행심니중)

깊은 진흙 속을 간다. 즉 소가 자기의 힘에 버거운 짐을 지고 저 깊은 진흙탕 속을 건너고 있다.

3) 疲極(피극)

피곤함이 극에 달하다. 몸이 만신창이(滿身瘡痍)가 되어 극도로 피곤함을 느끼다.

4) 不敢左右顧視(불감좌우고시)

왼쪽이 되었든 오른쪽이 되었든 돌아볼 틈이 없이 열심히 소가 가야 할 길만 가고 있다.

5) 蘇息(소식)

깨어나서 숨을 쉰다. 진흙 속을 빠져나온 소가 비로소 안도의 숨을 크게 쉬어 다시 기운을 차린다.

6) 直心念道(직심념도)

올곧은 마음으로 도를 생각한다. 즉 일심(一心), 곧 일직심(一直心)으로 오직 도만을 생각한다.

3 해의(解義)

동토(東土)의 초조(初祖)가 되는 달마대사가 처음으로 중국에 들어와서 불심천자(佛心天子)라고 칭송받는 양무제(梁武帝)를 만나 몇 마디 주고받았지만 의기(意氣)가 투합되지 않아 양자강을 건너 소림사(少林寺)로 들어가 면벽구년(面壁九年)을 하고 있을 때 혜가(慧可)라는 걸출한 수행승이 "단비헌신(斷臂獻信)"을 하였다. 즉 팔뚝을 끊어서 스승에게 신심을 바쳤다. 이로 인하여 제자가 되어 제이조사(第二祖師)가 되었다.

　중국에도 "정문입설(程門立雪)"이라는 고사가 있다. 송(宋)나라 유초(游酢)와 양시(楊時)에 얽힌 이야기이다.

　양시와 유초는 북송(北宋) 때의 대유학자 정호(程顥 : 程明道)의 제자였다. 정호가 세상을 떠난 뒤에 양시와 유작은 정호의 동생인 정이(程頤 : 伊川)를 스승으로 섬기고자 찾아갔다. 그들이 정이의 집에 이르렀을 때, 마침 정이는 눈을 감고 좌정하여 명상에 잠겨 있었다. 두 사람은 조용히 서서 정이가 눈을 뜨기를 기다렸는데, 이때 밖에는 눈이 내리기 시작하였다. 한참 뒤에 정이가 눈을 뜨고 양시와 유초를 보았을 때, 문 밖에는 눈이 한 자나 쌓여 있었다. 그렇게 오랜 시간이 지날 때까지 두 사람은 스승을 뵙고자 말없이 서서 기다렸던 것이다.

　위에서 든 두 예화에서 볼 때 손을 끊어 바치고 눈이 내리는데 꼭 서 있어야만 도를 이룰 수가 있을까? 물론 스승에 대한 예의로 할 수도 있겠구나 하는 정도는 이해를 한다고 할지라도 단비(斷臂)를 하고 입설(立雪)의 고통을 통해서 득도(得道)의 길이 열리고 이렇게 하지 않으면 득도의 길이 막히는 것인가?

　사실 고행(苦行)이 수행의 정당한 방법은 아니다. 고행을 거치지 않고도 진리를 오득하고 자성을 회복하는 길이 얼마든지 있는데, 굳이 고행을 선택하여 수행을 하여야 한다고 고집할 필요는 없으며, 이것만이 정당한 방법이요 종래(從來)의 정통 수행이라고 단언할 수도 없는 것이다. 즉 오도(悟道)가 육신을 괴롭힘으로 얻어지는 문제가 아니라 마음의 계폐(啓閉), 마음의 미오(迷悟)에 달린 문제이기 때문이다.

　그러나 설익은 중생의 입장에서는 고행을 도외시(度外視)하거나 방임(放任)할 수는 없다. 다생겁래(多生劫來)를 통하여 익혔던 못된

관습(慣習)들이 찌들어 있고 묵은 업연(業緣)들이 덮여 있어서 이를 해소하고 벗겨낸다는 것이 불가능하기 때문에 이를 극복하기 위해서는 권도(權道)나 방편으로 고행을 권장할 수밖에 없는 것이다.

이러한 상황을 부처님은 짐 진 소가 진흙 속을 건너가는 것에 비유를 들어 주셨다. 특히 정욕이라는 진흙 속을 건너야 할 때 어찌 한때라도 방심을 할 수가 있단 말인가. 정욕의 진흙을 벗어나기 위하여 얼마나 자기 자신을 학대하고 자기를 고행의 소굴로 몰아넣었을까? 언제 끝이 닿을 줄도 모르면서 자신을 채찍질로 독려를 한다는 것은 고행을 하지 않은 사람은 알 수가 없고 생각할 수도 없을 것이다.

사실 색(色), 곧 정욕이라는 것이 남녀를 불문하고 현실에 있어서 본능이 되겠지만, 이 본능을 자기가 하고 싶은 대로 발산하고 살다가는 다른 사람들에게 지탄의 대상이 될 수밖에 없고 자칫 사회적인 매장을 당할 수도 있다.

이처럼 사회에서도 꺼려하는 상황을 만일에 출가를 하여 사문(沙門)이 된 비구(比丘)가 또 비구니(比丘尼)가 범행을 한다면 결코 용납되기 어려울 것이요, 자신의 수도에도 많은 사량이나 망상이나 정념을 키워내는 자양분(滋養分)이 되는 것임을 불을 보듯이 명확한 상황이 되고 말 것이다.

수도자가 자신을 부처의 경지로 올려놓는 데는 무한한 노력이 따라야 한다. 부처님이 재근(在近)하고 진리가 재측(在側)이라도 자신이 적공을 하지 않으면 아무 소용이 없는 것이다. 다시 말하면, 부처님이 우리를 부처로 만들어 주지 않고 진리가 우리를 오증(悟證)하도록 하여 주지는 않는다. 결국 자신의 몫이요, 자신의 길인 것이다.

부처님은 도를 깨닫고 실현하여 나아가는데 필요한 것을 직심(直心)이라고 말씀을 하셨다. 오직 직심으로 도를 생각하여야 도의 근원과 합치가 된다고 하셨다.

그렇다면 직심이란 무엇인가. 곧 일직심(一直心)이다. 한결 같이 곧은 마음이다. 즉 자기가 옳다고 세운 의지를 관철하는 것이 일직심이다.

또한 수행으로 일관하여 부처의 경지에 오르는 것이 일직심이다.

또한 한 길을 가는데 무력(武力)이나 부귀 등 어떠한 것을 가지고 유혹하고 위협할지라도 넘어가지 않고 굴복하지 않는 것이 일직심이다.

또한 큰 원력(願力)으로 중생을 제도하겠다고 삼세를 통하여 변역(變易)하지 않고 거래하는 것이 일직심이다.

또한 사념이나 망상을 제거하고 올곧은 한 맘으로 정진하는 것이 일직심이다.

또한 일생을 한 목적을 위하여 살아가는 것이 일직심이다.

또한 어떠한 어려운 사항을 처결하는데 성심(誠心)을 잃지 않는 것이 일직심이다. 이러한 일직심을 가지고 도를 염원하여야 도를 깨칠 수 있고 도를 깨쳐야 일체의 고통을 면할 수 있다고 하였다.

다시 말하면, 최후에 이르러 고통의 굴레에서 벗어나 해탈이나 열반을 얻지 못하면 참 도가 이루어진 게 아니요, 참 도가 이루어지지 않으면 일직심으로 일관한 것이 아닌 것임을 알아야 한다. 즉 직심(直心)·염도(念道)·면고(免苦)가 되어야지 이러한 과정이 성립이 안 되면 수도를 잘못한 것으로 볼 수밖에 없는 것이다.

4 종미일송(終尾一頌)

行 道 荷 牛 出 泥 灘 행도하우출니탄
不 離 濕 土 困 疲 癉 불리습토곤피단
沙 門 情 欲 窟 爲 脫 사문정욕굴위탈
念 道 直 心 消 苦 安 염도직심소고안

도를 행함은 짐 소가 진흙 여울에서 나오는 것이니,
습토를 여의지 않으면 곤하고 피로하여 괴로우리라.
사문이 되어 정욕의 굴에서 벗어나려고 한다면,
도 생각을 올곧은 맘으로 해야 고통 사라져 편안하리.

제42장

達世如幻 달세여환

세상의 모든 것이 허깨비와 같음을 요달
(了達)하여야 한다.

佛言－吾視王侯之位[1]를 如過隙塵[2]하며 視金玉之寶[3]를 如瓦礫[4]하며 視紈素之服[5]을 如敝帛[6]하며 視大千世界[7]를 如一訶子[8]하며 視阿耨池水[9]를 如塗足油[10]하며 視方便門을 如化寶聚[11]하며 視無上乘[12]을 如夢金帛[13]하며 視佛道를 如眼前華[14]하며 視禪定을 如須彌柱[15]하며 視涅槃[16]을 如晝夕寤하며 視倒正[17]을 如六龍舞[18]하며 視平等을 如一眞地[19]하며 視興化[20]를 如四時木[21]하노라 하시니라.

부처님이 말씀하셨다.

나는 왕후의 지위를 틈을 지나가는 티끌로 보며,

금옥의 보배를 기와나 자갈 같이 보며,

비단으로 만든 의복을 헤어진 무명 배와 같이 보며,

대천세계를 하나의 겨자씨와 같이 보며,

큰 연못의 물을 발에 바르는 기름과 같이 보며,

방편의 문을 화보취와 같이 보며,

무상승을 꿈속의 금이나 비단같이 보며,

불도를 눈앞의 꽃과 같이 보며,

선정을 수미산의 기둥과 같이 보며,

열반을 아침저녁으로 깨어난 것 같이 보며,

도정을 육룡이 춤춤과 같이 보며,
평등을 일진지와 같이 보며,
교화 일으킴을 사계절의 나무와 같이 보노라 하시니라.

2 단어(單語) 및 숙어(熟語) 풀이

1) 王侯之位(왕후지위)

부처님은 가비라, 성주인 정반왕(淨飯王)과 마야부인(摩耶夫人) 사이에서 태자로 탄생을 하셨다. 뒤에 왕위를 계승할 왕자의 신분이 자연적으로 부여되는 소중한 위치이시다.

2) 如過隙塵(여과극진)

티끌이 틈 사이를 지나는 것과 같다. 즉 보이지 않는 먼지가 빈틈을 지나가듯이 왕후(王侯)의 자리나 지위도 별것으로 알지 않는다.

3) 金玉之寶(금옥지보)

금과 옥의 보배. 세상에서 귀중하게 여기는 칠보(七寶).

4) 瓦礫(와력)

기와와 자갈. 깨어지고 부스러진 기왓장 파편이나 길가에 구르는 자갈.

5) 紈素之服(환소지복)

비단옷. 몸에 부드럽게 와 닿는 온갖 비단옷.

6) 敝帛(폐백)

헤진 무명 배 조각. 즉 너덜너덜하여 입을 수 없는 옷 조각.

7) 大千世界(대천세계)

(1) 삼천대천세계(三千大天世界)의 약칭. 사대주(四大洲)와 일월
(日月)과 제천(諸天)을 일세계라 하고, 일천세계를 소천세계
(小天世界), 소천세계의 천 배를 중천세계(中天世界), 중천세
계의 천 배를 대천세계라 한다.

(2) 무한히 큰 세계.

(3) 일대삼천세계(一大三千世界). 불교의 천문학에서 수미산(須
彌山)을 중심으로 하고 사방에 사대주(四大洲)가 있고, 그 바
깥주위를 대철위산(大鐵圍山)으로 둘러쌌다 한다. 이것을 1
세계 또는 1사천하(四天下)라 한다. 사천하를 천 개 합한 것
이 1소천세계, 소천세계를 천 개 합한 것이 1중천세계, 중천
세계를 천 개 합한 것이 1대천세계, 1대천세계에는 소천 · 중
천 · 대천 삼종의 천(千)이 있으므로 1대 3천세계, 또는 3천대
천세계라 한다.

8) 一詞子(일하자)

하나의 겨자씨. 여륵수(黎勒樹)의 열매. 아주 작은 씨앗.

9) 阿耨池水(아뇩지수)

아뇩지의 물. 아뇩지(阿耨池)란 큰 연못이라는 뜻으로, 히말라
야 산중에 있는 연못을 말한다. 뜨거운 번뇌가 없고 또는 맑고
시원하다는 뜻이다.

10) 塗足油(도족유)

발에 바르는 기름. 인도에서는 당시 주로 맨발로 다녔으므로 발

이 트지 않게 하기 위하여 흔히 바르는 하잘 것 없는 값싼 기름.

11) 化寶聚(화보취)

무엇이든지 변화시킬 수 있는 여의주(如意珠)와 같은 보배를 말한다.

12) 無上乘(무상승)

⑴ 위가 없는 종승(宗乘)으로 대승(大乘)을 말하며 무상도(無相道)를 말한다.

⑵ 교법이 지극함을 탄칭(嘆稱)하는 말. 곧 대승(大乘)의 이명(異名).

⑶ 『화엄경(華嚴經)』51에 '이승을 지남을 대승이라 이르나니 제일승이요 승승이며, 최상승이요 상승이며, 무상승으로 일체의 중생을 이익되게 하는 승이다(過二乘名爲大乘 第一乘 勝乘 最勝乘 上乘 無上乘 利益一切衆生乘).'라 하였다.

⑷ 『보적경(寶積經)』28에 '모든 부처님 여래가 정진 정각하여 행하는 도이니, 저 승을 대승이라 이르는 것이요 상승이라 이르는 것이며, 묘승이라 이르는 것이요 승승이라 이르는 것으로, 무상승이요 무상상승이며, 무등승이요 불악승이며, 무등등승이다(諸佛如來正眞正覺所行之道 彼乘名大乘 名爲上乘 名爲妙乘 名爲勝乘 無上乘 無上上乘 無等乘 不惡乘 無等等乘).'라 하였다.

13) 夢金帛(몽금백)

꿈속에서 보는 금은 보배와 온갖 비단.

14) 眼前華(안전화)

눈앞에서 아롱거리는 꽃. 눈에 병이 생기면 허공에서 꽃이 떨어지는 것처럼 실제는 없지만 눈앞에서 아롱거린다.

15) 須彌柱(수미주)

수미산. 범어로는 Sumeru-parvata. 수미루(須彌樓·修迷樓)·소미로(蘇迷盧). 줄여서 미로(迷盧). 번역하여 묘고(妙高)·묘광(妙光)·안명(安明)·적선(積善). 사주(四洲)로 세계의 중앙이다. 금륜(金輪) 위에 우뚝 솟은 높은 산. 둘레에 7산(山) 8해(海)가 있고 또 그 밖에 철위산(鐵圍山)이 둘려 있어 물속에 잠긴 것이 8만 유순, 물 위에 드러난 것이 8만 유순이며, 꼭대기에는 제석천(帝釋天), 중턱은 사천왕(四天王)의 주처(住處)가 있다고 한다.

16) 涅槃(열반)

범어로는 Nirvăna. 파리어로는 Nibbăna. 불교의 최고 이상을 말한다. 니원(泥洹)·열반나(涅槃那)라 음역, 멸(滅)·적멸(寂滅)·멸도(滅度)·원적(圓寂)이라 번역한다. 도는 무위(無爲)·무작(無作)·무생(無生). 모든 번뇌의 속박에서 해탈하고, 진리를 궁구하여 미(迷)한 생사(生死)를 초월해서 불생불멸(不生不滅)의 법을 체득한 경지. 소승에서는 몸과 마음이 죄다 없어지는 것을 이상으로 하므로, 심신이 있고 없음에 따라 유여의(裕餘依)·무여의(無餘依)의 2종 열반을 세우고 있다. 대승에서는 적극적으로 3덕(德)과 4덕을 갖춘 열반을 말하며, 실상(實相)·진여(眞如)와 같은 본체(本體) 혹은 실재(實在)의 의미로도 쓴다.

17) 倒正(도정)

도란, 전도(顚倒)된 마음이요, 정이란, 전도되지 않은 바른 마음을 말한다. 즉 도와 위배되어 번뇌와 합하는 것과 번뇌를 항복하고 도에 합일하는 것을 말한다.

18) 六龍舞(육룡무)

중국의 천자가 타는 여섯 마리의 말이 끄는 수레에서 나온 말. 마치 천자의 수레를 여섯 마리의 말이 끌고 뛰어 가는 것이 춤을 추는 것과 같다는데서 생겨난 것이다.

19) 一眞地(일진지)

진여(眞如)를 말한다.

20) 興化(흥화)

변화. 우주가 음(陰)과 양(陽) 또는 봄·여름·가을·겨울로 변화하는 것.

21) 四時木(사시목)

우주의 삼라만상은 봄에는 낳고, 여름에는 자라며, 가을에는 거두고, 겨울에는 갈무리를 한다. 이러한 변화는 나무나 풀 자체에서 이루어지는 것이 아니라 우주의 이법(理法)이 운행됨으로 초목에게 일어나는 변화이다.

3 해의(解義)

전래의 이야기에 무학대사〔無學大師 : 1327-1405. 성은 朴씨. 이름은 自超. 이성계의 스승. 즉 王師〕와 이성계〔李成桂 : 1335년~1408년 : 조선 초대임금. 자는 중결(仲潔), 군진(君晋). 호는 송헌(松軒). 본관은 全州. 고려 말의 장군으로 조선을 건국한 왕. 재위 1392~1398〕의 일화가 있다.

이성계가 하루는 무학대사를 궁중으로 불러 허심탄회하게 이야기를 하면서 무학대사를 일러 ‘굶주린 개와 같다.’고 하였다.

이에 대사는 이성계에게 ‘부처님 같다.’고 하니 이성계가 의아하게 여겨 그 연유를 물으니 ‘개 눈에는 똥만 보이고 부처의 눈에는 부처만 보인다.’고 응수하였다. 즉 이 이야기에서 알 수 있듯이 이성계는 개요, 결국 무학대사는 부처임을 암시하고 있다.

부처님께서 성도하신 뒤에 왕후(王侯)·금옥(金玉)·환소(紈素)·대천계(大千界)·아녹지(阿耨池)가 모두 허망부실(虛妄不實)한 것으로 보였고, 영구부지(永久不持)의 환화(幻化)로 보아 집착(執着)할 것이 못된다고 설파하셨다.

또 방편문(方便門)·무상승(無上乘)·불도(佛道)·선정(禪定)·열반(涅槃)·도정(倒正)·평등(平等)·흥화(興化) 역시 모두 허망부실(虛妄不實)한 것으로 보였고, 영구부지(永久不持)의 환화(幻化)로 보아 집착(執着)할 것이 못된다고 설파하셨다.

그러므로 우리가 집착만 여의면 우주 만유를 부처님의 눈으로 바라볼 수 있고 크고 작은 움직임에 조금도 걸림이 없게 되는 것이다.

세상의 모든 것들은 망상(妄想 : 煩惱)의 소산물(所産物)이다. 본래는 하나였고, 한 우리의 동태(同胎)요 동근(同根)이다. 그런데 망상이라는 하나가 일어나 사량 분별을 일으킴으로 인하여 피아(彼我)가 생기고 극격(隙隔)이 생기며 증애(憎愛)가 생기고 시비(是非) 등이 생겨 일통(一統)을 이루지 못하고 분열이 되고 있는 것이다.

이것이 바로 망상의 장난이다. 이간을 시키는 것이 전문이다. 하나를 둘로 보도록 하고 한 진리를 나누어서 알도록 유도를 한다. 마음에 있어서도 본래 청정한 마음은 숨기고 망령된 생각이 나서서 온갖 요사(妖邪)를 부리고 있다.

본래는 왕후(王侯)니 금옥(金玉)이니 환소(紈素) 등등 이러한 구별이 없었는데 망상의 작용에 의해서 구별이 생겨났다.

또한 대천세계만 보더라도 우주가 하나의 세계이지 이 우주 밖에 다른 어떤 세계가 따로 존재하는 것은 아닌데 망상이 들어서 분별을 지어낸 것이다.

그러므로 우리가 망상만 소진시키면 이 우주가 한 집안이 되어 상리(相離) 없이 살아갈 수 있다.

자신의 진체(眞體)인 진성(眞性)을 보존하자. 생령들에게는 본성(本性)이 있다. 늘 활용되어지는 이 마음을 떠나서 따로 있는 것은 아니지만 마음이 나오고 생각이 일어나는 그 뿌리는 분명히 있다. 이것이 바로 각자가 가지고 있는 고유의 성품(性稟)이다.

그런데 보통 사람들은 이 성품을 잃어버리거나 도둑맞거나 아니면 묻어놓고 살아간다. 그러다보니 지혜는 어둡고 업장은 두꺼워지며 무명은 쌓일 수밖에 없는 것이다. 즉 상근(上根)은 몰라도 대개의 사람들은 이 성품을 잘 보존하기 위해서는 수도를 하지 않으면 어렵게 된 것이다.

그러므로 우리들은 정말로 자신을 위해 시간을 투자하여 참 성품을 보존하는 공부를 부지런히 함으로써 삼세를 오가더라도 미혹(迷惑)되지 않는 깨인 사람으로 살아가게 될 것이다.

 종미일송(終尾一頌)

❶ 辟 后 將 相 水 上 泡　벽후장상수상포
　金 銀 七 寶 火 中 茭　금은칠보화중교
　須 彌 山 頂 戲 遊 客　수미산정희유객
　自 在 三 千 世 着 抛　자재삼천세착포

　임금이나 장군 재상이 물 위의 거품이요,
　금과 은 칠보가 불 가운데 마른 풀이네.
　수미산 봉우리에 희유하는 상객이 되어,
　삼천세계 자재하여 세상 집착 버릴지니라.

❷ 恒 住 眞 空 解 脫 成　항주진공해탈성
　實 依 佛 道 涅 槃 生　실의불도열반생
　心 明 智 慧 群 靈 濟　심명지혜군령제
　永 劫 從 師 步 志 程　영겁종사보지정

　항상 진공에 머물러 해탈을 이루고,
　진실로 부처님 법 의지해 열반 나투려네.
　마음의 지혜를 밝혀 뭇 생령 건지고,
　영겁토록 스승 따라 뜻한 길을 걸으리라.

부처님 법문을 환히 봉행하나라.

1 원문해역(原文解譯)

^{이 시} ^{제 대 리 구} ^{문 불 소 설} ^{환 희 봉 행}
爾時 諸大比丘－聞佛所說하고 歡喜奉行[1]하니라.

이때에 모든 비구들은 부처님의 설하신 바를 듣고 기쁘고 즐겁게
받들어서 행하였나니라.

2 단어(單語) 및 숙어(熟語) 풀이

1) 歡喜奉行(환희봉행)

(1) 기쁘게 교법을 받들어 수행하는 것을 말한다.

(2) 환희란, 범어로 Pramudita. 파모제타(波牟提陀)의 번역.

① 내 뜻에 알맞은 경계를 당하여 몸과 마음이 즐거움.

② 환은 몸의 즐거움, 희는 마음의 기쁜.

③ 경희(慶喜).

④ 죽어서 극락세계에 왕생할 것을 미리 기뻐함.

3 해의(解義)

부처님의 가르침인 불법(佛法)을 통해서 열반의 진경(眞境)에 들자. 우리가 산을 오를 때에 길이라는 것을 무시할 수는 없다. 물론 정상을 목표로 하고 사방에서 올라가도 되겠지만 그만큼 더디고 위험이 도사리고 있다.

그러나 기존의 길을 따라 걸으면 수월하게 정상에 도달할 것이다. 즉 부처님의 가르침은 쉽고도 탄탄하게 열반으로 가는 길을 설정하여 주시었다.

다시 말하면, 이미 부처님께서 제시하신 법의 길을 통해서 나아가는 것이 열반의 진경에 이르는 가장 바른 방법이요 빠르고 수월한 길이다.

그러므로 여기서 말하는 열반은 죽음을 뜻하는 것이 아니라, 열반적정(涅槃寂靜)의 진경을 여의지 않는 삶을 의미하는 것이다.

부처님 가르침의 진수(眞髓)가 되는 공(空)을 바탕삼아 현상의 물질이나 제법(諸法)의 구속에서 벗어나 해탈(解脫)을 얻고 자유(自由)를 얻으며 자재(自在)를 얻어서 삼천대천세계를 주름잡아 노니는 불보살이 되어야 한다. 바닷물이 아무리 많다고 할지라도 저 산골짜기에서 흐른 한 방울의 물에 지나지 않는 것이요, 우주가 아무리 크다고 할지라도 농중(籠中)의 작은 새에 불과한 것이다.

우리가 진공(眞空)의 근원(根源)에 사무치고 그 이체(理體)를 터득(攄得)하여 자성의 지혜를 발현하고 무궁무진(無窮無盡)한 능력을 얻는다면 더 이상 무엇을 바라겠는가?

그러므로 부지런히 수도하여 공리(空理)를 영구한 자기 자산(資産)으로 삼는데 공력을 드려야 할 것이요, 그 자산을 가지고 몸소 널리 베풀어 인류를 구제하는 자비의 반야용선(般若龍船)이 되며 더욱 이 지상에 평화롭고 은혜로운 낙원(樂園)의 세계를 세우자는 것이지 죽어서 천당을 가고 극락을 가자는 것은 절대 아니다.

4 종미일송(終尾一頌)

❶ 佛 緣 不 比 世 緣 纏　불연불비세연전
　　救 濟 難 勝 法 濟 船　구제난승법제선
　　自 去 臻 於 來 歲 盡　자거진어내세진
　　非 離 敎 路 做 眞 賢　비리교로주진현

부처님 인연은 세상 인연 얽힘과 견주지 못하고,
구제도 법으로 건지는 용선보다 수승하기 어려우리.
과거로부터 오는 세월이 다함에 이르기까지,
가르친 길 여의지 아니하고 참으로 어진 이 되려네.

❷ 西 方 極 樂 眼 前 伸　서방극락안전신
　　東 土 理 聲 宇 宙 振　동토이성우주진
　　退 舊 迎 新 天 地 放　퇴구영신천지방

無 量 鴻 衆 到 歡 臻　무량홍중도환진

서방의 극락이 눈앞에 펼쳐지고,
동토에 진리소리 우주에 떨치누나.
옛것 물리고 새것 맞아 천지에 놓으면,
한량없는 큰 무리 지극한 기쁨에 이르리라.

❸ 欲 臻 彼 岸 做 乘 船　욕진피안주승선
　 趣 遠 步 移 始 跬 延　취원보이시규연
　 信 受 奉 行 眞 佛 法　신수봉행진불법
　 樂 歡 手 舞 足 蹈 翩　낙환수무족도편

저 언덕에 이르고자 할진대 배를 타야 되는 것이요,
멀리 가려면 걸음 옮겨 반걸음 뻗음으로 시작하네.
진실한 부처님의 법을 믿고 받아 받들어 행하니,
즐겁고 기뻐 손으로 춤추고 발로 뛰어 나는구나.

『불설사십이장경』의
역·해(譯解)를 마치고

　이 세상에 부처님을 비롯한 성자들이 때를 따라 나오시지 않았다면 인륜(人倫)의 강기(綱紀)가 무너져서 금수나 다름이 없이 살아갈 것이다. 인간이 인간된 소이(所以)는 내적으로 자신을 성찰(省察)하여 본래의 면목을 보존하고, 밖으로 내가 아닌 무리를 위하여 희생하고 봉사할 줄 아는 능력을 보유하고 있다는데 가치가 있지 않을까?

　다시 말하면, 비록 업장(業障)에 묻히고 무명(無明)에 덮여 세상에 출생을 하였다 하더라도 선지자(先知者)의 가르침을 통해 자기 정화(淨化)를 이루어 불보살의 인격을 성취하기 위하여 끊임없이 수도하고 도야(陶冶)하며 금생에 뜻한 대로 이루어지지 않으면 내생으로 넘겨서까지 이 일에 종사하려고 하니 얼마나 장한 일인가?

　또한 지혜가 어둡고 용능(用能)이 부족하다고 할지라도 윤회(輪廻)의 고해(苦海)에서 해매는 뭇 생령들을 보고 그냥 지나칠 수가 없기 때문에, 정신과 육신과 물질을 바쳐서 구제하고 더 나아가 어울려 사는 세계를 건설하기 위하여 노력하는 모습들이 얼마나 아름다운지 모른다.

　그래서 세상이 비록 어수선하다 할지라도 희망(希望)은 있고 가능

(可能)도 있다. 왜냐하면 아직까지는 이 세상을 구성하고 있는 사람들이 죄악(罪惡)보다는 복선(福善)을 추구하며, 전쟁(戰爭)보다는 평화(平和)를 갈망하며, 독생(獨生)보다는 여활(與活)을 추진하며, 패리(悖理)보다는 순리(順理)를 주장하고 있기 때문이다.

따라서 이웃의 아픔이나 먼 나라의 불행을 구제하기 위하여 자기를 불고하고 자신의 이익이나 나라의 재정을 돌려주어 조력하는 미덕이 수그러들지 않고 있기 때문이다.

또한 우주의 기운이 상극에서 상생으로 돌고, 어둠에서 밝음으로 돌며, 원살(怨殺)에서 은혜(恩惠)로 돌고, 구각(舊殼)에서 신아(新芽)로 돌아가고 있기 때문에 세상을 어지럽히고 사람을 못살게 굴면 우주 자연의 재앙(災殃)이 자신도 모르는 사이에 이슬처럼 내려 적셔지게 된다.

이에 맞추어 인간의 지각(知覺)이 열린 새로운 시대가 도래(到來)하게 되는데, 이를 향도하여 나아갈 새로운 윤리와 도덕이 이미 태동(胎動)이 되어 성장을 하고 있고 따라서 물질(物質)의 노예생활(奴隸生活)로부터 벗어나 자주정신(自主精神)의 자유를 구가(謳歌)하며,

지금은 서세동점(西勢東漸), 즉 서양의 과학문명이 동양으로 밀려와 삶은 윤택하여졌을지 몰라도 인류의 강상(綱常)은 오히려 어지럽혀졌다.

그러나 앞으로는 동세서점(東勢西漸), 즉 동양의 정신문명이 서양을 적셔서 물질문명(物質文明)과 정신문명(精神文明)이 함께 골라지리니 멀지 않아 세계가 평화를 누리고 낙원(樂園)을 꾸려 고루 잘 사는 시대가 올 것이다.

그러므로 우리는 이러한 시대에 생을 받았고 사명도 아울렀으니 오직 부처님의 법과 가르침과 지향(志向)과 원력(願力)을 바탕하여 내가 먼저, 아니 우리가 먼저 세상의 빛이 되고 향도(嚮導)가 되어야 한다. 그리하여 고해의 생령을 반야용선에 가득 싣고 저 부처님 나라로 향해가는 선장(船長)들이 되기를 염원하는 바이다.

2012년 4월 길일

吳 光 益 謹識

42편의 지혜법문
[佛說四十二章經]

초판 인쇄 ‖ 2012년 7월 5일
초판 발행 ‖ 2012년 7월 10일

번역·해의 ‖ 오광익
편   집 ‖ 이명숙 · 양철민
발 행 자 ‖ 김동구
발 행 처 ‖ 명문당(1923. 10. 1 창립)
주   소 ‖ 서울시 종로구 윤보선길 61(안국동)
            우체국 010579-01-000682
전   화 ‖ 02)733-3039, 734-4798(영), 733-4748(편)
팩   스 ‖ 02)734-9209
Homepage ‖ www.myungmundang.net
E—mail ‖ mmdbook1@hanmail.net
등   록 ‖ 1977. 11. 19. 제1~148호

ISBN 978-89-7270-862-9 (93220)
정가 ‖ 15,000원

＊낙장 및 파본은 교환해 드립니다.
＊불허복제